新視覚新論

大森荘蔵

講談社学術文庫

はじめに

本書の一章から四章までは昭和五十一年に、五章から八章までは同五十六年に、雑誌『理想』に「新視覚新論」と題して連載したものである。それに関連する二篇を九、十章として加え、またかなりの加筆、訂正を施したが、題はそのまま本書の題名とした。いうまでもなくこれはバークリィの『視覚新論』に基づいている。この、著者若年二十四歳の小著を私がほぼ同年に初めて読んだとき深い印象をうけた。その大胆な思考、鋭利な分析もさることながら、私が何より感銘をうけたのはその散文精神であった。哲学は語るものであって歌うものではない、という態度であった。このことと、視覚風景を同じく主題にする、ということからその題名を借り、またそこから出発したのである(一章)。

しかし私はバークリィの研究者ではなく、一介の読者に過ぎない。それで、それ以後の折り折りの参照、援用の他は、バークリィとの表向きの関連は一章でつきる。しかし彼の有名な言葉、「存在とは知覚なり」に表現されている、物とその表象という二重構造の否認は本書全体のテーマの一つである。しかし私はそれを知覚の場面だけにとどまらず、記憶、感情、意志など、心または心の働きと呼ばれる一切におよぶものと考える。つまり、外なる世界と内なる心、という分別は誤りだと思うのである。

そして更に、この物心一如の唯一の世界に対しての「私」、客観世界に対する主観としての「私」なるものもない、というのが本書のいま一つのテーマである。それはいわば世界に対するものとしての「私」、の抹殺である。しかしそれは同時に物心一如の世界の中に私がおのずから復元することに他ならないのである。しかしその世界の中の一項目としてではなく、その世界のあり方そのものとして復元するのである。風景画にその風景の視点を描きこむことはできないがその風景のあり方そのものがその視点であるようにである。

結局、私が本書で試みたことを一言でいえば、世界とその対極としての「私」、という二極二元的な構図を、世界のあり方としての私、という構図に組み変えることである。

この作業はまず、ものが「見える」という状況を、「私」が「物」を「見る」、という三極構造としてみるのは事実の誤認ではないか、という模索から始まる。そこには「見る」という動詞的状況はなく（二章）、「物」とその見られた表象という、「実物‐コピイ」の剝離は誤解であり（三、四章）、「物」はじかに裸で「立ち現われる」（九、十章）。ここで、海や空はその表象や像を通してではなく風景の中にいわばじかに露出しているということを表現するために、「立ち現われ」という言葉を使ったのである。そして立ち現われるのは、風景の中に、であって、「私」に、ではない。そのような風景のあり方、海や机がじかに前方に立ち現われているというそのこと、それが「私がここにいて、そちらを向いている」ということそのものだ、と思うのである。このことを的確に表現することは難しい。しかし、未熟なもどかしい表現ではあるが、あえてそれを繰り返した（二章3、四章1、六章4、八章、十章6、等）。そのことを何度でも確認したかったからである。これが世界の余りもの、余計もの（六章末尾）としての「私」の抹殺であり、同時に世界のあり方そのものとしての私の復元なのである。

当然それは同時にまた、「私の心」の抹殺と復元でもある。極度に整合的な二元論者（例えば脳生理学者）を除いては、見たり聞いたりする知覚の風景が自分の「心の中」にある心象風景だと感じる人はまずいないだろう。しかし、痛みや気分、悲喜の感情、思い出や希望、空想や妄想、そして意志といわれるもの、これらはまぎれもなく自分の「心の中」のものだ、と人は感じている。しかしこれこそ、私を含めて人が抱く最も根本的な事実誤認だと思うのである。それが事実誤認であることを明らかにすることが私の旧著『物と心』（東京大学出版会）、また『流れとよどみ』（産業図書）の主要目的であったが、本書でも何箇所かで主として記憶（三章2、四章3、九章）と意志（八章）とについてそれを試みた。しかしそれを最も包括的に述べたものが十章である（この章については討論を戴いた、山本信、井上忠、黒田亘、廣松渉の諸氏に感謝する）。

それらの箇所で私はいわば「心」という袋をひっくり返しにして「心の中」を世界の立ち現われに吐き出したのである。時空四次元（三章2）の世界にである。世界そのものが悲しく喜ばしく恐ろしく、世界そのものが意志的であり（八章）、回想や希望は心の秘め事ではなく外部四次元世界の立ち現われである（九、十章）、というのである。特に記憶や回想については、現在の視覚風景そのものが既に過去の透視に他ならないことから（六章）、知覚と記憶との連続性が確かめられた。このことと、現在とは点的時刻ではありえないこと(『物と心』13章、『流れとよどみ』14章)とを合わせれば、フッサールのRetention(直前過去把持)も自然な場所をうることになろう。またベルグソンの記憶論から混乱を取り除くこともできるのではないかと思う。

一方、この世界が意志的であるということは、立ち現われそれ自体が意志的であるということである。これから割るつもりのスイカ、これから射つつもりの標的、引くつもりの引き金、こうした立ち現われである。つまりこの四次元世界は行動的世界なのである。そのとき、その行動自身がまた意志的行動なのであって、行動の外にたってその行動を引き起こす「意志」なるものはこれまた誤解である(八章1、十章三)。覚めた行動それ自体が、箸のあげおろしに至るまですべて意志的行動なのであって、ここでも「意志」なるものは余りものなのである。そしてその意志的行動は崖から墜落中の手足のバタつかせに至るまですべて自由な行動なのである。自由でない行動とは麻痺と舞踏病しかない。この麻痺に対しての自由こそ、他のすべての自由概念の基礎であると考える。それを私は「動作の自由」と呼んだ。しかしこの動作の自由は量子論のような非決定論的物理理論の前提の下でしか意味を持ちえないことを承認せざるをえない(この点は拙著『言語・知覚・世界』〔岩波書店〕七章の自由論では扱われていない)。その前提の下で、この動作の自由の立証を「ランダム予言破り」によって試み、更にこの自由な動作と物理的世界描写との「重ね描き」を検討したのが八章である。

だが物理的世界描写と「重ね描き」されるのはこの自由な行動だけではない。すべての立ち現われの日常的描写がそれと重ね描かれるのである。上に述べた「心」から世界に吐き出された「心の中」の描写もすべて日常的描写である。感情や希望、回想や空想は、知覚風景や行動と共に、色や匂いや喜びや怖れ、そして美醜善悪の言葉に満ちた日常言語で描写される。そしてそれらは既に「心の中」から世界に吐き出されているのだから、その描写は世界の日常描写である。そして文学はもとより、歴史も社会科学もその専門的術語を含んですべてこの日常描写である。その術語は基本的には日用語から発し、日用語で定義できるからである。

それに対し、科学言語の基礎となる物理言語は原理的には、人間が死滅してもなお有意味な、そして特定の「視点」を全く必要としない、非人間的な、半神的な言語である。この物理言語と、先の日常言語とによって、同一の世界が時間空間的に、つまり四次元的に「重ね描」かれるのである。それに対して二元的構図は、この「重ね描き」を剥離して、物理描写を客観世界の描写とし、日常描写を主観世界、すなわち「心の中」の描写とするのである。私が始めに根本的事実誤認と呼んだのはこのことである。

しかしこの事実誤認には根深くまた根強い動因がある。まず、上に述べた「心の中」という錯視がある。そして更にその他に二種類の科学的事実がこの誤認にいとも自然に誘いこむのである。その科学的事実の第一種は光学的「虚像」である。その第二種は脳生理学的「幻像」である。それらは共に、世界の物理描写と日常描写の時空的「重ね描き」の破綻、またはズレを示しているように見えるのである。物理的には何も存在していない、または全く別の物が存在している時と所に、「像」が視覚風景の中に見える（聞える）。鏡像やレンズ像といった光学的虚像がそれであり、幻想幻覚の幻像がそれである。それは「重ね描き」の時空的なズレ、あるいは空白な空所である。この「像」が客観的世界の物でないとすれば、それは主観的意識の中、「心の中」に虚住する他はない。こうして世界と「心の中」との剝離が始まる。そしていったんこの剝離が始まれば、たちまち総なだれで世界と「私」との二極分極が進行完成するのである。

それゆえ私にはこの二極分極の開始点をぜひとも封じる必要があった。それをまず通常の光学像で試みたのが五章である。私はそこで、鏡像を最終目標に各種の光学像を検討して、像の「実物」解釈が可能であること、すなわちズレのない「重ね描き」が可能であることを示した。その中心的論点は、視覚風景の「見透《みすか》し線」は物理描写の曲線または折れ線と「重ね描き」することが許される、ということである。

続いて六章でこの論点を天文学の光行差に適用した。光行差とは、観測者の運動によって星の位置がズレて見えるという現象である。ここでもそのズレがない「重ね描き」が可能であり、したがってわれわれには星の「像」ではなく星の「実物」自体が立ち現われているのだ、ということを示した。その検討の過程で、光行差の通常の教科書的説明は誤り、少くとも不十分なことに気付いたので付論でこの現象の分析を試みた。

その結果、われわれの空間概念、特に空間が時間と独立であるという通念には誤りがあるのではないか、と思うようになった。もちろん相対性理論の意味でではなく、相対論以前に既に意味上において空間概念は時間を必要とする、ということである。つまり、四次元世界点の前提の中で初めて空間概念が可能だ、ということである。そのためには避けて通ることのできない幾何学の再検討を含めてそれを分析したのが七章である。更にそこで一つの実例として自転する地球人の天文学的視覚風景の骨格を描写し、あわせて、視覚風景は運動によって影響されないことを確認した。視覚風景は座標系とは無縁独立なのである。

一方、光行差のズレは重ね描きのズレをひきおこさないとしても、今見えているのは遙か昔の星の姿ではないか、という問題が残る。その星はとっくの昔に消滅しているかもしれない。だから今見えているのは大昔の星の「像」ではないか。これは局所的な光学的虚像にくらべて遙かに深刻な問題である。光速度の有限性がその原因なのだから、星に限らずすべての物に同じことがいえるからである。われわれに見えているものはすべて、いわば時間的虚像ではないか、ということになるからである。

ここで私は長くためらったが、今宵の今現在、過去の星がじかに見えているのだ、という結論に達した。したがって、視覚風景は過去の透視風景であり、それは空間的奥行きとともに、それと連動する時間的奥行きをもつのである。現在の視覚風景は、現在に至る一連の歴史を透視する風景なのである（六章3）。更にその一連の歴史とは、諸物からの光が私の眼に到達する因果的経過の歴史である。したがって、視覚風景は因果系列を逆方向に透視する風景なのである。

そしてこの因果系列は眼がその終点ではない。眼から網膜、視神経、脳、と続く。そして終りがなく底がないのである（六章4）。そして視覚風景はこの因果系列の逆透視、すなわち、……脳↓神経↓網膜↓水晶体↓空気↓物、という方向への透視風景なのである。正常な状況ではこの系列は最終端の不透明体以外は透明である。正常な脳もまたこの「見透し線」上では透明である（別の見透し線、例えば頭蓋を割って鏡で見る見透し線の末端では灰白色である）。だがこの見透し線のどこかに異常が生じると、その点から以遠の「見透し風景」が異常となる（霧の風景、赤メガネの風景、白内障の風景等）。だから脳に異変があれば外部風景にも異変が生じる。例えば「幻像」である。

それゆえ、幻像は脳を因果的原因として生じるのではない。それは因果系列の逆方向の「逆透視」によって起こるのである。脳を前景として起きるのであり、脳は幻像のいわば透視前景因なのである。

私はこの透視構造を視覚に限らず、聴覚、痛覚、その他の知覚風景にも拡張できると思う。そしてそれによって、生理学の年来の難問である投射《プロジェクション》、すなわち、脳や神経の変化で外部風景が変わるのはどうしてかという問題に、全く新しい解答が得られたと思う。すなわち、それは前景因による、と。

したがって、幻像は何ら主観的な「像」なのではなく、霧の向うのにじんだ杉の木と同じく、脳の向うの、例えば常は清澄透明な空気がにじんで見えたものである。幻像は空気の物理描写に「重ね描き」される、透視風景の中の一風物なのである。

だが、その透視風景で、透し見ているのは誰なのか？　「私」ではない。また他の誰でもない。透し見る人、はいないのである。その透視風景がかくあること、そのことが私がここに居り、ここに生きていることそのことなのである。こうして「私」は抹殺され、私が復元されたのである。

終りに、連載を本書にのせることを快く御承知戴いた理想社、『講座文学』第一巻から本書九章の転載を許された岩波書店、同じく『「心－身」の問題』より十章の転載をお認め戴いた産業図書、またその他いろいろの面での御配慮を戴いた同社の江面竹彦氏、また旧著と同様すべてに亙って出版の御世話を戴いた門倉弘氏に厚く御礼申し上げる。

目次

新視覚新論

一章　見ることと触れること

1　純粋視覚

バークリィが『視覚新論』*An Essay Towards A New Theory of Vision*, 1709 を出版したのは僅か二十四歳のときであった（そしてその翌年に主著『人知原理論』の刊行がある）。その長さからすれば、ロックの『人間悟性論』はもとよりヒュームの『人性論』第一篇にくらべてすらとるにたらぬ程のものである。しかしその重量においては少しも劣るものではない。少なくとも私の手にはそう感じる。比重が重いのである。

この『視覚新論』でバークリィが偏執狂的ともいえる執拗さで追求したのは、いわば純粋視覚の抽出であったといえよう。われわれの目にうつる世界風景からあらゆる不純物や夾雑物を洗い落として純粋な視覚風景の結晶をとりだそうとしたのである。しかし、それは鉱石を精錬して貴金属を抽出するのとは正反対の意図でもってである。つまり、洗い落とされたものの方が貴重なのであって抽出されたものの方がガラクタだったのである。だから、彼の意図は実は抽出でなく排除であったのである。いや、排除するための抽出と言うべきであろう。

人間の生き方、いやむしろ生き延び方にとって最も基底的なものは触覚である、バークリィはそう考える、これは単純だが的確な指摘であろう。食事、戦闘、傷害、生殖、それらがすべて触覚的接触であることは余りにも明白である。触覚的生活が人間の生活、少なくともその動物的生活そのものなのである。しかし、われわれの五体との直接の接触の感覚である、ということそのことが逆に触覚の致命的欠陥となる。何か危険なものに触れたとき、そのとき既にわれわれは危害を受け傷害を蒙ってしまっている。刃物に触れ、野獣の牙や爪に触れるときは既に傷を受けるときなのである。崖のふちに足が触れればまず落下はまぬがれない。

触覚のこのどうしようもないゼロメートル近視をおぎなうものが遠視的視覚（それに加えて、聴覚、嗅覚）なのである。だから視覚は触覚的接触の「目印し《マーク》」であり前触れであり予告なのである。つまり、視覚は触覚の予告的カラー言語なのである。バークリィはそう主張する。だから、言葉からその意味を剝がしてしまうとただのノイズになるように、視覚風景から触覚的意味を抜きとると「ほとんどわれわれにはどうでもいいもの」（『視覚新論』115, 59節*）になってしまうのである。

＊　以下『視覚新論』からの引用はただ節（実際はパラグラフ）の番号だけを記すことにする。

こうしてバークリィの努力は、生活の必要から視覚風景の中に忍び入り、そこに腰をすえてしまっている触覚的意味をいぶり出し、そこに残った純粋視覚風景、すなわち純粋視覚的「残余」を描いてみせることに向かう。その「残余」は、フッサールの「現象学的残余」が、残余と呼ぶのが間違いであると思えるほどにそっくり元のままなのとは反対に、まことに乏しい、ただ光と色のたわむれといったものになる。それはあらゆる哲学的抽出作業が陥るべき運命に陥っている。形相を抽出された質料的残余、規定を抽出された感覚与件や直観の多様、内容を抜かれた認識論的主観、こういった抜けがらの運命である。もっとも、バークリィの純粋視覚風景はそれほどまでの徹底的骨抜きはうけてはいない。視覚固有のカラフルな豊かさがどんな抽出作業にも抵抗するからである。またバークリィにとっても、最小限の「残余」が残っておらねば困るのである。触覚の前触れ機能を果たすだけの何かが残っておらねばならないからである。多様多態な触覚風景を識別的に予告するには、それに見合った識別的多様さが視覚的残余にも残されておらねばならない。

そのためには、抜き取りと残置との微妙な均衡点を達成しなければならないが、バークリィは明らかにその均衡をはずしたと言わねばならない。バークリィ自身の意図の当否は別として、その意図に沿った均衡点を射ることにしくじっている。私には、彼は過度に抜きとりをしすぎたと思われる。しかし、ここでバークリィの意図の下での作業をやり直すつもりはない。触覚への奉仕者、しもべとしての視覚、という彼の意図にかかずらうことなく（といって、結局かかずらうことになるだろうが）、まず「われわれは何を見ているのか」という問いに答え直すことから始めてみたい。そしてそれもまたバークリィの答えから始めることになる。

2　視覚と触覚の断絶

右に述べたバークリィの意図からして当然のことであるが、彼の純粋視覚の風景は何か影の薄い非現実的な色を帯びている。何とも奇妙な、風船玉がしぼんだような光景である。

この視覚風景の中の風物は例えば「一マイル向こうに見えると言うことはできない」(46)、それどころか、「或る距離、離れて見えることはない」(50)のである。それらは見ている「われわれから距離をへだてて知覚される」ことはありえず(90傍点筆者)、われわれの「眼からすべて等距離(equidistant)、いやむしろいかなる距離にもない」(77傍点筆者)のである。したがって当然、視覚的「奥行き(profundity)」(154)もない。「立体、または三次元量の観念もありえない」(154)し、「凸面や凹面」(154)もそこにはないどころか、「平面図形」の観念すらない(155)。「平面は立体同様に視覚の直接対象ではない、様々な色の面ですらそうでない、視覚の直接対象はただ色の様々なのである」(158)。

明らかにバークリィは純粋視覚風景から空間性を奪おうとしているのである。事実、彼にとって真正の意味での空間は触覚(運動感覚を含めて)にしかない。

「純粋空間、真空、三次元、これらは触覚の対象であるのと同様、また等しく視覚の対象でもあると思う人がおそらくいるだろう。しかし、外部《アウトネス》の観念と空間《スペース》の観念を視覚の直接の対象であると考えたい誘惑がどれ程強かろうと、……それは妄想なのである」(126)。ただ触覚的対象のみが「或る距離をへだててある」(56)。その「距離は手や他の五体の部分を動かしたり当てたりして測られ……事物は心《マインド》の外、外からとりかこむ空間 (ambient space) の中にあるものと考えられる」*(94)。他方、「視覚的対象はすべて心《マインド》の内にあり、外部空間《エクスターナルスペース》のどこにもない」(111) のであり、「空間、外部、そして離れてある事物、これらの観念は視覚の対象ではない」(46) のである。だから「延長」といってもただ触覚的延長だけが「リアル」(74) なのである。

＊　バークリィは『人知原理論』第一部44節で、「厳密には《イン・ストリクト・トルース》」触覚的対象もわれわれの外に「距離をおいて本当に《アクチュアリー》存在する」のではなく「心の内に印される《インプリント》」のだ、と訂正する。しかし同じ箇所で彼が弁解しているように、視覚との対比においては触覚の空間性を彼が言うことは許されよう。それがいわば擬的空間性であっても視覚にはそれもない、というのが彼の論点なのだから。

では、底もなく深い青空や涯てもない海原の視覚風景はバークリィにとってどう見えるべきものなのだろうか。彼はその風景に忍びこんだ触覚的汚染を除去するために、先天盲人の開眼経験*を想像する (40-42, 92-100, 132, 133)。あるいはまた、「触覚を欠くが完全な視覚を具えた、五体欠落の霊または知性」(153) を想像する。そのような想像の中で、眼にうつる世界は、「太陽や星、また、それよりも遠いものも近いものも、その人の眼の中、いやむしろ心の中にあるように思えるであろう。視覚で把えられた対象は、痛みや快の感覚、**さらには彼の心《ソール》の奥底深くの感情《パッション》と同じ近さにある、想念《ソート》や感覚の新種のものと思えるのであろう（事実そうである通り）」（41傍点筆者）。これら「触覚的でなく精神的《スピリチュアル》性格のもの、すなわち、想念、欲望、感情等、一般的にいえば心《ソール》の変様《モディフィケーション》であるものにはすべて、上にあるとか下にあるとか」（94）、要するに外部的位置を云々できないのである。

＊　先天盲の開眼経験は十七・八世紀の大きな話題であった。例えばロック『人間悟性論』第二篇九章8節、ディドロー『盲人書簡』など。

＊＊　痛みや快感、特に痛みを触覚に対置される側に組み入れたのは、私には不注意だと思われる。少なくとも立ち入った説明なしに無造作にそうするのは不注意であろう。

バークリィのこの言い方には一つまぎらわしいところがあり、それを取り除いておかねばならない。それは「心の中」ということの意味である。彼の「心」はもちろん触覚的対象や視覚的対象の観念ではなく、それらの観念を「知り、知覚し、そして意志、想像、想起といった様々な作用をするもの」（『人知原理論』第一部2節）である。この「知覚する能動的なものが、私が mind, spirit, soul あるいは myself と呼ぶものである」（同上）。その本性上「それ自身としては知覚されず、ただそれが（知覚や想像の作用によって——筆者）生む結果によってのみ知覚されることができる」（同27節）。この叙述の中の「観念《アイディア》」という言葉＊にひっかかる必要は幸いにしてない。バークリィの「観念」は、ロックやデカルトの、撞着を内蔵している「何ものかの観念」ではないからである。バークリィにとっては、観念に対してその原型たるべき原物はないのである。したがって彼の「観念」とは知覚対象そのものである。「私は事物を観念にしてしまおうとしているのではなく、逆に、観念を事物にしているのだ」（『第三対話』）。つまり、「感覚によって知覚される観念、すなわち、本当の物《リアル》」（同上）なのである。

＊　このことは四章で詳述する。

さて、バークリィの「心」が上に述べたような能動的主体であることから、「心の中に在る、とはすなわち、それによって知覚される、ということと同じ」（『人知原理論』第一部2節）であり、「私の意味するのはただ心が対象を理解し知覚するということなのだ」（『第三対話』）。つまり、視覚風景が「心の中」にある、ということは単に、その風景が見えている、ということに過ぎない。またその意味では、触覚的対象もまた「心の中」にあるのである（だから前の注であげた『原理論』でのバークリィの弁明が可能となる）。それゆえ、視覚風景が想念や欲望や感情と同じく「心の中」にあるというだけでは、触覚対象のあり方と区別されたことにはならない。

したがって、バークリィが『視覚新論』であきもせずくりかえし、視覚的対象は「心の中」だが触覚的対象は「心の外《ウィズアウト》」（例えば、55, 94, 111）にあると述べるとき、この「心の内外」では何か別のことが意味されていると考えねばならない。ではバークリィはそれで何を意味しようとしたのか？　ここでいくつかの手掛りから一つの臆測を組み立てることになる。

まず、上に引用したように、視覚的対象はわれわれから、われわれの眼からの距離をもたないと述べられ、更に、「太陽や星も眼の中にある」（41傍点筆者）とさえ言われている。しかし、私の眼から距離ゼロのところ、あるいは眼の中（負の距離？）に、日や月はさておいても私の小部屋の風景を見るということさえも、いかに想像力を酷使しても想像不可能である。またバークリィにもそれが不可能であったことだけは想像できる。*だから、バークリィは「距離ゼロ」を意味したのではなく、「距離を云々することの無意味」を意味したのである。彼が、視覚風景は「心の奥底深くの感情と同じ近さにある別種の想念、感覚」（41傍点筆者）と言うとき、その「近さ」が「心の中」を意味しないとすれば（前に述べたようにそれを意味しようとしても意味がない）、ただ、感情が何かに近い遠いということが無意味なように、視覚風景の何かに対して遠近をいうことも無意味である、と言うことでしかありえない。

＊　バークリィ自身、時々うかつに眼と視覚的対象との距離の遠近を語る。それは皮肉にも「光学者」を論駁するときであり、レンズと眼との距離を云々するのである（31）。また網膜像のボケを語るとき（36）。

バークリィが視覚対象と触覚対象との距離関係がありえないことを強調していることがこの臆測を支持する。「視覚の固有対象は、触覚対象から近くも遠くもない、いかなる距離にもない」（112）。「視覚の諸観念は触覚の諸観念といかなる関係にもない」（79, 138）。その二つの間の「距離なるものは全く思考不可能」（112）であり、「視覚対象と触覚対象との間に遠くあれ近くあれ、どだい距離を語るということはナンセンス」(113) なのである。バークリィの考えでは、視覚と触覚とは「全くの別もので異質的」(149, 121, 153, 137) なのであってその間には元来はいかなる関係もないのである。だから当然、「視覚と触覚という二つの別々の領域を分離し、その各々の対象の間には、距離や位置の点では何らのかかわり、いかなる形での関係もないものとして考えねばならぬ」(115)。

この元来は全く空間的関係がない視覚と触覚の間に関係が生じるのは、「全く経験の結果」(3, 31, 49, 61) である「習慣的結合」(17) によるのである。当然、この結合は外的な結合であり、言葉と対象との結合関係にその最も自然な比喩を見出すことになる (64, 32, 73, 115, 143, 159)。そして、或る語がそれに習慣的に結合した対象を呼び起こすように、一つの視覚的対象は或る触覚的対象をわれわれの心に呼びおこす《サジェスト》 (45, 50, 64, 77)。例えば、「彼が見るものが彼の知性に、触覚的知覚である身体運動で測られる或る距離を進めばかくかくの触覚的観念を知覚するであろうと示唆する」(45) のである。だから、視覚は「造物主の普遍言語」(147)、「造物主の声」(152) として、われわれの触覚的接触の「目印し《マーク》」(115, 117)、「予見 (prenotion)」(148)、「予知 (prognostics)」(『原理論』 44) を与えるものとしてわれわれの生命に奉仕するのである。すなわち、「続いておこりそうな危害や利得を予見し」(59)、「人生の快と利便のために」(87)、「われわれの行動を誘導する」(86) のである。

3 視覚空間の次元

われわれの動物的生活、すなわち肉体を守り食物をとり子供を生むという生活は触覚的生活である。このバークリィの基本的視点は全く正しい。しかし、それを強調するあまり、視覚風景を触覚空間から完全に断絶したもの、そしてただ規則的対応によって触覚的経験の符号となるだけのものとするのはこれまた基本的な誤りだと言いたい。

バークリィの言葉を速断すると、彼は視覚風景から空間性をとことん抜きとろうとしているかにみえる。「視覚の直接の対象は光《ライト》と色《カラーズ》の他にない」(129)。「光と色、これだけが視覚固有の直接的対象である」(『原理論』46)。「われわれに見えるのは厳密には、立体でないことはもちろん、様々な色のついた平面でさえない。ただ色の様々にすぎぬ」(158)。これらの言い方は、彼が視覚から延長性を奪いとろうとしているように思わせる。少なくとも、そう思われることに対する十分な用心をしていない。しかし、周知の通り、バークリィの抽象観念についての見解にたてば、光や色から延長性を奪うことは全く不可能である。その不可能性こそ彼がロックの抽象概念を徹底的に批判したときのほとんど唯一の論点だったからである(『原理論』序文、また本文10・99)。

それは『視覚新論』でもすでに述べられている。「どんな色ももたない視覚的拡がりや形の判明な抽象観念を心に形づくれるか。また、視覚的拡がりなしに色を思い浮かべることができるか。少なくとも私にはそのような素晴らしい抽象をする力はないと言わねばならぬ」

(130傍点筆者)。そして多くの箇所で、「視覚的大きさ」、「視覚的拡がり、形」を語りさらに「視覚的直線」、「視覚的表面」(131)、「視覚的正方形」(133)や「視覚的円」(141)をも語るのである。しかし、「視覚的立体」と「視覚的距離」という言葉が全然ないことに注意したい。このことと、先にも引用したが、視覚的対象は「眼から等距離、いや距離がない」(77)、「いかなる距離にもない」(50)、「われわれに近づくことも遠ざかることもない」(50)、といった述べ方から、バークリィの視覚風景は何か二次元的な空間といった感じが私にはする。感じ、といったのはこれらの述べ方をどれも「触覚的な意味で」と解釈することも不可能ではないからである。例えば「眼から触覚的な意味では、等距離、いや距離がない」といった具合に。しかし、私には想像困難であるにもかかわらず、バークリィがここで考えていた視覚空間は、開眼手術直後の或る先天盲の報告に類したものであったと思わざるをえない。「すべての事物が眼の上に落ちかかり、触れる事物がちょうど皮膚に押しつけられるように、それが視覚器官にくっついてしまうように思われました」(ディドロ『盲人書簡』岩波文庫、六九頁)。もちろんこのような報告は、初めての視覚体験が熔鉱炉の炎を間近に見るときのような苦痛な眩惑であることを別にすれば、平常の視覚風景の性格について教えるところは多くない。しかし、バークリィの念頭にあった純粋視覚とはそれに類したものであったように思われる。

　ここで、バークリィ自身が正確にはどのようなことを考えていたかということから離れよう。そして、一般に、二次元視覚空間というものがありうるか否かについて検討をしてみよう。ただし、一般に、といったがそれは単に哲学史的にではなく、といった意味であって、何か架空の生物の架空の視覚空間について考える、ということではない。あくまでわれわれが現に毎日毎時面している視覚風景が二次元的であることができるか、ということなのである。だがそのためにも再びバークリィが好適な糸口を与えてくれる。

『視覚新論』の最初の五十一の節は距離の問題、われわれと見えている対象との間の距離の問題を論じている。つまり、事物相互の間の左右や上下の距離ではなく、われわれからの奥行きの距離についてである。そして、当時の「屈折光学」の考えを鋭く批判する。その当時の考え（バークリィはニュートンの師であったバローの著書をあげる）とは、決して古くさいものではなく現代のわれわれの常識といってもよいものである。すなわち、われわれから対象までの距離は、両眼視の場合ではわれわれの両眼と対象とがつくる三角形の頂角の広狭から判定される、あるいは単眼の場合は瞳孔を底面とし対象を頂点とする円錐の頂角（立体角、またはその縦割り切断面での平面角）の大きさから判定される、というものである。簡単にいえば、現在使われている測距儀や距離計（カメラの）の原理である。

この考えに対するバークリィの批判の仕方は彼のおはこの手、つまり、事実われわれはそんなことをしているか？である。すなわち、光学の教科書の数学的計算や距離計のダイヤル調節のようなことをわれわれはやっていないではないか、というのである。現代の心理学者はすぐ反論するだろう。われわれはもちろん物を見ている間中、頭の中で忙しく計算しているわけではない、だが、片眼を閉じると針の穴に糸を通すのがむずかしくなるぐらいのことはバークリィ僧正だってご存じであろう。だから無意識的、あるいは直覚的に、われわれは両眼視の情報から距離を判定しているのだ。この心理学者に対して、バークリィに代わって答えてみよう。たしかにその通りでしょう、私だっていくらか針仕事をやったことはある。しかし問題は、どのような「情報」から距離を判定しているかである、その「情報」が「視角の大小」であるということをあなたは何も証明していない。

なるほど距離の判定には両眼視が重要な働きをしていることはステレオスコープその他で確立された経験的事実である。しかし、問題はそのとき両眼で何を見ているかである。それが「視角」であるかもしれない。しかし、「視角」でないかもしれないのである。例えば、右の眼を閉じたときよりは開いたときの方が対象の右手の側面がよりまわりこんで見える、ということであるかもしれないではないか。あるいはまた、われわれが現在全く気付いていない何かのことかもしれないではないか。つまり、無意識の何かであるかも。あるいはまた、他でもない、端的に「距離」を見ている、ということだってありえよう。例えばウィリアム・ジェームズはそう考えた。「主観的に見れば、距離は全く特殊な意識内容である。輻輳作用、調節作用、両眼不等、大きさ、明度、視差等は、凡て吾々に距離の感じの記号たる特殊の感じを与えるけれども、距離の感じそれ自身ではない」（『心理学』岩波文庫上巻、六二頁）。

だから、バークリィが両眼視をあとまわしにして、見ている物の明瞭度やボケ具合、それに焦点調節のための筋肉感覚（ただし、これは触覚に属しよう）をあげるのに対して性急な反対をすることはできないであろう。両眼視の機能については彼は語らないが、この単眼視の場合の特性を二倍あるいはそれ以上に増幅することによって針仕事をやり易くする、と言ったっていいであろう。しかしそれよりもはるかに大切なことは、バークリィの意図が奥行き距離の概念を一切含まない何かをあげることであったことである。彼の言う、物のボケ具合や明瞭度、眼球調節の緊張感には距離なる概念は全く含まれていないのである。彼の純粋視覚風景には奥行き距離がないのである（と私は推測する）。この奥行き距離の概念はただ触覚的運動感覚にだけある、これがバークリィの基本的主張なのである。だから彼の基本的テーゼは、

この触覚的運動感覚的な『距離』の目印しとして、視覚風景の中からこの『距離』と一切無縁な或る適当な特性を探し、それをその『距離』に経験的慣習によって結合する、ということだったのである。換言すると、触覚や運動感覚と、経験的慣習で連合する以前の視覚風景の中には、一切「奥行き距離」はないのである。さらに換言すると、視覚風景の中だけでは「奥行き距離」なるものはどうあがいても構成できないのである。したがって、バークリィの「言語の比喩」を使えば、二次元の視覚風景が三次元の触覚空間の言語になることになる。そこで、三次元空間の二次元表示、例えばわれわれの地図での等高線や色の濃淡（濃い茶色はより高く、濃い青はより深い）にあたるのが、物の見え具合でのボケや明瞭度になったのである。

4　映写幕《スクリーン》の比喩

しかし、二次元の視覚風景とはどのようなものなのだろうか。そのようなものを想像することができようか。それを想像しようとするとき人はすぐ映画のスクリーンだとか、絵だとか、テレビの画面のことを考えるだろう。だが、われわれがいとも自然にそういうものを考えてしまうのはいささか軽率ではあるまいか。例えば、「無秩序」とか「カオス」とか「ランダム」ということを想像しようとする。例えば碁石を碁盤の上にバラリとまいてできるだけ無秩序にしようとする。だがどうやっても何かの秩序が、それも無数の秩序が残るのである。その石の分布濃度が例えば右上の隅で大きいとか、真中あたりが薄いとか、全体が何かの鳥のような形をしているとか、である。そこでそのような不均質をなくそうとする。するとできあがるのは実に整然たる一様分布ということになる。つまり、実は想像不可能なことを、想像しているように気軽に思いこむのである。

人が二次元視覚風景を想像しようとして例えばスクリーンの画面を思い浮かべるとき、何かこれに似たことをしているのではなかろうか。なぜなら、第一に、人がスクリーンの画面を考えるのは、そこに映っている風景が奥行きがあるように見えるにもかかわらず実は奥行きがないからである。つまり、「視覚的奥行き」が視覚的に既に了解されているからこそ、スクリーンに思いがおよぶのである。だから、今私に見えている視覚風景が「スクリーン様のもの」だと考えることは、この風景が視覚的に二次元だということではなくて、逆に視覚的に三次元だということなのである。

第二に、スクリーンがスクリーンであるがためにはそれが「私から離れて見える」のでなければなるまい。すなわち、スクリーン上の風景は「離れて見える」風景なのであり、そして「離れて見える」ということはとりもなおさず「視覚的奥行き」をもって見える、ということである。そこでアリストテレスの天球のような壮大な全天シネラマを想像するとしても、そこには「私の前方」と「私の後方」という「視覚的奥行き」がある。その天球的パノラマは数学的には二次元球面であるが視覚的には三次元、つまり、「視覚的奥行き」をもって見える風景なのである。また、数学的にも幾何学的閉曲面は三次元空間の中にあるものである。

さらに、この想像で私がこの天球パノラマの中心に宙に浮いているとしない限り、私の足もとから床なり大地なり雲海なりがのびていて、そのパノラマに接続しているはずである。とすれば当然「視覚的奥行き」の深浅がなければこの想像は遂行できない。それともバークリィのように、自分のひざも足指も山も太陽もすべて「等距離(equidistant)」だというべきなのか。それならば、バークリィの口真似をしてこう言いたい。では、ご自分でご自分の足を見下ろし、ついで地面を視線でたどっていって向こうの山をごらんになってほしい。等距離に見えますか、ただ私にはとてもそんな能力がないと白状せざるをえません、と。

では、と人は言うであろう。私の今言った意味での「視覚的奥行き」があることは認めよう、しかしなお視覚風景は実は天球面にべったり貼りついていると想像することは可能ではないか、と。それはたしかに可能である。ただし太陽や月がお皿に見えると言ったエピクロスのように、遙かに遠くそして静かな風景の場合、あるいは芝居の書割り風景や絵や写真のようにきわめて局部的な場合に限ってである。われわれの日常の視覚風景――ここではそれを問題にしているのであって架空の風景や極めて異常な風景のことを問題にしているのではない――にあっては身近にも多くの事物があり、また多くの事物が動いたり形を変えたりしているのである。さらに、われわれ自身が移動するのである。いやそれは触覚的運動感覚的な要素を持ちこむことだ、とバークリィが異議をはさむならば、私自身は身動きもしないが風物の方が代わりに動くと想像してもいい（主人公の眼の場所にカメラアイを固定した映画に似た想像である）。

例えば雑踏した街頭風景である。車が右から左からやってくる。人がその中をすりぬけて走る。誰かが紙を落とし、また誰かがそれを踏みつけて歩く。前からきた人が私にぶつかりそうになる。大きな電柱広告が視野をさえぎる。……いや、もう続けなくていい、どんな描写をしようがそれは映画の二次元画面のようなものであると想像できるのだから、と言われよう。だがそう言う人は自分自身のことを忘れているのである。この街頭の視覚的風景を映画のスクリーン上の風景と想像することは、この街頭風景を撮った映画を見るようなことではないのである。なぜならこの想像では、車や人とともに、自分の手足やぼんやり見えている鼻先までスクリーン上のものだと想像する義務があるのである。観客席の椅子とスクリーンとの「距離」もまたその映画の中になければならないのである。だからそれは既にスクリーンではないのである。こうしてスクリーンの比喩は倒産し破産宣告をうけねばならない。二次元の視覚風景とは想像できないものなのである。絵とかスクリーンの上とかの風景が奥行きをもって見られる。しかしそれらが「実は二次元だ」ということそのことが三次元の視覚風景の中で初めて言いうることなのである。絵が三次元の画廊の風景の中で壁にかかっているからこそそれが（例えば）遠見に二次元に見えるのである。しかし、その中に立っている私を含めてその画廊全体の風景が二次元であるということは想像不可能なのである。だいたい、視覚風景とは私を包む風景である。私を中において私の前後左右上下の風景なのである。そして、その私自身は三次元の肉体、体積をもつ肉体としてしか考えることができない。この身体図式は視覚的であるとはもちろんいえない。しかしそれが視覚的であろうとなかろうと表と裏と中味がある三次元のものとしか考えることができず、そして視覚風景とはこの三次元の私の身体を包むものとしてしか見ることはできないのである。だから当然、この三次元の私の身体を包むものとして視覚風景は三次元でしかありえないのである。*

＊　更に、七章で三次元空間は時空四次元の下でのみ了解可能であることを述べる。

こうして視覚風景にはその「固有直接の対象」として「光《ライト》と色《カラーズ》」のみならず「視覚的奥行き」があるのである。そしてそれはバークリィが主張するような触覚や運動感覚からの密輸品ではない。純粋視覚風景の原産品なのである。

5　視覚と触覚の接合

こうして視覚風景からバークリィが奪った第三次元をとりもどした。そしてこのことからさらに、バークリィによって切断された視覚と触覚の、融着を復原することを試みよう。バークリィはたとえ視覚空間の三次元性を承服したとしても、なお視覚空間と触覚空間との断絶を固執し続けるであろう（上記第二節）。その断絶とは空間的断絶、すなわち、視と触の二空間の間にはいかなる空間的関係もない、ということである。さらに精しくいえば、視空間の場所（あるいはその場所を占める視覚対象）と触空間の場所（あるいは触覚対象）との間に、距離いくらとか上下左右の方向とか大きさの大小とかを言うことは無意味である、ということである。

　カントが空間はただ一つと考えたのに対して、バークリィは空間は二つ、と言うのである。いや、少なくとも二つ、と。なぜならば、彼が視と触の二空間の離別をいう理由は、その各々の空間での距離（非奥行き距離）や形や大きさの知覚され方が「全く別で異質のもの」(108, 149) だからである。それならば、それと同じ理由で聴覚空間や嗅覚空間もそれぞれ異なる空間だと言わねばならない（のに彼は言わない）。それを別としても、視と触との二空間を離婚させることは非常に大きな結果を生む。それは当然、視覚対象と触覚対象という二種類の別々の「もの」を設定することになるからである。バークリィはもちろんこのことは承知の上であるどころか、それを強く主張しさえするのである。「同一のもの《シング》に触れかつそれを聴くのでないと同様、同一のものに触れかつそれを見るのではない」(47傍点筆者)。「二種類の対象がある」(50, 55)のであって、「同じものが視覚と触覚を触発《アフェクト》すると思うのは誤りである」(136)。

こうして、二種類の対象を位置させる二種類の、それも互いに全く風馬牛の空間、これがバークリィの言うことなのである。しかしこれではわれわれは何か全く別々の生活を二通りに生きていることになるではないか。食事をするときは二通りの食事、視覚的食事と触覚的(味覚的)食事、をしていることになる。しかも、互いに全く何の位置的関係もない二通りの食事を、である。これは何とも奇妙奇怪である。だからバークリィはこの二通りの食事の間に差別を考えるのである。そのときもちろん触覚的食事こそ「はんもの《リアル》」(74)であり、視覚的食事の方は「それ自身だけでは重要ではない」(140)ものなのである。画にかいた餅、いや目にうつるだけ、見るだけの餅は腹の足しにならぬことからそれは当然であろう。しかしこの、見るだけでは物は食えない、という当然のことから彼は当然でないことをいうのである。視覚空間は本当の意味での「距離、外部、奥行き、したがって空間や物体の観念をもっていない」(154)、と。つまり、視覚的空間は何か一種の擬似的空間、すなわち、言語空間とか色彩空間とか論理空間とかといわれる場合に類した何か比喩的な意味でだけ空間といえるようなものにされるのである。

明らかにバークリィは度を過した圧力で視覚空間をしぼりかすにしてしまったのである。われわれはその不当な圧力を減圧して正常にもどさねばならない。しかし、カントのように空間はア・プリオリな外的直観形式としてただ一つしかない、と言うだけではことはすまない。この減圧操作はもっと微妙な微調整を必要とする。

われわれは前節で述べた視覚風景の三次元性から出発する。それは、私を包む三次元の風景である。だから当然この風景には「私からの遠さ近さ」というものがある。この「私」とはこの風景のいわば視野の中心、すなわち視点である。そしてこの視野の中心に対して視覚的対象、例えば「見えている鉛筆」が「近づいたり遠ざかったり」すると見えるのである。その鉛筆が、眼と称するものがあると私が思っているあたり（見えてはいない）に近づいてくるのを見る。そしてもうこれ以上近づけぬ程に近づいたと見えたときは私は瞼を閉じる（触覚と運動感覚）。するとその鉛筆と思われるものが瞼に触れるのを感じる。だが事を簡単にするために、瞼を閉じないで、その見えている鉛筆が下瞼に触れるのを感じるとしよう。いずれにせよ、視野の視点近傍が触覚的瞼に定位されたのである。

もちろんこれは正常な状況の描写である。だが、正常でない状況を想像することにも何の困難もない。近づいてくる鉛筆を含めて私に今見えている視覚風景全体が通常「幻覚」と呼ばれているものであると想像するのはたやすい。すると、鉛筆がいくら眼のあたりに近づいてくるのが見えても、何の触感もおこらない。だがそれにもかかわらず、その幻の鉛筆が近づくと見える場所は瞼の開閉の触覚的運動感覚がするあたりであるはずである（これは自分で想像してみる以外に確かめる方法はない）。幻であろうと、それは私に近づくのであるから。このことこそ視覚風景と触覚との空間的位置関係を定める座標原点であると思われる。

つまり、視覚風景の視野中心を身体上の或る場所に定位することである。

そしていったんこの定位ができれば、触覚的（というより、より広く体感的）身体図式の全体が視覚空間の中に定位できる。なぜならば、この五体の体感的（触覚を含む）身体図式の中では瞼の場所は体感的に定位され済みだからである。ある額ぶちの中に紙人形の瞼のところを釘でとめれば、その紙人形の他の部分もその額ぶちが囲む平面上で位置がきまるようにである。だが数学者ならすぐいぶかるだろう。釘一本ではまだ方向（回転自由度）がきまらないではないか、と。それに対して、瞼は左右に二つあるから打たれる釘は実は一本ではなくて二本なのだと答える。さらに立体人形を持ちだされれば、触覚的瞼には触覚的前方と後方（また上と下）があり視野風景はその前方に定位されるしかない、などと答えることはできよう（この答えの後半は片目の人の場合をもカバーする）。しかし、大切なのは、視覚風景の中に体感的五体がいかに定位されるかということではなく、とにかく定位できるということなのである。

空想をたくましくすればその具体的定位をどうしていいやらわからない場合をいくらでも考えることはできよう。手足胴体がバラバラに浮遊しており、他方、視野中心はまたそれらとは別のあたりにある、といったような場合、飛地的な身体図式を視野のどこに定位していいやら皆目わかるまい。だがそういう場合ですら、私は視野の空間のどこかにバラバラになった私の手や足が体感的にあると思うだろう。少なくとも思うことができる。すなわち、視覚空間の中に体感的身体図式を位置せしめることができるのである。

バークリィが視覚的対象と触覚的対象との間の距離、すなわち、それらの間の相対的位置を語ることは全く無意味だと考えたのは、視覚的性質（光や色や視覚的形状）と触覚的性質（手ざわりや触覚的形状）が「全く異質的」で「両者に共通なものは何もない」(127, 129)からである。なるほどたしかに、一方に光と色に溢れた視覚空間を思い浮かべ、他方に手ざわりだけの触覚的世界を思い浮かべたとすると、その一方の中の或る対象と他方の中の或る対象との相対的位置を定める手掛りは全くないようにみえる。それはまるで、昨夜の夢の中の事物と一昨晩の夢の中の事物との間に相互の位置を定めようとするようなものだ、こう感じられよう。しかしバークリィが見落としているのは、その視覚風景は体感的身体（図式）を包んで見えているということである。言い換えると、その視野の中心を体感的身体の或る場所にもつ風景、として見えているということである。だから例えば今私が右手を斜め前方に伸ばして何か固い物を摑んでいるとすると、たとえその物も私の手も全く透明で見えないとしても私の手先とその物がどのあたりであるかの大よその見当を視覚風景の中でつけられるはずである。つまり、右斜め前方の（手の届く）身近な場所、というものを視覚風景の中で見当付けられるだろう。同じことを暗闇の中で行ない、その場所を闇の中で凝視し、そして電気をつけてみれば見えた手の位置に大きな見当外れはあるまい。もちろんそれには長年の経験が参与していよう。その経験や練習によってこの見当付けはいくらでも精確になるだろう。しかし私の言いたいのは、たとえ全くの無経験であっても、右のかわりに左、前方のかわりに後方、仰むくかわりにうつむく、といったひどい見当外れはない、ということなのである。そんなことがない程度に、視覚風景の空間と触覚空間とが上に述べた瞼と身体図式によって接合されているのである。より正確に言えば、「一つの空間」の中で接合されているのである（相互に位置関係がある、ということがすなわち、「同一空間」の中にあるということなのだから）。

この接合をバークリィに納得してもらうために、彼が非常な信頼をおく触覚空間に例をとることにする。

まず触覚とはわれわれの五体の表面と内部での感覚であることを忘れてはならない。だから歩こうが走ろうが様々な触感覚は常にこの身体の内部と表面とに感じられるのである。とすればバークリィ風に言うならば、身体表面の外部を含む触覚空間という観念は一体どうやって生じるのであるか？　経験によって？　しかし、どの触覚的経験、どの運動感覚的経験もいっときたりとも身体表面の外には出ないのである。それはいわば、暗闇の中でいつも同じ場所で車を廻している二十日鼠の経験なのである。そういった純粋触覚的経験をいくら積み重ねても「触覚空間」はでてこない。そうではなく、どんな触覚も既に「触覚空間」の中での触覚なのである。つまり涯てのない三次元空間の中での触覚なのである。身体表面は身体の終わりであるだけではなく外部の始まりとして触感されているのである。だからこそ、様々な姿勢での身体図式が体感されているのである。そして歩行や走行は、二十日鼠的な停止点での永久運動としてではなく、前進、すなわち空間の中での前進として体感されるのである。だからヘレン・ケラーも彫像に触れるとき、「もちろん、私の指は一瞬に、その像全体の印象を捉えることはできない。一つ一つ部分的に感じとり、私の心が、それをみんなまとめてくれるのである」と書いた。言うまでもなく、「その像全体の印象」はヘレンの外部空間にあるのであり、それは彼女が動物園のおりの鉄柵につかまった手の震えでおりの中の獣の咆哮を理解したのと同様である。

　こうして触覚空間はそれぞれ個々の触覚に対してカントの意味でア・プリオリなのである。そのことを前提とした上で、左右両腕だけしかない人間を空想してみよう。胸も肩も胴もないのだから当然この人間は互いに切り離された右腕と左腕からできている。右腕と左腕が少し離れて空中にただよっているのを想像して戴きたい。さて、この人間が右手で物に触れるとき、それは右手の触覚空間の中での触感である。左手の場合は左手の触覚空間の中での触感となる。このときこの二つの空間の中の二つの触感（または触覚対象）の間の距離を定めることができるだろうか。目を閉じて想像して戴きたい。右の手に様々な触覚が次々とあり、また左の手にも。そして、今！　右手の触れているものと左手で触れているものとが近いとか遠いとか言うことができるだろうか。バークリィは「できない」と言わねばならぬ。彼が視覚と触覚との空間的断絶を主張したのはまさにこのことだからである。

　しかしこの両腕人間は二つの別々の片腕人間ではなくて「一人の」人間なのである。それはたとえ二つの部分に分離していようと一つの身体なのである。それゆえ一つの体感的身体図式をもっている。ということは、二つの腕は中間にギャップを許しながらひと連なりの身体図式の中での二つの腕なのである。それゆえ、この身体図式の中において二つの腕の相対的位置は触覚的に体感されているのである（もちろんその相対的位置は固定しておらず、姿勢〔？〕に応じて伸縮する）。その相対的位置がいかに曖昧模糊としていても、とにかく相対的位置をもつもの、即ち一つの空間にあるものとして体感されている。それによって上の二つの空間、すなわち、右手の触覚空間と左手の触覚空間とは位置的に接合（位置的握手）されているのである。つまり、一つの触覚空間なのである。この事情は、先に述べた視覚空間と触覚空間が一つの空間である事情と全く同じであることは明らかであろう。

6　「同一の事物」

先にも述べたように、この視覚空間と触覚空間との、瞼を蝶つがいとする空間的接合はまことに大まかでおおよその見当付け以上のものではない。それ以上の細部の仕上げは様々な経験に依存するものとして当然心理学者の領分に属する。ここでは、その細部の仕上げの大まかな道筋を推定することができるだけである。

この道筋の起点は、視覚風景の中に体感的身体図式を定位することであろう。すなわち、見えている自分の五体（の表側表面）を、体感している身体図式の表側表面として見る、ということである。異常な想像的状況、例えば自分の胸から下が蛇やムカデのようなものに見える、といった場合にはこのことは不可能であろう。そのときはおそらくわれわれは今とは全く異なった身体概念をもつであろう。また何も見えないで地面が見える、といった場合にはおそらく「透明な肉体」という概念をもつであろう。しかし、かなりの程度までは融通がつくはずである。なぜならば、体感的身体図式は決して視覚的な意味での尖鋭な輪郭ももたず尖鋭な位置関係もないからである。例えば、現在の私の右手の体感的位置や形を眼を閉じて感じてみればそれは決して明確な境界をもって一定の立体的空間形状をしているわけではない。だから、あらかじめ一方に明確に境界付けられた視覚的右手があり、他方に同じく明確に境界付けられた触感的右手があり、まるでギプスを手にはめるようにそれを合わせるというのではない。そうではなく、全く大よその位置や大きさや方向が合いさえすれば、視覚風景の中では視覚的右手を触角的右手だとして見るのである。

そのときの決定的要因は、視覚的接触と触覚的接触との一致ということである。例えば、視覚的な蚊が私の視覚的右手の上方一センチで停止したとき私はチクリと感じる。左手でそれをピシャリと叩こうとすると、視覚的左手が蚊の上方一センチにくるのが見えたとき蚊はつぶれ同時に左右両手に叩かれる衝撃を感じた。もしもこういうのが通常の経験であれば、われわれは当然、「透明上皮層」で被覆された太巻きの触覚的両手をもつことになろう。これには何の奇妙さもない。現在のわれわれの手の皮膚の表皮真皮層がたまたま不透明である、といったことと同様の経験的偶然的事情にすぎない。

こうしてわれわれは、「同じ一つの」身体を体感し、また、見る、ということになるのである。そしてこの視覚的でもあり体感的・触覚的でもある手を、例えば、視覚的に見えている灰皿に近づける。そして、灰皿に手が視覚的に接触するのを見るとき、或る感触と抵抗とを手に受ける。このとき私は「同じ一つの」灰皿を見、そして触れているのである。これがわれわれの、見ることも触れることもできる「事物」の観念なのである。

　どうしてこの視覚的接触と触覚的接触との合致がおこるのか。この問いは、一つの棒を物指しで測って一メートルであったとき、どうしてその棒と一メートルの目盛りとの合致が起こるのか、という問いと同じ種類の問いである。答えがあるとすれば、誰かがその棒を一メートルに合わせて切っておいたのだ、遙かに偉大な誰かが灰皿をそう造っておいたのだ、という種類のものだけである。それと違った切り方、造り方がされておれば、われわれは「見も触れもできる事物」という観念とは別な観念をもっているであろう。そしてもちろん別な物理学を。例えば、すべて見えるものは触れえず、触れうるものは見えないという世界では、われわれは不可触事物《アンタッチャブル》と透明体《インビジブル》という二種の事物概念をつくり出すだろう（このとき自分の五体は触覚的に体感されている限り、透明体ということになろう）。

　そのとき、不可触事物と透明体とのいずれがわれわれの生存に重要か？「それはすべて可触物《タンジブル》にかかる」(59)。このバークリィの言葉には誰も賛成するであろう。

二章　見えている

1　「見えている」という場

見る、触れる、聞く、味わう、匂う、これら知覚動詞と呼べるものには人を誤解に誘うものがある。それらは或る「動作」と、その動作によって生じる「状態」とを一括して動詞的に表現する。そのため、その「状態」までが何か或る動作だと思い誤られることになりがちなのである。

釣り師が糸の先に跳ねる魚に手をのばして摑む。それはその魚に「触れる」ことであり、これは文句なしに一つの「動作」であり、多少の経験と熟練とを要する動作である。しかし、魚を摑んだ折りの魚のヌルヌル、ピチピチした感触、その感触がしているということ、それは何の「動作」でもない。魚がピチピチ跳ねるのは魚の動作であるが、その跳ねる感触は何らの動作でもない。またひと切れの刺身を口に入れてモグモグするのはまぎれもなく一つの動作である。しかし、そのときの「味」、その味がすることは動作ではない。手に或る感触があること、舌や口中に或る味覚があること、それらは動作ではなく、適切ではないが強いて言えば「状態」といえるものである。

それなのにわれわれは、ここでまた、この「状態」をさらに動詞で表現したくなる。ヌルヌルしているのを「感じる」、淡白な味を「感じる」、刺身の味を「味わう」、といったようにである。そして痛みまで、痛みを「感じる」と言われることになる。しかし、「痛み」と「痛みを感じる」ことに何かの違いがあるだろうか。感じられていない「痛み」なるものがあるだろうか。あるとすれば、それは少しも痛くない痛みなのだろうが、「痛くない痛み」とは一体どんな痛みなのか（麻酔された痛み？　痛がらない痛み？）。

もちろんそんな奇妙な痛みはない（たとえ万一あったところでわれわれに何の関係もない）。「感じられない喜び」が何の喜びでもなく、「感じられない悲しみ」は少しも悲しくないのと同様である。だから、「喜びを感じる」ということはただ「うれしい」ということであるように、「痛みを感じる」とはただ「痛い」ということ、ただ「痛みがある」ということなのである。「感じる」ということは何の動作でもなく、また、擬似的動作、比喩的動作ですらもない。そこで、それはまさに「受動性《パッシオン》」なのである、こう言いたくなる。だがこう言うことにはまた別の危険がある。

受動、というからには、何か「受けるもの」と「与えるもの」があり、その二つの間に「授受されるもの」がある、こういう思いに誘われる危険がある。つまり、受け皿になる受信者、送りこむ発信者、送られるメッセージ、こういう挿画にはまりこむ危険である。なるほど確かに、弾丸が私に痛みを与え、火薬の炸裂が私に音を送りこむ。その意味では、「痛み」や「音」は私を受動者（つまり被害者）として何かから送りこまれ、与えられたものであろう。しかしそれは、痛みや音の生じた由来、その因果物語りの文脈においてであり、「痛みがある」こと、「音が聞こえている」こと、そのこと自身の（いわば）構造の中でのことではない。私が頬っぺたを張られた、それは受動であろう、しかし、頬っぺたがヒリヒリすること、そのことの中に何の受動性も能動性もない。私が壁を青ペンキで塗る、壁から言わせればそれは受動であろう。だが、今その壁が青いこと、そのことの中には何の受動も能動もないのである。単に、その壁は青くある、それだけである。同様に、単に頬が痛い、それだけなのである。

それらと同様に、私に今或る風景が見えている、このことは能動的動作でもなければ受動でもない。単に「見えている」状態にある、それだけである。しかし、生理学者は、私に何かが見えているのは、それからの電磁波が網膜を刺戟しついで大脳皮質細胞を興奮させる結果である、と言うだろう。この言い方には誤りがあると思うが（六章）、その正誤とは別に、それは再び因果物語りの文脈の中での話であって、「見えている」ということそのこと、の中での話ではない。また、いやそんな面倒な事は抜きにしても、今何かが「見えている」のは私が目を開きそちらを「見ている」からなのだ、と思う人もあろう。しかし、それもまた因果物語りであることは明らかであろう。目を開く、目を向ける、見つめる、目をそむける、目をそらす、焦点を外す、注意しないように注意する、これらはすべて有意的動作である。そして、私に何がどのように（例えば、はっきりとか、ぼんやりとか）「見える」かはそれらの動作によって変わることも確かである。しかし、何かが或る仕方で「見えている」そのこと自身は何の動作でもない。何の受動性でもない。それは単に一つの「状態」なのである。

この、何かが見えているという状態は私が目覚めている限り、一刻といえども中断することがありえない状態なのである。目を閉じたところでこの状態が消失することはない。私には今度は瞼の裏が見えている。それは、部屋のカーテンを引けば窓外の風景が見えなくなるかわりに、カーテンが見えることになるのと全く同様で、肉質のカーテンが見えるだけのことである（たとえ、文字通りには瞼の裏が見えているのではないにせよ、何か薄明りの風景が見えていることには間違いない）。瞼はカーテン同様、その向こう側にあるものを遮蔽しはするが、「見えていること」を遮蔽するものではない。鼻をつまんだり、耳に蓋をすることが、何か特定の匂いなり音なりを遮断することではあっても、嗅いだり音が聞こえること（無臭や静けさを含めて）を遮断するものではないのと同様である。何かが「見えている」こと、何か（静けさを含めて）が「聞こえている」こと、何か（無臭を含めて）が「匂っている」こと、これらはすなわち私が「目覚めている」ことなのである。だから、「何も一切見えない」という状態を私は想像することはできない（想像、とは目覚めてするものである）。それは、何か一つの物、例えばこの机が一切の色なしに「見えている」ことを想像できないようにである。だから、また私は先天盲の視野を想像することができない。それを

「全き闇」と想像するならば、それは目明きの「闇」の想像で盲者の世界の想像ではない。私が想像すべきものは「視野の全き欠落」の想像であろう。しかし、私にはその想像すら想像することができない（だが、先天盲の人にも「まっ暗な」視野があるのかも知れない。それは開眼した先天盲人の記憶が証言するだろう）。

「見えている」ことが何らかの動作ではなくて「状態」であるとしても、それは何の「状態」というべきだろうか。それは言うまでもなく、私の状態だ、こう言いたくなる。だって、何が「見えている」にしろ、「見えている」のは他でもないこの私にではないか、だからそれらのものが「見えている」のは私の状態でなくて何であろう、と。

またまた、「見ている」という何か動作的な思いが顔を出したのだ。しかし、例えば一つの部屋が「見えている」状態を端的に眺めてみよう。壁が、本箱が、机が、「見えている」。この部屋の風景がそこに立ち現われている、すでにそのことが「見えている」ということのすべてなのである。だが人はその壁や本箱の姿から、私の状態、私に何か「見えている」という状態を引き剝がすことができるように思いがちなのである。そして、その引き剝がした「見えている」という状態を、何か動作的あるいは作用的な「見ている」という言葉で言いたくなるのだ。しかし、そのような引き剝がしは、どだい不可能なのである。「痛み」とその痛みを「感じる」ことを引き剝がすことができないのと全く同様、「壁の姿」とそれが「見えている」ことを引き剝がすことはできない。見えていない壁の姿などはどこにもないからである。だから、壁からそれが「見えている」ことを剝ぎとって、「私の状態」とすることはできない。

だが同時にまた、その壁は他でもない私に「見えている」。私が消失して壁の姿だけが「見えている」とはナンセンスであろう。だから、「見えている」という状態を壁の姿だけの状態として、壁側に押しつけることもできない。ここにおいて、人を誘いこむ、或るはなはだ魅力的な挿画がおのずと浮かびでてくる。すなわち、「見えている」という状態は、私の状態でもなく、また壁だけの状態でもない、しかしその両方に跨っている、とすればそれは、私と壁との「関係」と言うべきではないか、こう思いたい誘惑に人はかられる。壁と私との間にかかった、何か目には見えない橋、それが「見えている」ことなのだ、と。

しかし、手が痛むとき、「痛い」ということは、私とその痛みとの「関係」だと言う人はおるまい。だがそれは、手の痛みはいわば既に私の側にあるからであって、壁は私から離れて向こうにあるのだ、だから事情は全く違う、こう人は言うだろう。その通り、私はここに居て壁はあそこに「見える」。しかしそれは、壁が私に「見えている」という状態の中でのことなのである。その状態が、私と壁との間にあるのではない。

芝居の中で、例えば主役は他の登場人物や大道具小道具と様々な「関係」にある。そして或る意味では、この様々な「関係」がその芝居を構成する、といってもよい。そして、それらの「関係」の変化展開が芝居の進行である。しかし、その「芝居が進行している」、その「芝居が行なわれている」、そのことは何の「関係」でもないのである。それらの諸「関係」

はこの「芝居が行なわれている」という「場」の中にあって初めて成り立つ「関係」なのであって、その「場」それ自身は何の「関係」でもなく、その「関係」を成り立たしめている「場」であり、「地」であり、「状態」であり、「状況」なのである。同じように、十八人の選手とボールやバットやベースの諸関係から構成される「野球試合」が今「行なわれている」ということとそれ自身は何らの「関係」でもない。「見えている」ということもそれと同様、何の「関係」でもない。

ミシェル・フーコーの『言葉と物』によって一躍有名になった、あのベラスケスの「侍女たち《ラス・メニナス》」の絵に、ゴーチェは「額ぶちはどこにあるのだ」と言ったということである。「見えている」ことにも額ぶちはないのである。それは私を含め、私をとりまいての全風景が「見えている」ことであって、それを壁にかかった一枚の絵とか映写幕とかテレビ画面とかとそれを「見ている」私といった、「見えている」全状況の卑小な一切片に模して考えるのが誤りなのである。「見えている」という「状況」は私自身を取りこみ、私を包みこんでの風景が「見えている」ということなのである。それは一つの全体的「状況」であり、全体的「場」なのである。この全体的「場」の中においてのみ、ここの私とあそこの絵、あるいは目をそちらに向けている私とあそこに「見えている」絵、という「関係」が成り立ちうるのであって、それを成り立たしめている「場」である「見えている」という状態は何の「関係」でもないのである。

2　視覚的立ち現われ

誰も机や絵の「存在すること」が何かの「関係」であるなどとは夢にも思いはしないだろう。だのに、机が「見えていること」は、机と私の「関係」だと思いたくなるのだ。私が机から目をそらせばそれは見えなくなる、だから机が「見えていること」には私が関与している、だからそれは机と私との間の一つの「関係」なのだ、こう思いたくなるのである。そして、他方、机の「存在」は私などが居ようと居まいとに無関心な存在である、だからそれは私と無「関係」なのだ、と。つまり、私と独立であり私と無関係な「存在」が、たまたま私に「見える」という「関係」に入るのだ、こう考えるのである。だがしかし、周知のあのバークリィの標語、「存在とは知覚されていること（esse percipii）」（『人知原理論』3, 6, 88節）に的確に言い表わされているように、「存在する」ということと「見えている」ということとは、或る状況では同じことなのである。しかしここでさらに、だから「存在」が何の「関係」でもないならば、また「見えている」ことも「関係」ではない、こういえるためにはバークリィの「存在」の意味を訂正、拡張せねばならない。さもないと逆に彼の「存在」は「関係」になり下った存在だといわれようからである。まずバークリィの「存在」は、見えている幻や蜃気楼、島影に見間違えた雲もとにかく「存在」している、という広い「存在」の意味である。「存在が単に知覚されることに存する点」（同上139節）では幻もまた「存在する」、そう言える意味での「存在」である。幻が実物と区別されるのは「存在」するしないではなく、その立ち現われの姿（観念）の「強さ、生気、判明性、安定性、秩序、整合性」（同上30, 32節）といった「容姿」と「応答性」とによってなのである。現実の机は、「淡く、弱く、かつ不安定な」（同上36節）幻や空想よりも単に相対的に「より多くのリアリティを持つと言われる」だけなのである（バークリィはこの点において半ば正しく、半ば誤っていると私には思われる。幻と実物との区別は「容姿」の違いではなく、「現実組織」への参入する適応能力の違いであると私には思える〔九・十章〕）。

しかしこの、幻をも「存在」せしめる広すぎる意味での「存在」は同時にまた、いま一つの観点からすると狭すぎる「存在」でもある。目をそらして「見えなくなった」机はもはやそれらを知覚する間だけしか存在しない」（同上45節）、と。バークリィが彼の書斎の外にいるときに書斎の机が「存在する」と言えるのはただ、「もし自分が書斎にいたとすればその机を知覚できたであろう、あるいは、自分以外の人がそこにいて今その机を知覚しているであろう」（同上3節）という意味でのみなのである。「私が眼を閉じても私が見ていたものはなお存在している、ただし他の心のうちになければならない」（同上90節）。では、書斎に誰もいなければ？　いや、大丈夫、「われわれが知覚しておらぬ限り存在しないと言う必要はない。われわれが知覚していなくとも、他にそれを知覚している精神がありうるからである」（同上48節　傍点筆者）。その、われわれではない精神とはもちろん、「造物主の精神」である。この遍く存在し、すべてを遍く見そなわす神の心があるからこそ、バークリィの内懐にしまいこまれた財布の中味も「存在」し、また、運よく何の痛みがなくとも彼の胃や腎臓が常時「存在」するのである。

だがこのように、感覚的事物に限ってとはいえ、それらの「存在」に至高の保証人を必要としたのも、バークリィが「存在」に「知覚的存在」以外の意味を拒否したからである。この拒否の動因は明白である。バークリィが事物の「存在証明」と「存在の意味」とを同一視したがためである。今見えておらず触れてもいない事物の存在を「確かめる」には、何よりもそれを見、そしてそれに触れることが最終的決着であろう。そこからバークリィは、「存在する」ということの意味自体もまた「見え、触れている」ことである、と考えたのである。この、「検証手続き」と「意味」との混同はバークリィに限らず、ほとんどすべての実証主義的思考法のまぎれもないトレードマークなのである。この混同にはまると、「英語ができる」ことの意味は「現に英語を話している」ことであり、「磁場がある」ということの意味は「現に磁性物が力をうけている」こと、一般的に言えば、或る「能力」とか「素質(disposition)」とかがあることの「意味」は、それらの能力や素質が「発現されている」ことであるかのように思われてしまうのである。そして、「未発現状態」での「能力」は直ちに無意味とされないまでも、たかだか一つの便法的話法とか論理的仮構(logical construct)とかといった身分で辛うじて許容される(この傾向に数学で対応するのがブラウアー的直観主義だといってもよいであろう。一つの式が「真である」ことの意味は単に「証明可能」ということではなく、「具体的に証明が与えられている」ことだと主張される。

更に儒学での、未発に対する已発《いはつ》の概念――『朱子・王陽明』世界の名著〈中央公論社〉、二四二、三七六頁――）。

バークリィの「存在とは知覚なり」はこの混同のあからさまな自己顕示なのである。しかしわれわれはもっと気楽に穏やかに、「非知覚的存在」の意味をただ認めればそれでよい。私の背中、私の内臓、屋根裏のガラクタ、地中の虫、パリの地下鉄、月の裏側、こうした様々な「見えていない」事物の存在をわれわれは何のこともなく了解している。それらの物は「見えていない」、つまり視覚的には存在していない、しかし「考えられ」「思われ」て存在するのである。それらは「知覚的様式」での存在ではないが、いま一つの存在様式、「思考的様式」での存在なのである。換言すれば、それらは知覚的には立ち現われてはいないが、思い的に立ち現われているのである。そして、これらの思い的立ち現われの真偽、つまり実在するものか、せぬもの（思い違い、空想等）かはここでは問題ではない。偽なる立ち現われも真なる立ち現われといわば材質を等しくする。「容姿」の違いはないのである。「思い的」立ち現われ（「思われた」立ち現われ）が真だというのは、原理的にはそれがまた「知覚的」にも立ち現われうる（または、えた）、ということであり、*偽だというのは、それがただ「思い的」に立ち現われるだけで「知覚的」には立ち現われない、ということなのである。ここで「知覚的」ということは原則的には、「見え」、「触れ」、「聞こえる」、等のすべてをいう。だが前章に述べたようにこの中で「触れること」が最も基底的であり、単に「見え」、「聞こえる」が「触れ」えない立ち現われは、幻視とか幻聴とかと呼ばれる。それゆえ、「真偽」とか「実在」とか「架空」とかという言葉は、さまざまな立ち現われの組織的分類のための分類名なのである。

＊　思い的立ち現われは反事実条件法の場合と同じく、即座にその場で知覚的に検証（意味充実）することはできない。その意味で「虚想」（拙著『物と心』10章）とも呼んだ。

だから、今はただ「思われている」だけの立ち現われの真偽を確かめようとするとき最終的には、それが「知覚的」に立ち現われると予期されて（思われて）いる場所と状況におもむいて、はたして知覚的に、特に触覚的に立ち現われるかどうかを調べるのである。旅行、探検、宇宙飛行、穴掘り、内視鏡、ゾンデ、解剖、等々はそのための移動であり労役であり道具なのである。このとき、それまではただ「思われていた」立ち現われが今や「知覚的」に立ち現われる。例えば「視覚的」に立ち現われる。「視覚的」に立ち現われる、それはすなわち、「見えている」ということなのである。そして、今や「視覚的」に立ち現われているものは、先程までは「思い的」に立ち現われていたものと同一のものなのである。

ここで急いで補足せねばならない。上の言い方では、何か立ち現われの背後に「同一不変のもの」があって、それがあるいは「思い的」に、あるいは「知覚的」に立ち現われる、といったように取られる恐れがある。だがそうではない。立ち現われの背後に何ものもない。「現象し」、「現出し」、「射映する」ような何かがあるのではない。そういった取り方を避けるため、「立ち現われ」という、いささか異様な言葉を使ったのである。あるのはそのときどきの立ち現われだけであって、「立ち現われる」何かがあるのではない。だから、同じものがあるいは「思い的」に、あるいは「知覚的」に立ち現われる、と言っても、この二つの立ち現われに「共通な同一不変のもの」がある、というのではない。一つの歌が様々な仕方で歌われても、そこに「共通な不変のもの」があるわけではなく、無数の筆跡で書かれた「あ」の字に「共通な不変のもの」があるのではないように。それらに「共通するもの」があるとすれば、それはメロディとか字の大よその形といったものである。しかし、そのときも各々の歌のメロディ、各々の字の形はそれぞれ別々に違っている。「共通のもの」とここで言われているのは実は、「互いに多少なりとも相似た」メロディや字形の集合なのである。各人各様の歌、各種の字形はただ「同類体制」（『物と心』6章「ことだま論」2節で「同一体制」と「同類体制」とを精しく説明した）の下にあるだけであって、「共通不変の同一のもの」があるわけではない。

それと同様に、「思い的」立ち現われとその「視覚的」立ち現われは単に「同一体制」の下に立ち現われるだけであって、その二つに「共通不変なもの」がふた通りに立ち現われるのではない。昨日の私と今日の私とが単に「同一体制」にあるだけであるように、この二つの立ち現われも単に「同一体制」の下での二つの立ち現われである。またその各々の立ち現われが時々刻々その姿を変えるが、その無数の変わりゆく姿が「同一体制」の下に立ち現われるようにである。そのことを、「同じ一つのもの」の立ち現われ、と言ったのである。「同じもの」が異なる様式と異なる姿で立ち現われる、だがその「同じもの」とはその各々の立ち現われそれ自身なのである。

ここで本節初めの問題であった、何かが「見えている」ことはその何かと私との「関係」であるのか、ということに戻ろう。そのとき、「見えている」ことではなくて、その何かが「存在する」ことは何の「関係」でもない、そのものの「存在」は私とは無「関係」だということは認められていた。例えば、パリにエッフェル塔が「存在する」こと、月の裏側にもクレーターが「存在する」こと、それは私に無関係にそうなのである。だがそれらの「存在」とは上に述べたように「思い的」存在であり、それらが「存在する」とは「思い的」に立ち現われていることなのである。存在とは立ち現われなのである。だから「思い的」に立ち現われることは何の「関係」でもない。そして同様に「視覚的」立ち現われもまた何の「関係」でもない。

いやそれは違う、と関係論者は言うだろう。何的であろうが「立ち現われる」とは私に立ち現われること、私に気付かれること、私にいわば照らし出されたことであり、まさにそのことによって私と「関係」が生じたのだ、だからそれは「存在」とは違って一つの「関係」なのだ、と。この異議にはこう答えたい。私に気付かれることが私との「関係」であるのならば、私に気付かれていない、ということもまた私との「関係」ではないか、だから気付かれない事物の「存在」もまた「関係」になってしまう、と。いや、それは「関係」が切られて無関係になることだ、だから「存在」の方は「関係」ではないのだ、と言われるだろう。しかし、離縁とか縁切りということ、関係を断つということ、それ自身一つの新たな「関係」に入ることなのである（例えば、国交断絶関係）。だがともかく、気付かれない「存在」の方はどうであれ、少なくとも、何かが立ち現われる、とは私に気付かれた「存在」なのだから私との一つの「関係」であることには違いあるまい、こう言われよう。しかし、一歩ゆずってたとい「気付かれる」ことが私との「関係」であるとしても、それによって気付かれている「存在」が私との「関係」だということにはならない。暗闇の中に懐中電燈で照らし出された水溜りはその懐中電燈と、照らす、照らされる、という「関係」にある、と言って言えぬことはない。しかしそれは何もその水溜りの「存在」が懐中電燈との「関係」に他ならぬ、ということではなく、それとは全く別のことなのである。同様に、エッフェル塔が今私に「思い的」に立ち現われたにせよ、そのエッフェル塔そのものが今こうして「立ち現われている」そのこと、「思い的」に存在しているそのこと、そのエッフェル塔の立ち現われそのものは、私との何の「関係」でもありはしない。

それと全く同様に、眼前の机が「視覚的」に立ち現われているそのこと、つまり、「視覚的」に「存在」しているそのこと、つまり、「見えている」そのこと、それは私との何の「関係」でもないのである。

3　認識主観の不在

いやそれでもやはり、「見えている」とは私に見えていることではないか、少なくとも、私が《﹅》そこに中核的に関与しているではないか、このような思いが首をもたげてくる。おさえてもおさえても立ち戻ってくるこの思いに対しては、くりかえしまきかえし、あちらからこちらからの応対を試みる以外にはない。

「私に《﹅》見えている《﹅》」、という状況の中にこの「私」はどのように組みこまれ、まきこまれているのだろうか。上に述べてきたように、それは、こちらに私というものがあり、あちらに机とか樹とかがあり、そして私がその机や樹を「見る」のだ、といった何か、主語―述語―目的語、の形をとる見通しのよい簡単なものでないことは確かである。「見えている」という「場」から「私」なるものを切り取ることは絶対にできないからである。

なるほどこの《﹅》「場」の中《﹅》で私の体の皮膚面を境界として私の内側と外側とを区分することは何でもない。そしてまた、この区分は私の生活、私の生存、にとっては決定的な境界である。この境界面において私は外の事物に触れ（前章、本章第1節）、この境界面の内部で私は育ち衰え年をとる、病気になり健康になり、さまざまの苦痛や激痛や快感をもつ。そしてこの境界面の内部を占める肉体をさまざまに動かし、またその全体を移動する。そしてさらに、この境界面の内部が法律的な「私」であり、経済的な「私」であり、また家族や友人にとっての「私」であろう。

しかし、何かが私に「見えている」のはこの境界面の中ではなく外になのである。いや、さらにこの境界面の一部（手や胸や足）もまた「見えている」のである。それをバークリィは無理に、この境界面内部の秘密映画館のスクリーンに映された映画のようなものに考えた。それが全くの誤解であることは前章で繰返し述べた。見えている風景を私の内側に引き入れようとすることは、この境界面自体をも内側に取りこむこと、したがって「境界面の内部」ということそのことが意味を失うのである。

そして今述べたように、この境界面の一部（例えば手足の前面）自身が「見えて」いるのであって、もし内側外側を言うのであれば、それらも外側に見えているのである。手はその手に握られたライターと同じ側に、足はスリッパと同じ側に、つまり外側に、「見えて」いる。さらにまた、境界面の内部（骨や内臓）をも、もし見る機会に恵まれた（？）とすれば、同じく外側に見えるはずである。要するに、すべてが外側に「見える」のであって、内側に「見える」ということはありえない。ということは、「見えている」という「場」にあっては、内側外側という区分、境界面という内外の境界、というものが意味をもたないのである。つまり、「見えている」という全状況にあっては「内部」というものがありえないのである。あるとしてもそれはすっからかんの内部である。

眼は心の窓、と言う。そして、私は眼の奥底の方からこの窓を通して外の世界をかいま見る、と思われるのだ。そして、これは何の理屈でもない、端的な実感なのだ、と言われよう。しかし、勘違いされた実感、というものは珍しくない。実感は実感としてある、しかし、その実感が見当違いの姿で把えられるのである。「見ている私」という実感もそれなのである。私はその五体のすべてをもってここにいる、そして机や樹や自分の手足があそこ、そこ、に「見える」。これがその実感のすべてなのである。なるほど、それら「見える」事物はすべて「離れて」見える。どこから？　私の眼からである。だからその視野の中心、距離ゼロ*のところに「見ている私」がいるのだ、こう思われてしまうのである。しかし実は、その視野中心にあるのは「私の眼」であって、「見ている私」ではない。すでに事物は「見えている」のであって、私がことあらためて「見る」必要はないのである。

＊　実は距離ゼロなる場所はなく、視野には「底がない」のである（六章）。

「見るものと、見られるもの」、という口当たりのいい常套文句がある。しかし、愛するものと愛されるもの、殺すものと殺されるもの、こうした能動―受動の構図は「見えている」という状況の中にはない。あるのはただ、眼を開きあるいは閉じ、或る方向を向いて「ここに居る」私を包んで風景が「見えている」、ということだけなのである。この、風景が見えているという状況には、その風景を「見る」見物人としての私、つまり認識主観としての私なるものはいないのである。見るものと見られるものという、主観―客観の構造はここにない（したがって、主客未分などということもない）。あるのはただ動作主体としての私である。この動作的主体性をわれわれは認識論的主観性と取り違えやすいのである。動作主体として私は空間の中の好む場所に移動できる。また、動作主体として私は好む方向に眼を向ける。そのとき或る風景が「見えている」。だが、「眼を向ける」と並んで、その風景を「見る」という動作はないのである。動作は唯一つ、眼を向ける動作だけである。そしてだから当然、その風景を「見る」私などもないのである。認識論的主観とは一つの深い誤解ではあるまいか（六・八・十章参照）。

「見る」こともあれば「見ない」こともある、「見る」こともできれば「見ない」こともできる、そういった「私」はないのである。目覚めている限り、私はいやでも応でも「見えている」状況の場にある（上に述べたように瞼を閉じていてもである）。私は一瞬の中断もなく常時「見えている」風景の「ここ」に居る。しかし、その私はその風景の外から、あるいは、その風景の中心点（視野中心）から風景を「眺めている」のではない。

ありもしない「支点」としての「私」を尋ねあぐねて、それでは一体「私」はどこにいるのだ、と尋ねたくなろう。しかし「見る私」、事物がそれに対して「見えている私」などはありはしないのである。だがしかし、「私」はどこにもいきはしない、「私」はここに居る。「私」は奥行きのある風景の中、「ここ」に居る。「ここ」に生きて呼吸をし、「ここ」に私の五体がある。そして様々のものが連結した風景（私の五体を含んで）が「見えている」、それだけであり、それでおしまいなのである。それが「私がここに居る」というそのことなのである。私はここに居て右に「眼を向け」左に「眼を向け」、上を仰ぎ下に「眼を落とす」。「眼をこらし」、また「眼をそむけ」、あるいは「眼を開き」、「眼を閉じる」。つまり、さまざまな姿勢動作をとる。それにつれて、さまざまに異なる風景が「見えてくる」であろう。同じ向きを向いていても、眼の開け具合、眼のこらし方、気の入れ方持ち方でそれぞれ異なる風景が見えてくるであろう。このように、何がどのように「見えてくる」かは私の姿勢と連動して変わってくる。それが「私がここに生きている」というそのことなのである。しかし、ある風景がある姿で「見えている」そのことは「私が」見ることではない。そこには何の動作もなければ、見ると見られるとの関係もない。それはただ、「見えている」という状態であり状況であり、場なのである。その場がそのような場であること、それがとりもなおさず「私」がその視点のあたりに居る、ということであって、その場の一項目としての登場人物ではないのである。

三章　何が見えるのか

1　認識論的加工主義

　もちろん匂いや音が見えるわけではない、また頭痛や腹痛が見えるわけではない。異なる感覚には異なるものが属していることは当然である。それらはバークリィの言う通り、互いに「全く別で異質のもの」(108, 149) である。しかし、そのことは何もそれぞれの感覚の風景がもともとは互いに全く隔離されたものであり、それら互いに隔絶された五感の風景をわれわれが経験によってただ対応させ結び合わせるのだ、ということではない。だが、バークリィはそう取ったのである。少なくとも視覚風景と触覚風景についてそう考えたことは一章に述べた。

　五感の風景はいかにそれぞれ異質であっても一つの空間の風景なのである。「どこからともなく音が聞こえてくる」。このとき、その「どこ」は視覚風景の中の「どこ」でもあるのである。背中が痛い。このとき、その「背中」は触覚的身体図式の中での背中であるとともにまた、視覚風景の中での背中、つまり視野正面に対しての「背後」にある背中なのである。暗闇の中で手を前に伸ばして触れた扉の触感は、黒一色の視覚風景の正面のすぐそばにある触感である。この「一つの空間」の中心である「ここ」は五感の風景すべてに共通の「ここ」であり、「すぐそば」も「遠く離れて」も同じく五感共有の「そば」であり「遠方」なのである。ただしこれは、われわれの目鼻舌耳が頭部に集まっているという解剖学的特性のためである。しかし、それらが互いにバラバラだとしても、各感覚の「ここ」や「そば」の間に空間的位置関係があることには変わりがない。

そしてこのことは「経験に教えられて」そうなのではない。反対に、その「経験」自身がすでにこの一つの空間の中での経験なのである。雷鳴を、嵐の山野の視覚風景と一切の空間的関係をもたない天外の音として聞く、ということは想像不可能である。神の声、悪魔の囁き、を聞いた人もこの視覚風景の「どこ」かから（天上から、あるいは、耳もとに）聞こえる声としてしか聞けなかったはずである。このカント的な意味での「ただ一つの空間」の中ではじめて「物体」が在ることができる。視覚的に見え、そして触覚的に触れることもできる「一つの物体」、机や椅子、が在ることができるのである（一章6節）。もちろん、そのような、見も触れもできる「物体」が存在しないような世界を想像することは不可能ではない。視覚風景と触覚風景とが整合対応的な関連*をもたないような世界を想像することはできる（例えば、視覚風景は常に夢幻の風景であるとか、常に暗黒であるとか）。その場合には、われわれは見も触れもできる「物体」なる概念を持たないだろう（先天盲人のように)。だがそのような世界においてすら、視覚風景と触覚風景とはなおも一つの空間の風景であろう。幻の犬の方へ私は手をさしのべるだろう。その私の手の姿は見えないとしてもである。暗闇の中で手をさしのべるように、この明るい幻の視覚風景の中で幻の犬が見えている方へ手をさしのべるだろう。そして、その犬が見えているあたりで空を摑むであろう。つまり、明き盲の振舞いをするであろう。

＊　その場合については拙著『流れとよどみ』19章「夢みる脳、夢みられる脳」で精しく述べた。

こうして視覚空間を他の感覚の空間、例えば触覚空間や聴覚空間と分断隔離することはできない。しかし、分断の誤りはこの異種感覚空間の分断にとどまらない。視覚風景そのものの中にそれとは別な分断をしたい誘惑を多くの人が感じるのである。それは、感性と知性との分断の誘惑である。この誘惑は次のような問いの形であらわれる。すなわち、ぎりぎりのところ本当に見えているものは何か？　つまり、視覚風景の中にもぐりこんでいるあらゆる知性的な読み込みや思い込み、あらゆる推測や臆測を洗い落とし、いわば裸の赤裸々の視覚風景を求めようとするのである。先に述べたように、バークリィもまたこうして純粋視覚風景を追求し、そこに潜入していると彼が考えた触覚的運動的汚染を追放しようとしたのである。だがバークリィに限らず、一般的にこのような洗浄作業が仮に遂行されたとすれば、そこに残るのはただ「与えられた」としか言えないようなものであるはずである。拒むこともできず、選ぶこともできず、否応なく押しつけられたものであるはずである。

この人跡未踏の視覚風景が例えばシュリックの「所与《ダス・ゲーゲーベネス》」であり、或る時期のラッセルの「感覚与件《センス・データム》」であった。それは有無を言わさず押しつけられたものであるゆえに、見誤る、ということが不可能であり、あるいは別様であるかもしれない、と疑うことが意味をなさぬものである（だから、確実な知識の立つべき岩盤があるとしたらそれ以外にはない、と考えられたのである）。しかしわれわれは現に屢々見誤りをするし、潜在的にはいつも我が眼を疑ぐっている。そのことがまさにわれわれの日常の視覚風景が清浄無垢ではなく加工され汚染されていることを示している。それは純粋な視覚風景ではなく、意図的でないにせよ、手を加えられた風景なのである。そして、その手の加え方によっては「見誤り」といわれるものが起こるのだ。

純粋視覚風景の追求は以上のような軌跡を描く。簡単に言えば、誤りを知らぬ無垢の視覚素材、それの知的加工、そして、誤り多き風景、という軌跡である。あの明晰慎重なフッサールにすらこの軌跡を見ることができる。

彼が「一次的内容」、「感覚内容」と呼ぶものが純粋視覚（一般には純粋知覚）なのであり、それはまた「ヒュレー的、または材料的与件、あるいは単に材料《シュトフ》」と呼ばれる（『イデーン』第一巻85節）。そしてこの「それ自身には毫も志向性をもたぬ所の感覚的なるもの」を、ノエシス（最広義でのヌース）が「生化的《ベレーベンド》、意味付与的《ジン・ゲーベンド》」に「統握《アウフファッセン》」してわれわれの今眼にしている視覚風景ができあがる、という次第である。例えば、感覚的素材としての白黒の配列が、時には図形やアラベスク模様として「見え」、時には文字として「見え」るのはこの統握の違いによる。また一つの箱がグルグル廻されるとき、その感覚内容は連続的に変化するにもかかわらず「同じその箱」が「見え」るのも知覚「作用《アクト》」の統握によるのである（『論理研究』V14節）。当然、島影として統握された感覚内容が後には雲として統握される、あるいは、通常ではすすきとして生化され意味付与される材料的与件が時に人影として生化される、ということにもなる。

この素材－加工のモデルの誘惑は強い。カントの、直観の多様が想像力と悟性によって結合され綜合される、という構図もこのモデルに属するし、現代生理学者が、網膜に与えられた入力情報を網膜神経節や大脳皮質細胞が「情報処理」をする、と言うのもまたこのモデルに入る。しかしこのモデルはどだい不可能なモデルなのである。例えば生理学者の言う「情報処理」がなされなかった場合、われわれはどんな風景を見ることになるのだろう。おそらく何も見えないだろう。その虚無または暗黒が視覚風景の「素材」であるなどと言う人はいまい。このモデルの致命的な点は加工以前の「なまの素材」というものが考ええないところにある。工業生産では人工の加わらぬ原材料があることはもちろんである。しかし、人の手も、そしてまた自然の手も加わらぬ素材なるものは考ええない。それと同じく、何ものかとして「意味付与」されぬものはまさに無意味なのである。ラッセルは感覚与件の例として「色の拡がり《パッチェズ・オブ・カラー》」をあげたが、色の拡がりは既に「色の拡がり」としての意味付与を持っているし、さらに、「何色」かの、「何かの形の拡がり」であるはずである。「感覚内容が意味するものをわざと度外視する」（『論理研究』二版、二巻第一部一九九頁）、あるいは、「一切の超越化的解釈を捨象して、与えられた第一次内容へ知覚現出を還元する」（『内的時間』§1）、このような「心理学的または現象学的反省においてはじめて感覚内容は対象となる」（『論理研究』二二〇頁）、とフッサールは述べる。しかし、テーブルの表面にいくら必死に眼をこらしてその「感覚内容《エンピンドゥングス・インハルト》」を「見」ようとしても見えまい。テーブル表面だという「統握」を払いのける、材木の木目だという「意味」を払いのける、……、が何かの「物」の表面だという思いを払いのけられるだろうか。また、例のネッカー立方体を眺めるとき、様々な傾きでの三次元立体に見えることを「解釈」というのであれば、「解釈抜き」の感覚内容は何なのか。それはいくつかの線でできた平面図形であるはずはない。「線でできた平面図形」もまた一つの解釈なのだから。あらゆる「解釈」を拒むということは、あらゆる「かくかく」を拒むことであり、いかなる「かくかく」でもないものはもはや何ものでもないのである。*

＊　フッサールのこの点については、木田他編『講座・現象学』（弘文堂）第四巻、第二章「分析哲学と現象学」においていくらか精しく検討した。

こうして、バークリィの「視覚に直接固有」な純粋視覚風景を抽出しようとする意図は始めから誤っているのである。視覚風景はそもそも一枚岩の風景であって、それを素材と加工という認識論的製作工程の結果とみたり、素材とその解釈または統握、といった成層状のものとみたりすることはできないのである。なるほど、同じ一つの機械がその専門家と素人には随分と違った容姿に見える、だがその機械の専門家に見える姿は素人に見える機械の姿に何かの解釈を付け加えたものだということではない。それは、ピントの合った鮮明な写真が、ピンボケの写真に何かを付け加えたものではないのと同様である。どんな人の、どんな状況での視覚風景もそれぞれ完結した視覚風景なのであって、素材と加工、与件と解釈、要素と統合、といった区分はいかなるものでも受けつけないのである。

2　四次元宇宙が見える

それゆえ、「何々として見える」、例えば、机として見える、穴として見える、というとき、まず「何ものでもない」何かが見え、ついでそれを「何々として」解釈あるいは判断しているのだ、ということは誤りである。この二段構えが時間的な心理過程でないことはもちろんであるが、いわば構造的分節だとしても誤りなのである。上に述べたように、「何ものでもない」何か、などは見えもせず考えられもしない何かだからである。だから、しいて伝統に従って「判断」という言葉を使うならば、見えることと判断とは、たとい権利問題としても分離することはできない。判断から絶縁され、解釈から漂白された、純粋にただ見えるもの、そういうものはないのである。感性的なものと知性的なものとを、たとえ理論的(?)にでも分離することはできない。感性的なものはつねにまた知性的なものである。

かつての論理実証主義、そしてまたラッセルが、判断の汚染を脱硫した感覚与件を想定したのは、誤ることのない（経験的）知識の基礎をそれに求めようとしたからである。純粋にただ見えるものは、ただ見えるだけであって「誤り」をとやかく言うことのできないもの、それに対して、その所与をあれだこれだと判断するときに誤りの可能性が生じるのだ、と。それゆえ、この誤りが生じうる判断をすべて停止したとき、誤りえない純粋所与が残る、と。

しかし、そのような残余はない。とすれば、視覚風景はつねに誤りうるものということになるだろうか。古典的な例をとってみよう。角塔を遠方から眺めたとき丸い塔に見えた。だからこの丸い塔の視覚風景は見誤りであるといわれる。だがこのとき、「誤り」といわれるのは、「近くで塔を見たときの視覚風景」との対比によってである。では近くで見る角塔の風景は誤りでなく正しいのだろうか。そんなことはあるまい。更に近くによって見るとそれは塔ではなく細長い建物の側面だった。あるいは、よく見れば結局やはり丸い塔だった、ということもあろうからである。更に近づいて見れば、一面の白壁と見えたのは実は無数の小さな黒点の散らばった漆喰であった、更に眼を近づけてみるとその一つ一つの黒点は暗い緑の複雑な模様を持った粒石であった、更に近づくと……。そして極端に眼を近づければこんどは一面にボーッとしたそれこそ「色の拡がり」の風景となろう。

このズームレンズ的な視覚風景のシリーズの中で、これこそ間違いのない正しい視覚風景だというものはない。一つの正しい視覚風景なるものがあり、他の視覚風景はそれと照合して適合しているのが正しく、食い違うのが誤りである、というのではない。そうではなく、このシリーズの全体が寄り集まっていわば「正しいシリーズ」というものを合成するのである。そして、その正しいシリーズ（正しい射映シリーズ）にうまくはまらない視覚風景が誤りとされるのである（次節で立ち入って述べる）。遠方から丸く見える塔の風景は、「単にそれ自身において見られ、他のものと関係させられないならば、本来偽ではありえない」（デカルト『省察』Ⅲ）のである。だがバークリィは次のような問答を書いた（『第三対話』）。

ハイラス「……君の意見では人は事物の正しいあり方をその感覚によって判断するというのだから、月を直径約一フィートの丸い明るい平面だと考えても少しも間違いではあるまい。」

フィロナス「その人は彼が端的に知覚する観念については間違ってはいない。ただその知覚に基づいて彼がする推測において誤っている。」

しかし、このフィロナスの言葉はデカルトよりもひと言多過ぎる。そこで言われている「推測《インフェレンス》」とは何なのだろうか。障子にうつる影から中に人がいると思う、このようなことであろう。しかしそれは、障子にうつる影そのものこそあらゆる推測以前の端的な赤裸の知覚だということではない。それは「人影」として見えていないとしても、人形の影、燈火のたわむれ、障子のゆれ動く模様等、要するに「何か」として見えているはずである。「何ものでもない影」とはまさに何ものでもない。そして、それが人影として見えるか、それ以外のもの、例えば燈火のゆらめきとして見えるか、それはそのそれぞれの視覚風景そのものが違っているのであって、同一の視覚風景に基づいた二つの「推測」の違いではないのである。人影として見える影と、燈火のゆらめきとして見える影とは、たとえ仮にその幾何学的形状は同じだとしてもその相貌、その視覚的姿、は全く異なるのである。人影と、人影ではない影、は全く異なって見える影である。そして「見える」とは幾何学的形状を測定することではなく、その相貌をもって様々な風景が見えることなのである。千住の三本の煙突が見えるとき、それが三本の煙突として見えるか、お化け煙突の四本のうち一本がかくれているものとして見えるかによって、その三本煙突の風景の相貌はがらりと違うのである。自分の勝手知った部屋の真暗がりと、見知らぬ部屋の真暗がりとは、全く相貌を異にする暗闇の視覚風景なのである(暗闇の視覚風景もまた「底しれず深い」三次元風景であることに留意して戴きたい)。

それと同様に、「近くで見ても丸い塔」の遠望と、「近くでは四角の塔」の丸く見える遠望とは、それを写真にうつせば区別がつかないものであっても視覚風景としてはその相貌が違うのである。物理的には同一の器物や紙幣が贋物と知ったあとではその相貌を異にするように。

科学実験で数値的に表現されたデータとそれからの推論、犯罪捜査で骨組みだけの粗い描写で表現された事実(「その時窓は締まっていた」といったような)とそれに基づく推論、こういった場合にはデータと推論をほぼきっぱり分けることができよう。しかし、あらゆる細部とニュアンスに満ちている視覚風景の中でそのような粗笨な分別をすることは、たとえ近似的にであってもできない。N・ハンスン（*Patterns of Discovery*, 1958）は事実データの理論負荷性（theory-laden）を強調したが、それにならって視覚風景の推論負荷性を言うことすら適切でない。それほどに視覚風景から推論的要素を抽出することはできない相談なのである。

　いや、推測的要素、と言うことが既に適切ではない。障子にうつる影が人影に見える、そのとき私は障子をあければ人が見えることを予期していよう。だがこの予期を推測と呼ぶことは適切ではない。それを推測と呼びたくなるのは、推測が一切まじらない現在只今の視覚風景があり、その風景から未来の（あるいは可能的な）風景を推測するのだ、という考えがあるからである。そして、現在只今「見えている」のは影のゆらめく障子の姿だけであって、その障子の「向こう側」は今現在は「見えていない」のだ、という考えがあるからである。これはつまり、視覚風景とは空間的にも時間的にも上っ面のものであり、真に「見えている」のは事物の現在只今の表面でしかない、ということである。しかしこれこそもっとも根深い誤解ではあるまいか。現在只今、障子に人影がうつっていると見える、このときそこから「中にいる人間」を差し引くことはできないのである。強いて差し引くならば視覚風景は全く別の視覚風景、人気のない、しかし人の形をした影がうつっている風景、になるだろう。そしてその別の視覚風景もまた単に上っ面の風景ではありえない。例えば、「中で燈火がゆらいでいる」風景であり、あるいはまた「中に人のいない」風景である。大体、「障子」が見えているということが既に「向こう側を遮っている障子」の風景なのである。向こう側、を抜き去り切り取った障子はもはや障子ではなく、壁は壁でなく、そして上っ面は上っ面ではない。障子や壁の視覚風景には必然的にその「向こう側」が登場しているのである。なるほどその向こう側は「直接見えている」という形では登場していない。だがそれは「思われる」という形で登場しているのであり、そして退場することはありえないのである。それは「直接見えている」障子の姿の中に「思い籠め」られて出ずっぱりに登場している。その「思いこめ」なくしては障子は障子としても、紙の拡がりとしても、その他何であれ要するに「向こう側を遮っているもの」として「直接見える」ことができないのである。「直接見えていない向こう側がある」、そのことがとりもなおさず「そこに何か遮蔽物が見えている」ことに他ならない。向こう側が見えていないことこそ一つの「表面」が見えていることだからである。何かが見えておれば必ずそれは、その向こう側を遮蔽するものとして見えているからである。

更にこの空間的表面に、現在というものがいわば時間的表面として対応する。過去はいわばその内部であり未来はいわばその向こう側なのである。いうまでもなく、現在は過去と未来に前後されての現在であり、この前後から離れて宙に浮き上がった現在などはありえない。だから現在（点的時刻ではない持続としての現在）の視覚風景もまた、その過去と未来とから切り取られての視覚風景ではありえない。カマボコの一切れのようにそれだけで完結した視覚風景などはありえない。切り身の視覚風景とは不可能な視覚風景なのである。それは、上《かみ》の流れも下《しも》の流れもない、ただ眼前数センチ幅だけの川の流れの視覚風景が不可能なのと同じである。たとえ木立ちや岩にさえぎられて、直接見えるのはその数センチ幅の水流だとしても、それが流れ来て流れ去る川上川下の思いを抜いては、それは「流れる水」の視覚風景ではない。さらに、たとい澱んだ水の風景だとしても、それを包む周囲の思いがなくては風景であることはできない。それと同様に、現在風景はその前後を包む時間的周囲があってはじめて現在風景なのである。現在に限らずおよそ時間的断片を無限の時間の流れから切り取ることは論理的に不可能である。前後のない時間帯なるものはありえないからである。空間的事物からその一片を切り取るとは、単にその一片をそれまでと異なる空間的周囲の中に置くだけのことであって、何もその一片を空間の外に取りだすことではない。それと同様に、或る芝居の一幕なり、或る生活の断片（或る日の出来事）なりとは、その一幕や一日を時間の外に取りだすことではなく、単にその時間帯に着目するだけのことである。その時間帯の前後はただ表向きに言及されないだけであって、それから切り離されたのではない（それは不可能である）。今現在見えている視覚風景も当然はてのない過去と未来に前後されての視覚風景である以外にはない。なるほど、その過去と未来は今「見えて」はいない。しかし今「見えて」いる樹木は、定かならぬしばらくの過去からそこにあり、そして定かならぬ未来にあり続けるだろう樹木として「見えて」いる。いわばそれは「存在の途上」の樹木として見えているのである。一瞬の流星すら短命ながら或る持続の相貌をもって、そして悠久の夜空に見えるのである。そしてその流星の流れる夜空の視覚風景（視覚風景とは常に全視野のものである）はゆったりとした持続の相貌で見えているのである。そしてまたその夜空は昨日の夕暮れと明日の明け方に前後された夜空の相貌なのである。手品師が帽子から取り出すハンケチや鳩が人を驚かせるのもその不可解な過去によってなのである。

いや君は事を混同している、と言われよう。どんな空間的部分も空間の中での部分であり、どんな時間帯も時間の中での部分である、そのことは何も特に言われるまでもない当然すぎることである。しかしそのことで何も、現在只今の視覚風景がただ現在只今のものであること、「見えて」いるのはただ現在の風景であることが変わるわけではない。過去と未来にはさまれ前後されているにせよ、「見えて」いるのはただ「現在の」視覚風景であることに変わりはない、と。

こう言う人は、現在の視覚風景を何か映画フィルムの一齣のように思い浮かべ、その齣を次々と連続的に映写したものがわれわれの視覚経験である、といった風に思いこんでいるのである。その各齣はその継起においてはそのフィルムから切り取ることはできないだろうが、いかなる風景であるかという内容上では他の齣から独立し自立していると。しかしそうではない。内容上においても現在の視覚風景はその前後から自立していないのである。それは何も現在の視覚風景が過去と未来の視覚風景と経験法則的に整合連続している、ということではない。現在の視覚風景が何であれ「かくかく」に見える、というとき、その「かくかく」には過去と未来の思いがこもらざるをえないということ、過去と未来の思いがこもらないではいかなる「かくかく」もありえないということなのである。メロディの中の一小節が

「かくかく」に響くのはそのメロディ全体の中でであり、その（音響学的には）同じ一小節がそのメロディ抜きに演奏されたときにそれとは違う「かくかく」に響くのもその静寂な前後の背景の中でであるようにである。映画フィルムの一齣の物理的特性は他の齣から自立していようが、それがスクリーンに映されていかなる「かくかく」に「見える」かはその全フィルムの映写の中（または空白の前後の中）でのみのことである。

それはその「かくかく」が前後の状景によって「影響される」ということではない。影響を受けるべき何ものか、影響を受ける以前の何ものか、そのようなものが土台何もないからである。過去と未来とから切り離された現在の視覚風景というものがあって、それが過去と未来の風景の影響をうけて「かくかく」に「見える」のではない。現在の視覚風景の「かくかく」の中に過去と未来が否応なしに思いこめられているのである。老人の顔に風雪が刻みこまれ、年輪に星霜が刻みこまれているように、そしてまた、今終わった午前とこれから始まる午後の思いがなくては正午という時がないように。

こうして現在の視覚風景には、「直接見えている」ものの向こう側（つまり背後や内部）、そしてまた以前と以後が（思い、という様式で）立ち現われ、現前しているのである。それらの立ち現われなしには現在の視覚風景なるものがありえない、というよりももっと強く、それらの立ち現われがなくしては現在の視覚風景がこの特定の「かくかく」であることが不可能なのである。そしてこの空間的な向こう側にも、時間的な以前以後にも涯てがない。涯てのある向こう側とか、涯てのある過去や未来とかは考えることのできないものだからである。となれば結局、視覚風景とは常に四次元の全宇宙世界の風景であると言わねばならない。狭い部屋に閉じこめられたときの風景、眼をくっつけて小さな花の奥を覗きこんだときの風景、それらもまた全宇宙の風景なのである。小さな花弁の奥を覗くとき、メシベやオシベや微妙な花弁の条が近々と見える。この近々と見えるということそのことに、遠い外部の思いがこもっているのである。狭い部屋の風景には広々とした外部の思いがこもっているのである。遠い、また広々とした外部の思いがこもらずしては、近々とした、また狭い風景が見えるということはない。そしてまた、花に眼を近づける以前、部屋からやがて出てゆく以後の思いがこもらずしては、大写しの花底や息のつまる部屋が今現在見えているということはない。その今現在の風景はしばらく前までは（直接には）見えていなかった風景、そしてしばらくの後にはおそらく（直接には）見えなくなる風景、そうした風景として今見えているのである。その部屋の風景は長逗留を強いられている独房の囚人に見える風景とは、たとえ造りや調度がほぼ同じであってもがらりと違うのである。そして独房の囚人はひとしお広大な外部の思いのこもった壁を見ていることだろう。

　われわれに「直接見えている」のは涯てのない四次元宇宙の知覚的上っ面ではない。四次元宇宙のほんの一部一角の覗き見ではない。いや或る意味では一部一角の覗き見だということはできよう。しかし、その一部一角がどのように見えるか、いかなる「かくかく」に見えるか、それには全宇宙が登場しているし、また登場しないではいかなる「かくかく」もない、つまり何も見えようがないのである。宇宙の一角が或る何かの「かくかく」で見えているということはすなわち、全宇宙の思いがその「かくかく」にこもっているということなのである。その思いは通常ひどく把え難く茫漠と暗いものであるにせよ、それはそのつどの「見えている」一角にくまなく露出しているのである。「直接見えているもの」と「かくれて見えないもの」とは鋭く区切られているにせよ、それは時空的に地続きの、涯てなき全宇宙の中の線引きでしかない。線引きで区切られた一画の土地が山の斜面であるか平野地であるか海に近いか水の手に遠いか、その一画のそれら地文的諸特性はその一画の土地自身で定まるのではなく、それを囲む広大な地続きの地形で定まるのである。それと同様、「直接見えているもの」の風光の大筋はそれを囲む広大な「かくれて見えないもの」によって定まるのである。

　われわれの全生活は常にこの四次元全宇宙の中にある。ただこの全宇宙が絶えずその姿を変えてわれわれに立ち現われている。われわれが移動し姿勢を変え視線を移すにつれてもまたその姿が変わる。色メガネをかけたり眼を半眼に閉じたり涙ぐんだりするにつれてもまたその姿が変わる*。しかし、その姿がいかに様々に変わろうと、立ち現われているのは常に全宇宙であってその切り身ではない。宇宙の切り身とは意味をなさぬものであるからである。私にはあのビルの後が見えない。だが、後側のあるビルが見えているのである。そして、後側のないビルを見たことのある人がいようか。いや、想像すらできる人がいようか。

＊　何か不変の宇宙がありその見え姿が変わる、というのではなくただ変わる姿だけがあるのである。この射映（姿）と同一対象の問題は次章に考える。

3　視覚風景の誤り

ここで視覚風景の誤謬の問題にもどろう。

視線を転ずるにつれ刻々と変わりゆく全宇宙の姿はそれ自身としてみればただそういう姿であるだけであってそこには正しさもなければ誤りもない。あるとき塩が甘く砂糖がからい味がしたとしても、それは奇妙な事実であり病気のしるしであるかもしれないがしかしそれが「誤り」の味だとはいえないように。だがしかし、障子をあけてみると誰もいないときは、人影のうつった先刻の障子の風景は誤りだといえるではないか。近づけば角塔に見えるなら、遠くで丸く見える塔の風景は誤りではないのか。たしかにわれわれがそういうには理由がある。だがそのとき、どういう理由からいかなる意味で「誤り」だといっているのだろうか。障子をがらりとあければ誰もいない、こっちの視覚風景の方はどうして「誤り」ではないのか。うっかり静かに坐っている人を見落としたとか、たまたまそのとき家具のかげにいた、ということだってあるだろう。近づいて角塔に見えたのが更に近づくとカモフラージュした丸い塔だったということもあるだろう。もちろんそういう場合にはそれら一応正しいと思われた風景もまた実は誤りだったのだ、といわれよう。それならば風景の正誤の判定には、あらゆる角度からする念入りな調査が必要だということになる。だがこれでおしまい、という完全な調査は誰にもできないのだから、フェイルプルーフの視覚風景はありえない、といわれることになる。すべての経験的知識は蓋然的であるという、おなじみの経験論者のテーゼである。そして、無謬のものがあるとすれば読みこみを完全にシミ抜きした感覚与件とか感覚素材しかない、と。しかし上に述べたように、そんな感覚与件とは架空の妄想なのである。そしてそのような妄想とはかかわりなくわれわれは「見誤り」とか「見間違い」とかをいっているのである。ではどんな意味で？

上の正誤の判定手続きに明らかなように、或る一つの視覚風景が正しいとか誤りだとかいわれるのは、その視覚風景それ自体の姿からではなく、他の視覚風景そしてまた特に触覚との関連においてである。後に述べるようにその関連では触覚が圧倒的な特権をもっている。しかしこの触覚とのコネをしばらく度外視してただ視覚風景の間にのみ話を限るならば、どの視覚風景にもいわば生得的には何の特権もない。どの視覚風景が正しくどの視覚風景が誤りということはないのである。そこにもし「正誤」をいうとすれば、多くの視覚風景相互の投票による圧倒的合意が与えられる場合だけである。その合意に賛成投票をした風景はほぼ正しく反対投票をした風景は誤りとされる、この形でしか「正誤」は生じえない。つまり、集団的な相互保障による正誤しかありえないのである。この形の正誤は科学実験にもみることができる。科学者が実験の測定値を平面グラフの座標面上の点として記入する。多くの場合、そうして記入された多数の点は細長くのびた帯のような黒点の流れになるだろう。科学者は統計的手法を使ってその帯の真中あたりを貫通する一つの曲線を描く。そしてその曲線を「正しい」値をつないだものとするのである。その曲線を決定するのに参加した各点はこんどは逆にその曲線からのずれの多少によって「誤差」を云々されることになる。ひどく誤差の大きい点は何かの「間違い」として除かれ、そこで統計がやり直されて曲線が多少補正されることもある。ここでも、それ自体としては正しくも誤りでもない測定値が相寄って集団的「正しさ」を作りあげ、それによって今度はその各測定値の正誤が判定される、という構造がみてとれる。

視覚風景の正誤の構造もその根幹においてはこれと同じく集団的合意である。しかしまた、単純な測定グラフなどにはない錯雑した合意なのである。その集団的合意には単に短期間の視覚風景系列ではなくこれまで生きてきた全経験、これまで集積してきた全知識、特に触覚が参与する。さらにそれは自分ならびに他人の命のかかった合意なのである。或る一つの見誤りのために命を落とすことも稀ではない。この正誤の集団的合意は動物的生存のかかった、苦痛と快楽のかかった、安楽と危険のかかった実践的合意なのである。

視覚風景の正誤の合意は単に視覚風景の集団内でなされるのではなく、われわれの生存そのものである触覚を基盤としているのである。上で丸い塔や障子の人影の正誤をあたかも視覚風景集団の中で決定されるかのように語ったのは実は省略算的に語ったのに過ぎない。公理にまでは立ちもどらずに、定理相互の間の整合を語るようにである。バークリィが視覚を触覚の予告とか警告とかと考えたのはその限りでは全く正しいものと思う。この考えと、例の「存在とは知覚」のテーゼを組み合わせるならば、存在とは触れることである、とまで言うべきであったろう。見えるだけで触れえないもの、蜃気楼とか虹とかホログラム像とかは何か影の薄い存在に感じられる。さらに、特定の人間にしか見えないものは幻と呼ばれて公認の存在を拒まれる。蜃気楼や虹は少なくとも手に触れ写真に写せるのに幻はそれすらできぬものだからである。そして「見誤り」や「見間違い」もまた幻同様に触覚との接続を欠いている。

それに対して、触覚的幻を語る人はいない。痛みの幻、やけどの幻、さむ気の幻、味覚の幻、これらは意味をなさぬものである。体に蟻の這う感覚は蟻が見当たらなくとも幻ではないことは、焼ごてをあてられたような胃の痛みが幻でないのと同様である。幻とはその根底においては、触覚に対する幻であるゆえに触覚の幻はありえないのである。しかし、歯が痛むということと、幽霊が見えるということ、あるいは角塔が遠くからでは丸く見えるということとは共にまぎれもない事実である。それらは事実であるということにおいては甲乙はない。それなのに後者のような視覚風景に或る非現実性を与えるのは全く実践的動機によるのである。生きる、ということが「正しさ」の最終的根拠なのである。そして、生きるとは何にもまして、触覚的に生きることなのである。

視覚風景とは「直接に見える」上っ面の風景であると思われがちなのも、この直接に見えるもの、眼前に見えるものが最も安定して触覚につながるというわれわれの経験からであると思われる。障子をあけて直接に見える人間には触れることができる。接近して見える角塔のかどに触れることができる、これがわれわれの通常の経験だからである。しかしそのことに目をとられて、「直接に見える」ものは「直接には見えぬ」時空的周囲に囲まれる、いやそれに相貌的に貫通されないでは「直接に見える」こともできないことを忘れてはならない。

われわれが生きているのは四次元の全宇宙の中であり、「見えている」のもまたこの四次元の全宇宙なのである。

四章　「表象」の空転

1　主客構造の不在

二章において、視覚風景が見えているという状況の中には「見るもの－見られるもの」という認識論的な主客の構造というものはない、したがって当然、「見る」という認識論的な作用《アクト》体験もない、と述べた。だがこのことを承認するのは容易なことではない。「私が何かを見ている」、「私に何かが見えている」、この主客構造は疑念を許さぬほどに自明な確信となっているからである。なるほどこの主客構造を何か実体的な主観と客観との関係としたり、生理学的な刺激と受容の関係としたりすることは多くの人は拒むであろう。しかし、明確な言葉でしかと述べることは困難であるにせよ、何かそこに主観的極と客観的極の緊張があることは実感として体得されているように思えるのである。見ている私、眺めている私、というものが生き生きと実感されていると言いたいのである。しかし私はこの生き生きとした実感にさからって、そこには主客構造はみあたらないと言いたいのである。そして、その実感は実は生き生きと誤解された実感であると。

　この主客構造の不在は視覚風景よりも身体的な気分や感覚の場合には比較的みてとりやすいのではあるまいか。のどが渇いたり吐き気がしたりしているとき、睡気におそわれたり疲労が体にみなぎっているとき、緊張で体がこわばったり、また緊張がとけて安堵の息をもらしたりするとき、こうした場合にはどういう意味ででもあれ主客構造を云々できるだろうか。吐き気や疲労感があるとは、私がそれらを感じていることだ、こう言う人があるとすれば、その人は何を一体言っていることになるのだろうか。吐き気があることと、私がそれを感じることにどういう違いがあるのだろうか。いや、まさにそれが同じだということを言っているのだ、と答えられるかもしれない。だがこの答えがお座なりの答えでないとすればそれは、主客構造がないということとあるということとは同じことなのだ、と言うことになるのである。

　私は吐き気を受け取ったり感じたりしているのではない。吐き気がついている当のものが私なのである。吐き気のあるなしとは中立的な私というものが今たまたま吐き気を感じている、というのではない。今吐き気がこみあげてきているのが私なのである。吐き気はいわば私に付帯的なものではなく、今この場では私そのものなのである。吐き気と私とをどんな意味ででも分離することはできない。しばらくしてやがて吐き気がおさまるとしても、それは吐き気が私から立ち去ったのではなく、私が変化したのである。吐きそうな私からほっとした私に変化したのである。そのことを、先程まで私は吐き気を感じていたが今は感じなくなった、と言うことによってそこに主客構造を読みこもうとしてもそれはできない。それは単に主客構造の文法的メッキをかけるだけだからである。吐き気を感じる私とはまさに吐き気がしている私であるのに、その吐き気からいったん抜け出した私が改めて吐き気を感じる、という文法的繁文縟礼だからである。虚飾のない事実はただ、私は今吐き気がしているということだけであって、主客構造の紋様などは何も見当たらない無地の事実である。

それに対して、ここで自覚とか反省とかと呼ばれるものが持ち出されるかもしれない。「俺は今吐き気がしているぞ」と自分で自分を眺める、吐き気のしている自分を人ごとのように眺める、というような経験はありふれたものである。そこでその「眺めている私」と「眺められている私」という分裂または分岐の中に主客構造の紋様が露呈されているではないか、と言われよう。だが私にはそれもまた一つの根深い誤解であると思われる。それは何も私の分裂でもなく、また手を延ばすと常に一歩身をしりぞける「隠れた主観」のかくれんぼを示すものでもない。

二章、特にその末尾で述べたように、視覚風景のあり方そのものがすなわち「私がここに居る」、そしてその風景が見えている、ということなのである。そして私はその場の登場人物ではない。このことは他の種類の知覚、そしてまた想起や想像についてもいえるのである。一言でいえば、知覚的、思い的立ち現われの中に「私」は登場しない。登場しないが、しかし、その立ち現われの場そのものが「私はここに居る」というそのことなのである。そしてまた、私が動作するときも「私」は登場人物ではない。しかし歩き坐り食事するというそのことが「私が……する、している」ということそのことなのである（七章）。だから、吐き気のしている自分を眺める、というのは決して私が私を眺めるのではない。眺める「私」も眺められる「私」も、そんなものはないからである。それはただ、冷静に吐き気がしている、若干の余裕をもって吐き気がしている、ということなのである。そして先刻の私を反省する、というのもただ、先刻の状況を批判的に想起している、ということなのである。

　そこで、吐き気、またそれに類する様々な身体的感覚や気分（緊張、睡気、痛み、快苦等）に主客構造が不在であることを下敷きにして、視覚風景（一般には知覚風景）にもまたこの構造が欠けていることをみてとりたいのである（これは今、上に述べたことを敷衍することでもある）。視覚風景は吐き気などとは基本的に違うのではないかと思わせるのは、吐き気には私はいわば身をまかせる、いや私が吐き気である他はないのに対して、何がどのように見えるかは、ある範囲で私の自由になることである。特定の物から目をそらす、逆にそれに目を向ける、焦点を外す、凝視する、このようにして私は視覚風景を変えることができるのである。吐き気や痛みでは私は舞台の主役である他はないが、視覚風景では私は観客であるかのように思えるのである。しかし、この、好みの方角を好みの態度で見ることができるという動作的主体性を認識論的主観性と取り違えるのは誤りであろう。なるほど、私が一つの方角を眺めるとき、その風景はここにいる私に対して見えている、と言いたくなる。私はその風景と向き合っているのだ、と言いたくなる（一方、私は吐き気に向きあっているとか、吐き気は私に対してこみあげてきているとか、と言いたくなる誘惑はあるまい)。しかしこの「私に対して」というときの「対して」は空間的関係以上のものではないのである。そしてその空間的関係はまさに「風景が見えている」という状況の中での位置関係であって、その状況を作り上げる関係(それが主客関係である)ではない、ということは承認できるのではなかろうか(三章)。そしてまた、「向かい合っている」というのも同じようにこの状況の中での空間的対面以外のものではない、ということも。私はこの空間的風景(あるいは、風景空間ともいえる)の中にいるのであり、その中で移動したり向きを変えたり瞼を開閉したりしている。その中で動作主体であるのである。だが「私」は登場していない。つまり、その空間風景が(どんな意味であれ)認識論的に「私に対して見えている」というのではない。吐き気や歯の痛みがただあるように、空間風景はただ見えているだけなのである。吐き気や痛みがただあることの中に何の主客構造の紋様もないように、空間風景がただ見えていることの中に何の主客構造もないのである。私が、「見えている」ことの条件なのではない。「見えている」こと(その状況)が、「私がいる」ことなのである。

こうして、「見えている」ことに何の主客構造もみられないということは、そこには何の認識論的構造もないということに他ならない。ということは特に、およそ「表象」と呼ばれるものに類するものがそこにはない、ということを含む。主観が客観的対象を認識する(見る、聞く等)ということがあってこそ、その対象の「表象」というものもありうるものだからである。主客構造がないところでは「表象」なるものは宙に浮いてしまうのである。このことは上に述べた吐き気や痛みの場合に特に明瞭にみてとれよう。およそ、吐き気だとか痛みだとかを何かの「表象」だと思う人がいるであろうか。吐き気を胃潰瘍や二日酔の表象、歯の痛みをムシ歯の表象だとは、ただ冗談で言えるだけである（医者もちゃんと「症状」だと言う）。吐き気や痛みを表象だと言えない理由は、それらを「幻」だと言えない理由と全く同じでないまでもそれに極めて近縁である。それらの贋物が考えられないのと同様に、それらのコピイが考えられないのである。こうして吐き気や痛みの「表象」というものが考えられないことは逆に、吐き気や痛みに主客構造がないことを間接的であるにせよ示すことになろう。

それと平行的に、もし視覚風景においても「表象」なるものが考えられない、少なくともそれがグロテスクな帰結につながることを示せたとするならば、それは視覚風景にもまた主客構造が欠落している、少なくともそれがグロテスクな構造であることを逆に示すことになるであろう。ただし、（客観）対象が「表象」を通さずに直接知覚される、という形の主客構造を考えるのでない限りでであるが。ただ、この形の主客構造は言葉の上だけでその形を保っているにすぎず、その実質を追えばたちまちに「主観」は「客観」の中に吸収され融解されてしまうであろう。「表象」という隔壁がないからである。さもなくば、ただ「私が知覚してるんだ」という叫び声をきりなく繰り返して地団太を踏むだけであろう。

そこで以下において、「表象」が自己崩壊を起こす道程をみてみる。

2　「表象」の空回り

視覚表象というものを仮定してみよう。つまり、いま私に見えている風景や風物は、何か或る客観的対象というものがあってそれが主観によって「知覚された姿」である、と。この「表象」の想定はしごく自然なものである。その自然さは、同一の事物が様々に見える、と言うことの自然さに他ならないからである。同じ一つの彫像が見る人ごとに違って見える（角度と距離が違うだけでも違って見える）。それにとどまらず、同一人にとっても眼の据え方、気の入れ方、色メガネやアルコールのあるなしで様々に見える。だが様々に見えるからといってその彫像が変化変貌したのだとは誰も考えない。変わるのはその「見え姿」であって彫像そのものは（少なくとも暫時の間は）同一不変である、こう人は考え、そして、一つのものが十人十色に見えると言うのである。さらにこの言い方は幻覚や見誤りの場合には半ば強制的にさえなるだろう。対象が存在しない、または別の対象が存在するとき見えているものはその対象そのものではありえない、だからそのとき見えているものは対象とは別ものでしかありえない。それは「対象なき知覚《ペルセプシオン・サン・オブジェ》」（エスキロール）、つまり「対象なき表象」なのである。主観の惑える表象なのである。幻は「表象」であることによって客観的存在性を免責されるのである。

しかし、この「表象」の想定の自然さは見せかけのものであり、幻が「表象」であるのではなく、「表象」こそ一つの認識論的幻なのである。この幻の眩惑から覚めるための何よりの方法はその幻を見つめ凝視することであろう。幻は見つめられることに堪えられぬものであろうから。

まず、視覚表象とは風景風物の「見え姿」だと想定されているのだから、それは三次元の外部空間にある（その三次元性は一章において述べた）。この三次元の外部空間は同時にまた、この想定での客観的対象が存在する空間でもある。W・ケーラーはかつてこの対象空間を表象空間と別ものと考えたがそれは明らかに事実誤認である。つまり、この考えは論理的にはあるいは可能であるかもしれないが、ここで問題としているわれわれの通例の「表象の想定」にあっては事実としてこの二つの空間は同一の空間として想定されているからである（なおケーラー的考えが陥る困難については拙著『言語・知覚・世界』九章参照）。

さらにこの想定においては、蜃気楼、鏡像、レンズ像等の光学像や幻覚のような場合の他は、視覚表象は客観対象と同一の場所に見えるとされている（光学像の場合は五章に検討する）。いわば視覚表象は客観対象にはりついていると想定されているのである。このことによって視覚表象を何か写真のフィルム像のような「写像」とする比喩は拒否される。もしそれを写真のフィルムのようなものと考えるならば、そのフィルム像は写真機のレンズの後側ではなく前方に、それも被写体にはりついている、しかも三次元的にはりついていることになるからである。たといわれわれの眼球を写真機のレンズに、脳をフィルムにたとえることができるとしても、視覚表象をそのフィルム上の像にたとえることは不可能なのである。もし強いて光学的写像の比喩を考えるならば、写真機よりも密着複写装置の方がいくらかましであろう。しかしこの複写の比喩をとるならば、こんどは眼球も大脳もこの比喩のどこにも登場できないことは明らかである。そして「主観」なるものがこの比喩に登場するとすれば、この三次元空間にエーテルのように漂う感光材エマルジョンとしてでしかありえない。だが、空間に瀰漫する感光主観といったものを真面目に考える人はいまい。カントは、感性が物自体に触発される、と語ったが、その触発機構については何も語らなかった。もし語れば感光作用のようなものになることが不可避であるからであろう（ただし、ファイヒンガーやアディケスのいわゆる二重触発説《ドッペルテ・アフェクチオン》をとるならば、第二次触発としては生理学的な刺激と受容の機構が考えられていたと思える。＊だがそれは上に述べた写真機の比喩に戻ることになる。なおカントの触発の問題については岩田淳二氏の一連の精細な研究がある）。

＊「色は物体の直観に依拠するが、物体の性質ではない、それは視覚の変様にすぎず、この視覚は光によって或る仕方で触発されるのである」（『第一批判』A28）。

要するに、視覚表象を「主観に把えられた客観の姿」と解する限り、その把える方の主観はとにかく、ここ、こっち側にいてほしいのに、そうして把えられた「客観の姿」はともかくあそこ、あっち側にあるのである。趣味の悪いたとえだが、泥棒がまんまと盗んだ金は依然として被害者のポケットにあるのである。すると盗人もおらず、盗みの犯罪行為もなかった、ということになる。主観もなければ主観の知覚作用もないことになる。

いや、君はただ経験的で心理学的な主観のことを言っているだけだ、問題はそのような経験的主観のことではなくカントの意味であれフッサールの意味であれ「先験的主観」のことなのだ、こう言われよう。しかし、先験的主観（意識）というものがどういうものであれ、それが私に一体どういう関係があるというのだろう。「単一でそれ自体として内容を全く欠いた表象、……それ自身は特定の対象の表象ではなく表象一般の形式」（『第一批判』B304）、「単なる意識の形式」（A382）、「統覚の形式」（A354）、であり、「その論理的な意味の他は、われわれはこの主観それ自体については何も知りえない」（A350）。こういうカントの先験的主観は、私である主観ではなくて視覚風景（一般には経験）の側の統一の形式であり、今空腹をかかえて落ちつかない経験的私なるものもまたこの統一形式での世界の一登場物件に過ぎない。カントは「経験的意識から純粋意識へ漸次移りゆくことは可能である。前者の現実的なもの《ダス・レアーレ》がすべて消失し、空間と時間における多様の単なる形式的意識が残ることになる」（B208）、と言うが、空腹も消え、したがって空腹である腹も消え、したがって私の体も消え、ということになれば一体何が残ろうか。かりに私に見えている視野風景は残るとして、その風景の統一とか形式（例えば三次元性）が先験的主観だというのであれば、猫の顔が消えて残った猫笑いのようなものだとしか思えまい。あるいは、私の葬儀風景のようなものだと。もしそうならば少なくとも私が生きている現在、やはり「私である主観」はないと言えよう。

カントに較べるならフッサールの方がわかりいい。「私の先験的自我は明らかに自然的自我とは違う。しかし、決して普通に理解されるような意味で後者と分離された第二の自我ではない。しかしまた逆の意味で自然的自我と結びつき組み合わされているというのでもない。私の先験的自我はまさに（完全な具体性において捉えられた）先験的自己経験の場であり、しかもこの先験的自己経験は、見方を変更しさえすれば、いつでも心理学的な自己経験へ変貌しうる」（Husserliana, Bd. IX, p.294. 立松弘孝氏の指示）。フッサールの言いたいのはおそらく、空腹とか私の体や私の今の気分とかを度外視（エポケー）しても残る視覚風景の「見る－見られる」の構造のことであろうと思う。そしてその構造には今この経験的私がいる「ここ」という視点が不可欠なことを言いたいのであろう。猫が消えてもその眼の視点は残るのである。しかし、視点があるということは何もそこに「見る」というノエシス的な能作《ライストウンク》とか作用だとかがあることではない。今までに度々繰り返したように、「見えている」という状況は静態的な「場」なのであって、力動的な「働き」なのではない。働きなり主体的動作があるとすればそれは、視線を向ける、そらす、とか、見つめる、気を抜く、といった肉体的心理的動作なのである。そしてこれらの動作は「見えている」という「場」の中で行なわれる動作なのであって、その「場」自体は何の動作でもない、つまり、主客構造に関してはのっぺらぼうの場なのである。ちょうど、われわれの肉体的動作は空間という場の中で行なわれるが、空間自身は何の動作でもないように、である。あるいは、生きるためには食べたり呼吸したりという動作をするが、それらの動作がなされる場である「生きている」というそのことは何の動作でもないように、である。そうして、生きている、ということに何も「生きる‐生きられる」という構造がないように、「見えている」ということにも「見る‐見られる」の構造はないのである。

だがそのことを今一つの側面から示すために、この「見る‐見られる」の空転ぶりをいま一度観察してみることが必要である。

3 記憶像の場合

視覚的表象というものを考える限り、それは「何か
の表象」でなくてはなるまい。つまり、表象ならざる何ものか、対象とか原物といったもの
の表象でなくてはなるまい。これは何も視覚的表象に限らず、表象と呼ばれ観念と呼ばれるものすべてに言えることであろう。哲学史的には「観念(idée)」はプラトンやアウグスティヌスの伝統では表象的なものではなくむしろ原物的なものを意味したといわれる(桂壽一『近世主体主義の発展と限界』東京大学出版会、一四六頁)。しかしここではそのような「観念」は考えないで、デカルト的な「何ものかの観念」、すなわち原物に対しての観念だけを考える。それは視覚表象のみならず、記憶表象、予期表象、更に、何それ誰それのイメージといわれるようなものを含んでいる。
こういう観念がより観念らしさを示すのは、知覚現場での視覚表象などよりも、現在只今は知覚されていない事物に思いを及ぼす場合である。遠く離れた土地の様々、昔のこと、未

来のこと、神や悪魔、天国や地獄、こうしたものごとに思い及ぶとき、私の念頭に浮かぶのは事物そのものではなくてそれらの「観念」である、と言うのが全くもっともらしくまた自然にひびくのである。それらの事物に私は今現在は面と向かいあっていない、だから私はそれら自身を生《なま》のまま経験することはできない、だから今私が面しているのは生身の事物ではなくそれらの影、それらの面影のようなものである、と。

しかし今私が円周率を考えるとしたとき、私は円周率そのものではなくてただその「観念」を考えているのだろうか。そうだとすると、では円周率の小数展開は3.1415…だが「円周率の観念」の小数展開はいくつなのか。それは「3.1415…の観念」であると答える人がいるだろうか。だがしかし、君は間違えて4.333…を円周率だと考えることもないとはいえまい（君の物憶えの悪いことは有名だ）、そのとき君の考えている「円周率」は本物の円周率とは身分の違った何ものかではないか、つまり、「観念」の身分をもつ何ものかではないか、こう言われるかもしれない（これは錯覚論法の数学への適用である）。しかしまず第一に、そうだとすればその私の円周率の「観念」は4.333…に等しいのである。そしてもしこの4.333…がこれまた或る本物の実数の「観念」だと強弁するのでない限り、「観念」がその4.333…という「本物」と等しいということになるのではないか。第二に（といってもこちらの方が主眼点であるが）、私が考える円周率の「観念」が正しいとか正しくないと言うことそのことのためには、観念ならざる「本物」が承知されておらねばならないはずである。だから私のように間違えないで、正しい円周率を考えておられる貴方は「本物」とその「観念」の二つを考えておられることになる。ほんとうに貴方はいつも数学でこの二重思考をなさっているのですか（貴方が数学ができることは有名です）、と私は尋ねたい。

いや、数学界公認の円周率にせよ非公認の円周率にせよ、本物とその観念という二重存在（double existence）（ヒューム）を持つとは私には思えない。しかし、円周率のような数学的対象ではなくて、時空の中の事物の場合はどうであろう。例えば今度は浅間山のことを私が考えるとしよう。そのとき私の念頭に浮かぶのは本物の浅間山、すなわち長野、群馬両県にまたがる浅間山ではなくてその「観念」だと言われよう。ではその浅間山の「観念」は一体どこにあるのか。それはもちろん「念頭に」である、と。だが念頭とは一体どこなのか。私の頭蓋の中？　まさかであろう。差し渡し二十センチに満たないミニ浅間が脳味噌の中に浮遊しているとは誰も信じまい。では、どことなく、とか、あるいはそのような空間的位置を云々できない仕方で、と言ってみよう。しかしその場合でも、その観念は本物の浅間山の観念であることは承知されていなくてはなるまい。それが承知されていなければ、それを浅間山の観念だとは言えないはずだからである。だとすれば私は当然、観念ならざる本物の浅間山をも念頭に浮かべていることになる。だが本物の浅間山は疑いもなく長野・群馬にある。したがって、「念頭に浮かぶ」とはこの場合には長野・群馬に浮かぶということに他ならない。それを言い換えれば、私は長野・群馬にある本物の浅間をじかに考えているのである。そのとき、それとは別にその本物の浅間の「観念」をどこともなく考えている、というのは本当とは思えない。本物の浅間をじかに考えているのに、さらにそれに加えてその「観念」を思い浮かべているなどとはいえまい。本物ではなく「観念」を思い浮かべるのだ、と言いたい誘惑は、その「観念」を通じて本物の浅間のことを考えている、そうするのが本物の浅間を考える唯一の手段である、という思い込みから涌き出てくるのだ。ところが何かの「観念」を思い浮かべるには、その本物をじかに思い浮かべることが不可欠だということになれば、この思い込みもそれから涌き出る誘惑も空回りしていることになるのである。

しかし上越から遙か離れた街で浅間を思うとき、それはあの本物の浅間山をじかに思っているのだといくら言われても、その浮かび出る浅間の姿は何とも心もとない姿ではないか。その稜線も定かならず地肌の色も模糊としてしかと把え難い。その姿には何か夢幻的なものがある。本物のもつ偉容と迫真とを欠いている。そこで再び、それは何といおうとやはり本物ではなくそのイメージ、その浮遊的な似姿ではないかという思いが頭をもたげてくる。だがこの思いは、くっきりとした視覚風景と定かならぬ想像風景とのコントラストを、客観的実物とその主観的表象というコントラストに取り違えているのである。晴れ渡った日のくっきりした眺望と煙霧にけぶる風景、透明なガラス越しの眺めと曇りガラス越しの眺め、ピントの鋭い写真とぼけた古写真、これらの実物同士の間のコントラストを実物とその写像のコントラストに取り違える人はいない。しかし、知覚現場の明確な視覚風景と、知覚ならざる想起における模糊とした風景、このコントラストを客観と主観的像のコントラストに取り違えるのである。知覚という立ち現われ様式と、想起という立ち現われの様式、この事物の立ち現われ様式の差異を、事物への接し方の直接性と間接性の差異だと思い込む。じかに見える浅間山と、イメージとか表象だとかを通して間接的に思い浮かべられる浅間山の差異だと思い込むのである。ここには知覚に対する無意識のえこひいきがある。知覚が本当の現場で想起は二次的な伝聞だとするえこひいきである。しかし、知覚現場であるのと全く同じ資格で想起現場もまた現場なのである。知覚的立ち現われがじかであるのと同様に、想起的立ち現われもじかなのである。想起風景が知覚風景の知覚的明確さをもたぬことは何も想起風景が二番煎じであることを意味しない（知覚にその明確性において優るとも劣らない想起能力は十分に想像できる）。結局、想起においても浅間山がじかに立ち現われるのであって、浅間山の「観念」なるものの役回りはないのである。

4　知覚現場での表象

だが「表象」の空転にはハズミ車がついている。「表象の想定」において、想起風景が表象（観念）だとされたときの本物の役を務めた視覚現場の風景そのものがそのハズミに乗ってまた何かの「表象」だと考えられることになる。だがそれは何の表象だと考えられるのか、つまり、その表象に対しての原物は一体どのようなものだと考えられるのか。上の2節ではそれはこの視覚表象と同じ空間内の何かである、という性格だけに限定したが、ここでは更にそのディテールが問われなければならない。それぞれが無限のディテールをもった視覚表象には、これまた無限のディテールをもったそれぞれの原物対象が考えられねばならぬだろうからである（だからカントの、ディテールをもってはならぬ一括的総括的な「物自体」は正当な資格のある「対象」ではない）。ところが、想起表象の浅間山に対しては浅間山の視覚風景がそのような対象としてあったが、この視覚風景そのものをまた「表象」とするときにはそれに対する「対象」が手元にないことは明らかであろう。そこで表象論者はまず「対象の存在」を想定し、ついで「表象」からその「対象」を探究しようとするのである。この仕方には細部においては多少の違いをもつヴァリエーションがあるが、大筋においては同類のものである。

　デカルトはまず神の「観念」から神の存在を証明し、その神の保証と、明晰判明という「観念のもつ性格」から個々の「観念」に対する「対象」の存在を推論した。だがその「証明」は「観念ならざるものの存在の観念」という異様な、論点先取的で矛盾すれすれの観念において初めて可能であったし、個々の観念から対象への「推論」も内容不明の「原因－結果」関係の想定を「対象－観念」の間に置いた上での、観念から対象への推論であった。バークリィはこの種の推論を一括して嘲笑した。

　……我々のもつ物体の観念に対応して心の外に（知覚されぬ、との意―筆者）物質《サブスタンス》が在りえたとしても……我々が知覚するものから心の外の物体の存在を信ぜしめる論拠《リーズン》がありえようか。物質の信者達自身が物質と知覚との間に何か必然的な関係があることを示せないと言うのだから（『人知原理論』§18）。彼等自身が、いかにして我々の観念が物質によって生じるのかは少しもわからぬと告白するのだから（同、§19）。

しかしわれわれは、バークリィに知られていたのとは比較にならぬ程に強力な自然科学の中で暮らしている。だからバークリィのように絶大な自信をもって、「（物質の）想定に基づいて説明される現象で、その想定を抜きにしても説明できないようなものは一つもない」（同、§50）、と言い捨てる勇気はない。そこで今少し立ち入った検討に入らざるをえない。

見たり触れたりする知覚風景、あるいはその風景の中の個々の風物を「表象」とするならば、その「表象」に対する「対象」は見たり触れたり聞いたりはできない何ものかでなければならない。だから電子や陽子にせよ、電磁場にせよ、空気振動にせよ、それらが知覚的「表象」の原物または原因である「対象」と考えられている限り、知覚的性質を持つことはできない。色もなく知覚的形状（見え、触れられる形状）もなく触感も音感もあってはならない。しかし他方、先に述べたように、それらは知覚表象と同じ三次元空間の中に位置するものである。それらは知覚表象が「知覚されて」在る空間の中に「考えられて」在るのである。しかしそれら「対象」のそれぞれが個別的に具体的に「いかに」あるかはあらかじめ知られてはいない。それらは探求されねばならない、発見されねばならないのである。では何を手掛かりにして？　手掛かりは他でもない、知覚「表象」であるほかはない。鍋釜、草木、大地や空、日月星辰に至るまで、それらに対する「対象」がいかなる対象であるかは知覚「表象」に基づいて探究されるのである。望遠鏡や電子顕微鏡の視野風景、各種測定器機の風景、オッシログラフの視覚風景、カウンターの音響風景、これらはすべて知覚「表象」なのである。

だが明らかに手掛かりだけがいくらあっても一歩も進めない。いや、手掛かりだけしかないとき、それらはもはや「手掛かり」ではないのである。それが手掛かりになるためには、そこから先に進む方式が与えられねばならない。だが知覚「表象」から「対象」へ進む方式は与えられていない（カントの場合では、現象から物自体へ進む方式がないことをカント自身が明確に自認している）。とすればその方式自体もまた想定されねばならない。そして事実、われわれの自然科学はこの想定を行なっているのである。すなわち、理論の想定において、単に理論の想定（「対象」のかくかくしかじかのあり方）がなされるだけではなく、その理論と観測（知覚表象）との関係もまた想定されているのである。「対象」の側で一群の炭素原子と酸素原子が結合すれば電磁波が放出され、それが眼球で屈折して網膜に達しそこで視神経の電位パルスが発生して脳細胞に或る変化を与える、このような描写が「対象」のかくかくしかじかである。それに加えて、そのようなとき「表象」の側では焔が見え熱を感じる、という「対象」と「表象」との間の対応関係が想定されているのである。この対応関係を欠いては、焔と熱という知覚「表象」を手掛かりとして、酸化燃焼という「対象」のあり方を推論することができないことは明らかであろう。

この知覚「表象」と「対象」との対応関係の想定は、表象言語と対象言語との間の翻訳規則の設定とみることができる。この規則は単なる単語の辞書のようなものではなく、文法を含んでおり、命題間の翻訳を指定するものである。自然科学の正しさとはこうして、「対象」理論とこの翻訳規則とを一体としての正しさなのである。

ところがそのことから、正しい自然科学の一意性というものが原理的にありえないことになる。つまり、正しい自然科学というものはただ一つあるのではなく、無数にありうるということになるのである。それを示すのは難しくない。いまここに上の意味で「正しい」自然科学が一つあるとしてそれをSとしよう。より正確には、Sはこのわれわれの住む時空四次元世界の自然科学的な「世界描写」である。一方この同じ世界の知覚風景描写をPとしよう。この方は細かい点を抜きにすればただ一つしかない。さてSを時間空間的に任意にねじまげた世界描写を考える。Sを時空的にトポロジカリーに（一意連続的に）変換するのである。伸縮自在な四次元ゴム板の上にSを描いて、そのゴム板を勝手な仕方でねじまげるのである。そのねじまげられた世界描写をS*としよう。それに応じて対応規則の方にもそれと同じねじまげを加えるならばS*もまたPに対する「正しい」世界描写であることは明らかであろう。例えば今私が面している部屋の知覚風景（Pの一部）には、数年以前にここから数百キロ離れた所に位置したシュール的にゆがんだ「対象部屋」が対応する、としても、この部屋以外の世界についてもそれと整合的な変換を行なうならば何の破綻も生じない（ノーマルな世界像にあっても、蜃気楼の「表象」はその「対象」からひどく浮き上がっているし、またたく星の「表象」は数万年以前の「対象」に対応している）。こうして、もし一つでも正しい科学的描写Sがえられたならば、その任意のトポロジー変換像S*は同じ一つの知覚風景

Pを手掛かりとする「正しい」世界描写なのである。したがって、唯一の「正しい」対象的世界描写というものはありえない。極端にいえば、知覚「表象」に対応すると想定された「対象」は原理的に住所不定で年齢不詳なのである（ただ相対的にのみ、それもトポロジカルにのみ、住所年齢関係が一定している）。

この不定性を取りのぞくには唯一つの道しかない。それは「対象」の時空位置を「表象」によって定義することである。例えば、「対象」はその「表象」が見える、その時その場所に在る、と。だがこうすることは同時に、「対象」と「表象」との関係を根本的に変更することである。もはや「対象」が本物で「表象」はそのコピーではなくなる。そうではなく逆に、「対象」は「表象」に基づいて定義され、考えられたものとなる。「対象」は「表象に」時間空間的に重ねて「考えられた」ものとなる。そして世界は表象言語（知覚言語）と対象言語（物理言語）によって時空的に「重ね描き」されることになる（五、六、七章に詳述）。こうして「対象－表象」という二元的設定は、それ自身の論理的構造によって変質せざるをえないのである。

その結果第一に、「表象」から「対象」に進む方式を想定することが不必要になる。なかんずく、脳の状態が「表象」を産出する、といった不可解な想定が不必要となる（六章）。第二に、「表象」とは主観によって把えられた客観「対象」の像である、と考えることを不可能とする。「表象」と「対象」とは、主観に対していわば等距離となるからである。

しかしこの第二の点はこの根本的な変更をする前から、すでに「対象とその表象」という概念に伏在していたのである。「重ね描き」の詳細は次章以下にゆずって、ここではその伏在を明らかにしておくことに止めよう。

私に今見えている視覚風景、それに対応すると想定されている物理的状景、この二つは同じ空間の中、同じ時間の中にある。視覚風景は「見えて」おり、物理的状景は「考えられて」いる、それだけの違いであって、後者の物理的状景を把える「主観」などどこにも登場していない。いや、かりに登場するとしてもそれは、視覚風景を「見る」とともに物理的状景を「考える」主観としてである。いわば両者に等距離にある、あるいは両者に共有される主観なのである。デカルト的生理学者は、私の大脳の物理的状景を主観が把えたものが今見えている視覚風景なのだ、と言って物理的対象を視覚風景の前に置くかもしれない。しかし彼はその把える現場に立ちあったこともなく、また立ちあえるものでもないことを知っている。それにもかかわらず彼が「主観の把え」を言うのは単に、大脳の物理的状景と視覚風景が連動して変化するからに他ならない。だとすれば、彼はただその連動の事実のみを言うにとどめるべきであろう（また生理学者もその専門論文ではそこにとどまっている）。

しかし一方、生理学者でないわれわれも、同一の事物が十人十色に見えるという日常的経験、また幻覚についてあれこれきかされる話から、何か同一の客観的対象を各自の主観が各様さまざまに把えるのだ、と思いたくなる。しかし、「十色の視覚風景」に対して「同一の物理状景」を「考える」ということの中に「主‐客構造」を読みこむならば十人十色がよりよく了解できる、と思うのは錯覚としか思えない。十人十色を了解するために、同一の物理状景を客観に、十人十色の視覚風景を主観に、とする必要が論理的にないのである。私の主観とあなたの主観とが同じものを違うように把えるからそれが違うように見えるのですよ。こういうことと、単に、あそこに見えている同じものが私とあなたとには違って見えますね、ということの間にどれだけの差があるだろうか。知覚風景の中で、同じものが人それぞれに違って見えることには理由を必要としないのである。なぜなら、違って見える「同一のもの」、をわれわれは違った角度から様々に見える「一つの三角錐」を考えているように考えるだけだからである。そういう三角錐を考えているからこそ、その（知覚風景の中での）同一の三角錐は様々に見えるのである。だから三角錐が様々に見えるのに別の理由を必要とはしないのである。もしかりに、同じものが様々に見えるのには、様々な主観による様々な把え方が必要だというのならば、同一のものを同一のものとして「考える」には同一の主観が必要だということになろう。あるいは様々な主観による同一の把え方が。いや、「客観」とは主観によって考えられて把えられる以前のものだ、といわれるならば、その把えられる以前の客観をあなたはどうやって云々できるのですか、と尋ねたい。ここで、それは直観的なものではなく論理的構造なのだというのは明白な欺瞞である。あらかじめ「主‐客構造」をことわりなしに植えこんでおかない限り、主‐客の論理構造などはどこからも出てこないからである。

　ではあの幻覚は一体何なのだ、少なくとも幻覚こそ純主観的なものとせざるをえないではないか、と問われよう。別に何でもない、立派な視覚風景の一つであると答えたい。幽霊がそこに見えていることは墓石がそこに見えていることと変わりがない。ただ違いは墓石のようにぶつかることも触れることもないものだということだけである。またそれに対応する物理的状景ではそこに空気や電磁場があるというだけである。このことは幽霊を極めて興味深い種類の「物」にするだろうが、そこに「主‐客構造」を思わせるものは何もない。たかだか、それを見ている人の視覚器官や大脳の状態についての示唆を与えるだけである。本当の幽霊はむしろ「主‐客構造」という考え方なのである。そして、客観の主観的表象、という概念こそ幻の概念なのである。

五章　鏡像論

私が鏡に向うとき、鏡の中の私は一体何であるのか。それは鏡のこちらの私と同様生きた肉体をもっているのだろうか。そのワイシャツの下には肉があるのだろうか。もちろん、こちら側で私がボタンをはずせば鏡の中でも私の胸があらわれる。こちら側で胸を傷つければ向う側の胸からも血が流れる。だがしかし、その血は実際に「本もの」の血だろうか。採血でき、比重を測り血沈を測定できる血だろうか。否、と多くの常識は答えるだろう。それは鏡を伏せれば跡方もなく消滅する。私が向きを変えただけでも消失する（私が立ち去ってもまだ鏡の向うで血が滴っていると思う人はいないだろう）。いや、それは始めからそもそもこの世に存在しなかったのだ。ただ「見えるだけの」ものだったのだ。それは重みがあり手に粘つく液状の「物」ではなかったのだ。それは「物」ではなくその物の「像」、つまり「鏡像」だったのだ。常識は、そして科学的常識もまた、そういうだろう。

だがそれならば鏡の中の私は、そして鏡の中に見える不透明なものはすべて、中味のない「表面だけの」ものだということになろう。鏡像に血がなければまた内臓もないだろうからである。それならばまたシャツの下にも肉はないはずである。私の鏡像には、こちらの私が胸をはだけたときのみ、またそのかぎりでのみ胸がある。鏡像に中味があるのは、薄い肌着のようにすけてみえたり、ビールのように半透明なものの場合だけである。だがここで常識は多少ためらいを感じるだろう。鏡像には実物そっくりの立体感と充実感があるからである。しかし、鏡像は「ただ見えるだけ」の「像」である、と考えるかぎりこの結論をさけるわけにはいくまい。

ところで一方、鏡の中の太陽は眼を灼き物を暖めるのではないか。多くの鏡を用意し、多くの太陽像を集めれば、水を蒸気に変えて発電することもできる。つまり、太陽の「鏡像」は物理作用をもつものなのである。いや、と直ちに異議があるだろう。物を暖め水を沸騰させるのは太陽の「鏡像」ではなく、鏡からの反射光線なのだ、と。その通りである。しかしまさにその反射光線によって鏡の中に太陽の「像」が見えるのである。そこで、それならば、私はその反射光線の経路を視線として、つまり鏡面で折れた山型の視線で、太陽そのものを見ているのだ、ということができはしないか。鏡像は「像」ではなく、折れた視線で(しかも真正面に)見える実物なのである、と。これがこの章で私が述べたい結論なのである。私が鏡をのぞくとき、私はこの実物の私を鏡面で折り返す視線で見ているのだ、と。だから鏡の中の私は実物の私として内臓もあれば血も涙もある、と。シャツの下には裸の体がある、と。

これが全くの非常識に聞えることを私は確信している。多くの反論が立ちどころに涌き出てくるだろう。それでは君は二ヵ所に居ることになる、あるいは君が二人いることになるじゃないか。また、鏡の中の君は左右逆ではないか。また、ショーウィンドウのガラスのような半透明の鏡の場合、君は何かの品物と重なって物質不可入性を犯すことになる、等々。

これらの当然の疑問に答えるためには、いくらか系統だった廻り道をすることが必要になる。その廻り道とは、鏡を含んで、光学的虚像といわれるものを順を踏んで検討し、そのいずれの場合からも「像」概念を追放できることを確認することである。プリズム、双眼鏡、潜望鏡、水中の箸の曲がり、虫メガネ、蜃気楼、陽炎、複屈折、二重視、立体視鏡、そして鏡の場合である。これら光学的虚像の系列の中で鏡像は光学的には最も簡単であるが、認識論的には最も複雑であるゆえに最後に位置することになる。

これら光学的虚像を「像」として解することはすなわち「実物と像」の概念を認めることであり、それが「世界と、(意識の中の) 世界像」という典型的な二元論の構図へ誘引する端緒となることはみてとり易いであろう。その二元論が、物質世界とその大脳像という生理学的二元論であれ、より一般的な二元論であれ、光学的虚像は「歪んだ第一性質」(あるいは、虚なる第一性質) として、色、熱さ、その他の第二性質(による観念) と共に二元論に至る踏み固められた道であったし、今なおそうである。したがって、それらから「像」の概念を追放することは、二元論に通じる大道の一つを遮断することになる。それが私の主目的である。

だがそれとともに、この「像」概念追放の手続きが同時にわれわれの「空間」概念の重要な一面を明らかにする。その手続きが、時刻と視点を異にする視覚風景の間に「位置の同定」を行なう手続きであるからである。そのような「位置の同定」によってのみ、異なる時刻、異なる視点、での視覚風景を一つの通時的空間の中に定位できるのである。* その時々の特定の視点からの視覚風景（および触、運動風景）をいわば通時的世界地図の中に定位するのである。それによってのみ例えば、同じ所に住み、異なる所に旅行する、ということが言いうるのである。

最後に、この手続きを太陽や他の天体に拡張するとき（特に光行差の問題において）、この通時的世界地図は通時的宇宙地図となり、そこで「過去透視」（過去を直接に現在只今見る）という一見奇妙な概念に導かれることになり、更にそれを通して「脳と世界風景」の関係について一つの解釈を提案することになる。しかしこの最後のステップは次章にゆずる。更に七章でも精しく検討する。

＊　B・ラッセルがかつて、異なる視点からの風景（perspective）からこの「一つの通時的空間」を構成する大筋を示した（*Our Knowledge of the External World*, Allen & Unwin, 1922. 石本新訳、「世界の名著」58、中央公論社）。だが彼の方法は光学的異状のない正常状況の下での、しかも「位置同定」を自明の前提としての構築法で、ここでの目的にとっては無縁無益である。もちろんラッセルの目的にとってはそうではない。

1　プリズム眼鏡

プリズムを眼鏡にしてかければ視覚風景はある軸のまわりにα°回転して見えるであろう。このようなプリズム眼鏡を生まれたばかりの雛鳥につけた実験は有名である。その雛は与えられた餌粒からほぼα°の方向のみをつつくばかりであった。また成熟した蛙の両眼の網膜とそれに続く視神経を切断し、網膜を含んで眼球を180度回転し、再び神経と網膜とが癒合するのを待った。この場合、神経と網膜とは手術前の連絡を回復するそうである。つまりこれは眼球を180度回転したことになる。果たしてこの蛙は餌のハエが後にくれば前に跳び、前にくれば後を狙う、といった風であった。

人間の場合には十九世紀末のStratton*の180度回転の「さかさ眼鏡」以来、上下逆転、左右反転等様々な眼鏡の実験がなされてきた。大まかにいえば、相当な困難に堪えて数日を経ればかなりの程度に順応する、と結論できよう。ここでは単純な場合として、水平方向（左右）にα°振れるプリズム眼鏡の場合の思考実験を行ない、次の二つの問に答えを与えることを試みる。

⑴順応した、ということの意味とその解釈。⑵人間は順応できるのに雛鳥や蛙にはそれができない、あるいは極めて困難なのは何故か。

このプリズム眼鏡をかけると、それ以前に図1でほぼ正面に見えていたドアはα°（例えば）右に振れる。ドアのノブの方にまっすぐに延ばしていた私の手もまたα°右に振れて見える。ここで「像」解釈をとるとすれば、右へ振れて見えているドアも手も共に「像」である。

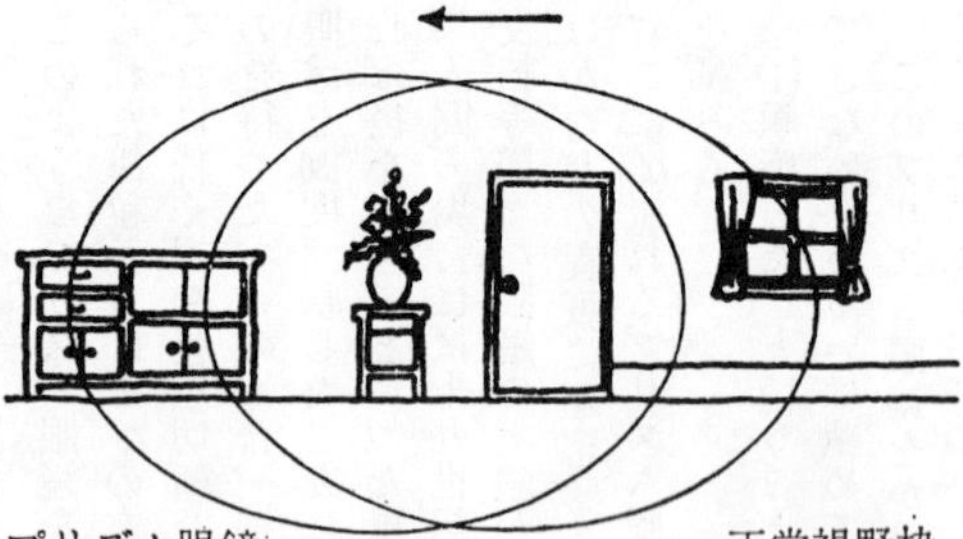

図1

り、「実物」はα°左にある、ということになる。そして「順応する」とは、この「像」と「実物」との食い違いを念頭において常に「像」から「実物」を推定することに習熟する、ということになる。

しかし実験者の報告も、思考実験での想像もそうではない。手でドアのノブをしっかと掴むとき、それは「実物」の手が「実物」のノブを掴んでいると感じるのである。そしてドアが開くとき、それは開くドアのα°右に振れた「像」ではなく、「実の」ドアが開いたと感じるのである。ここでは人はまさにバークリィの「存在《エッセ》とは知覚《ペルキピィ》なり」に従って行動するように思われる。

そしてこの感じと行動を支える解釈があるのである。それは「像」解釈に対して「実物」解釈、あるいはバークリィ解釈とも呼べるであろう。それは、ドアも手も右に振れて見えているのではない、ただ私の視野が左に動いたのだ、という解釈である。視野を簡単のため横に長い楕円だとすると、事物は動かずにただその楕円枠がα左に動いた、と解釈するのである。当然、以前にはその楕円の中央に見えていたドアと手は、左へ動いた楕円ではその右端寄りに見えることになる（図1）。この視野枠の移動はプリズム眼鏡などがなくともまことに安直平凡な操作でも可能である。正視のまま顔をα左に廻わす、あるいはもっと不精に、顔を動かさないでただα左に横眼を使えばいい。αが地平線回転180度の場合は（さかさ眼鏡）少し体操が必要となる。股のぞきをするか、倒立ちするか、鉄棒でさかさまにぶら下らなければならない。しかしとにかく視野の移動は日常茶飯事なのである。

プリズム眼鏡はこの視野の移動を、姿勢を少しも変えないで（眼も動かさないで）ひきおこす仕掛けなのである。だから雛鳥や蛙を途方にくれさせ、そして人間をも当惑させるのである。それは、胴体、頭、首、眼球、の姿勢と視野の位置との間にあるわれわれが馴れ親んできた関係を突然に変えるからである。われわれはこの人工的斜視や逆転視に多大の努力の末に「順応」するが、鳥や蛙には幸か不幸かその能力がないのである。この「実物」解釈の下では、鳥や蛙も「像」を見ているのではない。われわれと同じく「実物」を見ているのであるが、ただその「実物」と自分の姿勢、したがって自分の運動計画との新しい位置関係を誤認しているのである。

ここで述べた二つの解釈、すなわち「像」解釈と「実物」解釈は、どちらが正しくどちらが誤りだというものではない。私はただそのどちらも可能であること、特に「実物」解釈が可能であることを示しただけである。そして更には、おそらくはプリズム眼鏡の実験者が事実とっているのは「実物」解釈である、ということである。だがこのことから次のことは主張できる。すなわち、プリズム眼鏡においてわれわれは「像」解釈を強いられていはしない、と。したがってここで二元論への小道の一つを妨害したことになる。

さてここで上の二つの解釈を「位置同定」という観点から眺めてみよう。「像」解釈と「実物」解釈との違いは「位置同定」の違いであるといえるからである。すなわち、「像」解釈は、プリズム眼鏡をかける前とかけた後では「見えている」ドアや手の位置が異なる、$\alpha°$の方位の違いがある、という解釈であるといえる。それに対し「実物」解釈は眼鏡のかけはずしの前後を通じてその二つが同位置であるというのである。そしてこれから検討する様々な光学的虚像にあってもこのプリズム眼鏡の場合と同様に、位置同定、如何に位置を同定するか、が核心なのである。それは虚像の虚像たる由縁は何よりもまずそれが「実物」と位置を異にするという点にあることからも当然であろう。したがって、他の場合を検討する前に位置同定の問題を一般的に眺めておくことが望ましい。

＊　例えば、鹿取広人『感覚・知覚心理学ハンドブック』昭和四十四年（誠信書房）、下条信輔「逆転・反転視野実験についての一考察」、『心理学評論』昭和五十三年、Vol. 21, No. 4, pp. 315-339。特に後者の著者からは実際の体験についてうかがう機会をえた。

2　位置同定

われわれの視界では絶えず動きがあり、そしてわれわれもまた動いている。そして動くとはもちろん位置を変えることである。こういうことはとりも直さず、われわれは時刻を異にし視点を異にする視野風景の間でどの位置が同じでありどの位置が異なるかを判定している、ということである。では何をもって異時、異視点、の視覚風景の間の位置同定の基準としているのであるか。つまり通時的に、そして通視点的に、位置の異同を判定しているのだろうか。日常生活ではもちろんいうまでもなく大地を基準にしている。われわれの家、道、記念碑、それらは常に大地にてらしてほぼ同位置にある。こういうとき、われわれは大地座標系をとっているのである。

しかし大地座標系にとっての「同位置」は他の座標系、例えば太陽系や恒星系、あるいは新幹線系にとっては同位置ではないことはもちろんである。楠正成戦死の碑は地球の公自転軌道の上を馳けめぐっている。その戦死（切腹？）の日付け以外ではその戦死の地と記念碑の位置とは太陽系では異なっており、時には三億キロも隔たっているのである。

では座標系に依存しない「絶対的位置」をきめることはできるだろうか。いや、それはニュートンの「絶対空間」と同じく定義不可能である（何らかの物理的特権をもつ座標系を基準系であると宣言するのでない限り）。時刻を異にしての二つの場所は、特定の座標系を撰択してそれに依拠するのでない限り、同じだとか異なるとかというのは無意味なのである。そして座標系を撰ぶ場合にはその撰択は任意なのだから、それを適当にさえ撰べば、一つの場所は後刻のどの場所とも「同じ」でありうる。つまり、一時刻のある一つの場所は、適当な座標系を撰びさえすれば、一瞬後には全宇宙のいかなる場所とも「同位置」たりうるのである。座標系がいわば「同位置」を運搬してゆくからである。宇宙船遭難の現場に花束を供えようとするならば、手軽にあなたの机の上でもいいのである。もちろん例えば木星の極の上でもいい。アインシュタインの特殊相対論は「(座標系を定めた上での)異なる場所での時刻の異同」を定めたが、その双対形《デュアル》である「異なる時刻での場所の(絶対的)異同」はそれによっても定まらないのである。*それは「根源的な無意味」といってもいいだろう。意味を与えようがないからである。

したがって特定の座標系を撰んだ上でのみ「同位置」を云々できるのである。このことは幾何学の「位置の異同」をどう考えるか、という疑問を生ぜしめるかもしれない。幾何学の「位置」は時刻に無関係に、いわば絶対的に「同一」であるかに思われるからである。運動学の幾何学的表示はあるが、幾何学には運動はありえない。「幾何学的点(または図形)の移動」という概念もまた二つの根源的無意味なのである。幾何学での二つの点はただその呼称によって必ず「異なる」のである。そして一つの点は必ず「同一」なのである(詳しくは七章1節)。したがって、何らかの「同一性」を有意味とする(同一性に意味を与えた)空間にのみ幾何学は(近似的にでも)適用できるのである。

それゆえ、特定の座標系を撰ぶことによって通時的「同一位置」に意味を与えたならば、幾何学の適用は確保されたことになる。その座標系での「通時的同一図形」が他の座標系では如何に伸び縮みしようともである。幾何学の非時間的「同一位置」の概念は、あらゆる

「通時的同一位置」に適用可能なのである。**

幾何学への寄り道から本題に戻ろう。われわれはまず任意に一つの座標系を撰ばねばならない。そうでなければ位置の異同を云々することは無意味であるからである。さて、自明の理由でわれわれは日常生活においては大地座標を撰ぶ。だがそのときわれわれは既に異時、異視点、の視覚風景の間での「位置同定」の骨格、いや肉付けの大半をなしとげているのである。大地の特定の場所、例えば三角測量標準点はほぼ「通時的同一位置」なのであり、他の事物の位置の標準となる。見知らぬ街の風景もそれをどう定位すればよいかをわれわれは知っている。その巧拙は「土地カン」の問題でしかない。

特に自宅の近所とか、自分の家の中、といった小領域での「位置同定」は三歳の童子もよくなすところである。だがしかし、である。それは光学的異常のない場合である。これから検討する光学的虚像とは、その光学的異常のケースなのである。これらの場合はまさに、三歳の童子ももつ通念、正常な通念、が破れる場合なのである。それにもかかわらずその通念を押し通そうとするとき、ほとんど必ずそこに「像」概念が現われるのである。光学的異常を光学的正常に合せて測るとき、そのズレが「位置のズレ」であり、その位置のズレが「像」の設定となるのである。

そのことを示すために、今この段階では余りにも当然な、正常状況での通念を記録することが必要となる。それらは正常な場合には全く正しく、記録するにも値しない通念法則であるが、しかし光学的異常の状況では破りうる法則なのである。そして私の考えでは破るべき法則なのである。

(1) 見透し線の法則——一つの視点から見透し線上にある位置（照門、照星、標的のような）は、他の視点（例えば側方）からは横の一直線上にあると見える。

(2) 不動の法則——観察者が静止しているとき、一つの視点から見て動かぬ物は他の視点からも動いては見えない。

(3) 位置の単一性——一つの視点から一つに見える物、または位置は、他の視点から見ても一つに見える。

＊ 拙論「時空と事物」『理想』昭和五十五年一月号。また、七章。

＊＊ 精しくは七章。

3 光路の曲がり

水を満たしたコップに箸を入れると（適当な視角から見れば）折れ曲って見える。その中に入れた銅貨は（斜め上方から見れば）浮き上って見える。これは誰にも親しい経験である。そして人はここで何のためらいもなく「像」解釈をとるだろう。浮いて見える銅貨の場所に「本物」の銅貨があるわけではない。だから浮いて見える銅貨は「像」である。また、箸は「本当は」折れ曲ったりはしていない。だから水中にある箸の部分は「像」でしかない。ここには何の問題もない、と。だがしかしそれが問題なのである。

なるほど確かに箸は水面に入る点で平角180度よりも狭い角で折れて見える。だが例えば部屋の天井の一隅を眺めて戴きたい。その隅は直角よりは大きな鈍角に見えるはずである。このとき人は、あの隅は「本当は」直角なのだから今見えている隅は「像」である、などとは言いはしない。真下から見上げれば直角である隅が斜め下からは鈍角に見える、このことを人は百も承知しているからである。角度というものはそれを見る方角によって様々に変わって見えるものなのである。そして水に入れた箸の折れの角度もまたそうなのである。ただこの場合は、見る方角は同じであるがその状況が違うのである。水を入れない空のコップの中にあるのと、それに水を注いだときの状況とが異なるのである。前者の状況では平角に見える角が後者の状況ではそれより狭い角に見えるのである。だから水の中の箸は空のコップの中にあった箸と同様に「実物」であって「像」ではない。直角の隅と鈍角の隅が「同一の」隅であるのと全く同様に、この二つの箸は「同一の」箸なのである。

だがしかし、と問われるだろう、水のない空のコップのときは箸の先端は丁度コップの底の真中にあったのに水を入れたら左の端の方に近づいて見えるではないか。箸はその間動かなかったのだから今左の端によって見える箸の先は「本物」ではない、だから「像」なのだ、と。こう問うとき人はまさに、「異なる視覚風景での位置同定」を行なっているのである。そして前節終りで「不動の法則」と呼んだものをここに援用しているのである。この法則も、他の二つの法則も、(光学的に)正常な状況では正しい位置同定の法則である。しかし今問題にしている水中の箸のような光学的に異常な状況にあってはこれらの法則は必ずしもなりたたないのである。これら異常な状況にまでそれらはなりたつ、という根拠はどこにもない。

実際、私が歩いていたり車に乗っていたりするとき、あるいはただ眼球を動かすだけで、視野の中では物は動き、そして前者の場合は更にその相対的位置を変えるのである。しかしわれわれはそれらは静止している、つまり位置を変えない、という「位置同定」を行なっているのである。心理学者が「空間(または位置)の恒常性」と呼ぶのがそれである。それと同様、水中の箸の先も水抜きの場合と注水したときとでは「動いた」と見えるが、このことはその箸の先が「位置を変えない」ということと少しも矛盾しはしないのである。箸の先も、そしてまたコップの底の中央部も、左端によって見えるがしかし先程と全く「同じ位置」にあるのである。それ故、水中の箸の先端、ひいてはその箸の全体は「像」ではなく「実物」なのである。

それならば、では一つその「実物」を鉄砲で射ってみてくれ、と注文されたとしよう。私はどこを狙うだろうか。もちろんコップの底の外部からみた真中を狙う。今見えている箸の先を狙いはしない。そう狙ってはじめて弾は箸の先に当るだろう(ガラスは紙のようにただ弾を通すだけのものとする)。それみよ、箸の先は元の場所、つまり外部からみての底の真中にあったじゃないか、といわれるだろう。だが待って戴きたい。弾の動きが仮に見えるとすると、それはガラスを突き破ってから左に方向を曲げ、そして左端によって見える箸先に命中したのが見えるだろう。箸そのものと同様、弾の弾道もまたこの場合左によって見えるのである。そしてその弾道は水抜きの場合の直進に見える弾道と「同一」なのである。つまり、両者の弾道上の各対応点はすべて「同位置」なのである。だから「実物」の弾が左によって見える「実物」の箸先に命中してそれを破壊したのであって、中央部の「本物」の破壊に照応して「像」もまた破砕した、というのではない。

さて、この水中の箸を異常な状況とするものはもちろん光路の曲がりである。この光路の曲がりによる異常性は他のいくつかの事例にあらわれる。虫メガネ、双眼鏡、潜望鏡、そして更に「像」の典型《パラダイム》とされる蜃気楼や陽炎である。虫メガネの場合から検討してみよう。

一本の釘に平行して虫メガネをあててそれを見る。虫メガネを通して拡大された釘が見える。そこに見えた釘の奥行き位置の変化は通常は明確でないにしても、その釘の姿が拡大していることには全く疑いはない。ここで「像」解釈は次のようにいう。その釘の拡大像が見える場所には「本当の」釘はない。そこにあるのはたかだか空気である。もしその拡大像が何らかの「物」であるならば、それはその空気と重なっており、物質不可入性を犯すことになる。だからそれは「物」ではなく「像」なのである。更に、その拡大像の見える位置には（光学的）実像の場合と違って対応する電磁場すらない。だからその「像」は（光学的）虚像なのである。これが「像」解釈のいうところである。だが、ではその「虚像」は一体この物理世界に属するものなのか。この問に対しては「像」解釈は通常答えない。棚上げにしているのである。しかしこの問に誠実に答えるとすれば、否、といわねばならないだろう。そして更に、では「虚像」はどこに所属するのか、と問われたならば、私の意識とか私の表象とかと答える他はないであろう。こうして「像」解釈は、世界と意識、といった二元論的な棲み分けに導くのである。

しかしその「像」解釈にわれわれは強制されてはいない。それに代えて「実物」解釈が可能なのであり、しかもこの解釈の方がより整合的であると思われるのである。

この「実物」解釈と「像」解釈との相違は、「位置同定」の相違である。「像」解釈は虫メガネの向うに見える釘の頭の位置を、「実物」の釘の頭の位置とは「異なる」とする。それに対して「実物」解釈はその二つを「同位置」とするのである。この二通りの「位置同定」は、二つの「異なる視覚風景」の間での二通りの位置同定方式なのである。すなわち、虫メガネの正面から見る視覚風景と、その側面（上面、背面、その他でもよい）からの虫メガネを通さないで釘を見る視覚風景、この二つの視覚風景の間の位置同定なのである（後者は想像された風景であってもよし、また、虫メガネをとっぱらっての正面からの風景であってもいい）。

ここで二つの解釈の比較をみてとり易くするために、細長い筒を用意し、その筒の手元側の穴に眼をあててその筒先の穴の方向に（虫メガネ越しに）釘の頭が見えるようにし、その方向にその筒を固定する。つまり、筒と（虫メガネ越しの）釘の頭が「見透し線」上にあるようにする。この状況を側面から眺める視覚風景では、釘の頭は筒の線の延長線上にはない。つまり、釘の頭と筒とは横からみて一直線上にはないのである（図2）。

まさにこのことから、「像」解釈は虫メガネ越しの釘の頭の位置を、側面から見た釘の頭

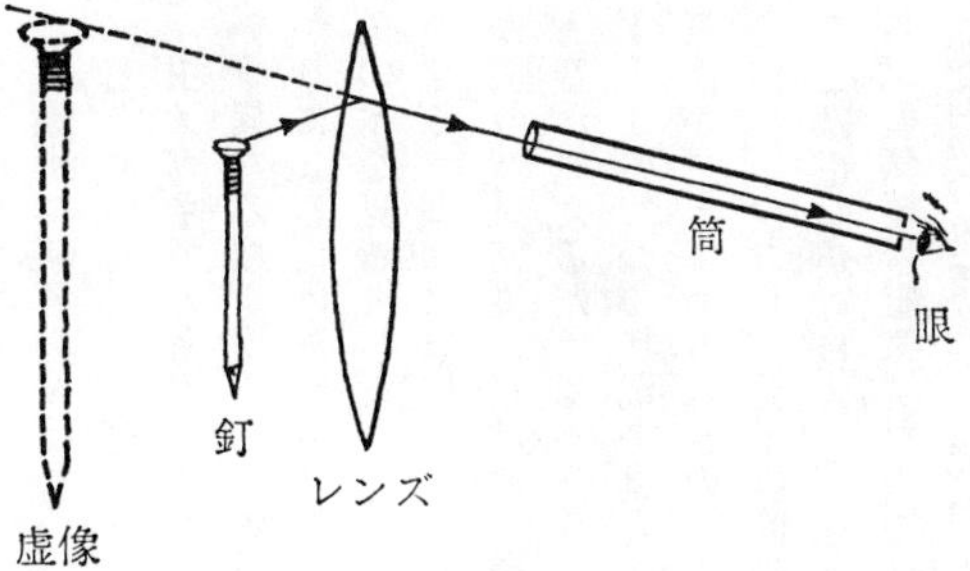

図2　側面図．正面図では筒と釘の頭とが「見透し線」上にある．

の位置とは違うとするのである。そして、側面から見て、筒の延長線上の或る一点こそ釘の頭の「虚像」の位置である、とするのである。幾何光学の教科書はその位置の作図法を教え、その座標の計算問題を与えている。

だがこれは、前節であげた「見透し線の法則」という、光学的に正常な場合に適合する法則を、虫メガネという光学的に異常な場合にも拡大適用することである。だがそのような拡大適用をすべきであるという根拠は何もない。もちろん、拡大適用をしてはならぬという根拠もない。ただ適用するならば、「像」の困惑を背負いこむ、というだけである。

いずれにせよ、異常状況にあってはこの法則を破ることが許されている。そして「実物」解釈はそれを破るのである。そして、虫メガネ越しに見える釘の頭の位置は、側面から見ての釘の頭と「同位置」であるという「位置同定」をとるのである。そしてその「ただ一つの位置」は虫メガネ越しには筒と「見透し線」上にあるが、側面からの視覚風景では筒と「一直線上」にはないのである。したがって虫メガネ越しに見える釘の頭、したがってまた釘の全体は「実物」であって「像」ではなく、ましてや「虚像」ではないのである。しかしここで幾何光学の教科書を絶版にする必要はない。そこでの「虚像」は光線の経路やその開き角の倍率を作図計算するための有効な「補助線」なのである。

虫メガネでの考察は直ちに蜃気楼の場合に応用できる。虫メガネでの、空気とガラス、という異なる屈折率をもつ媒質の間の光の突然の屈折が、蜃気楼の場合では連続的な光路の曲がりになるだけだからである。砂漠の熱気の中に立つ私が水平方向よりも高くオアシスの椰子の木を見るとしよう。そこで虫メガネの場合で使った筒を持ちだしてその椰子の木が「見透せる」ようにそれをセットしよう。それは水平より上向きの仰角をもつだろう。さて熱気が去り空気密度が正常の一様さをとりもどしたとき、筒を覗いても椰子は見えない。明るい青空が見えるだけであろう。椰子は（遠眼がきけば）水平方向に見える。それにもかかわらず、この二つの状況で見えた椰子は「同一位置」であるというのが「実物」解釈である。蜃気楼が見えているときの椰子から筒を通る光路は、正常な状況の中でプロットすればカーブを描く。つまり、椰子は筒の延長線上にはない、椰子は筒と一直線上にはない。しかしこのことは正面から見るとき椰子が筒と見透し線上にあるということと矛盾しはしないのである。蜃気楼は蜃気楼《ミラージュ》なのではなく「実物」なのであり、私はただその「実物」を曲って見た（側面からみて曲った光路上に）だけなのである。

この光路の屈曲が更に絶えず変動するのが陽炎《かげろう》の場合である。陽炎はいわば絶えず伸縮するレンズなのである。「実物」解釈はその絶えず揺れ動く、例えば樹の先端を、後方から陽炎に邪魔されないで見える静止した樹の先端と「同一位置」だと同定するのである。それは前節(2)の「不動の法則」を破ることであるが、それはこの光学的異常の状況では破るべき、破ってしかるべき法則なのである。陽炎を通して揺らいで見える樹は、後方から見て揺らがず動かぬ「実物」の樹なのであり、揺らぐ「像」なのではない。それは霧の中の「定かならぬ」樹が晴れた日の「定かなる」樹と同一の樹であって、その「像」などではないのと同様である。

この「実物」解釈はもちろん双眼鏡の場合にも施行される。それに対して「像」解釈は双眼鏡の場合にはパラドックスじみた状況に巻きこまれることになる。今私が円形の競技場の真中に立っているとする。その競技場は円形の屛に囲まれ、その屛には0から360までの角度がペンキで書かれているとする。私はその中心に立って双眼鏡で屛を見る。その双眼鏡の倍率が例えば5倍ならば、10度の角度は視覚風景の中ではほぼ50度の開きに見えるであろう。もちろん屛は同時にぐっと接近して見える。そこで私は双眼鏡を眼にあてたままゆっくり一廻り体を回転する。屛の姿も360度ぐるりと見える。このとき、「像」解釈では屛の「像」は何度回転したというのだろうか。一方では明らかに360度であるが他方の考えではその5倍である。だが一廻りが360度×5であるなどということはいくら「像」の世界の中でも幾何学的にありえない。結局その倍率の効果を打ち消すだけのスピードで「像」は私の回転とは逆廻りの方向に回転する、といわねばなるまい。そしてこれは事実である。私が双眼鏡を右に廻すと視野の中の事物「像」はその倍率倍の角速度で視野内を左に廻る。「像」解釈はとにかくもそれでなりたつ。

「実物」解釈は、それにもかかわらずそれらの事物は「静止している」とするのである。つまり、それらの位置は双眼鏡をはずした肉眼視でのその事物の位置と「同位置」である、というのである。急スピードで視野内を回転する事物の位置はその間も不変である、とするのである。また、角度ばかりでなく視距離においてその事物がぐっと接近して見えようとも、それは肉眼での遠い位置と同位置だというのである。要するに、双眼鏡で見えているものは「実物」だというのである。

以上で検討した、プリズム、虫メガネ、蜃気楼、陽炎、双眼鏡、の事例には一つの共通項がある。それは、それらの視覚風景での見透し線は眼球あたりを起点とするものとして定位される、ということである。トンネルの外からトンネルの入口と向う側の出口が見透せるならばその見透し線の基部は私の眼に定位される。つまり、視点は私の眼に定位される、ということである。ところが潜水艦の潜望鏡の場合はそうではない。艦長の視野には二隻の船が見通し線上に見えている。しかし彼はその見透し線が彼の眼を通るように、その二隻の船の「位置同定」をしはしない。もしそうしたとすれば魚雷は必ず的をはずすであろう。彼はその見透し線を潜望鏡の海から突きでた対物レンズを通るものとして位置同定をするのである。つまり、彼はその二隻の船を彼の眼の水平前方ではなく（もしそうしたなら二隻とも海中にあることになる）、彼の頭上数メートルの前方に定位するのである。つまり、彼は当然

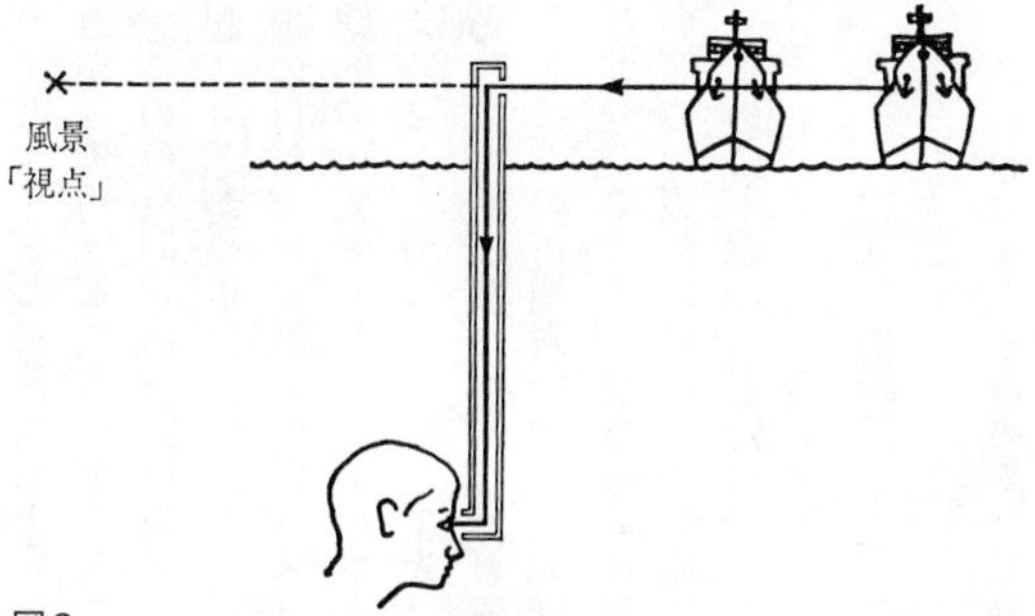

図3

のことながら船を海上に定位するのである。もちろん「実物」の船をである。

このときわれわれは二通りの言い方ができる。一つは、彼は「見透し線」すなわち「視線」、の基点を海上の対物レンズにとっている、という言い方である（厳密には、筒長だけ水平にバックした点（図3））。これはまた、彼は「視点」をその対物レンズ（の後方）に位置同定している、とも言い換えられる。しかし今一つの言い方も可能である。それは、「視点」は彼の眼であるがその「視線」は潜望鏡の中を通って折り曲げられている、というのである。事実、彼の視野には潜望鏡の暗黒の長い筒があり、その筒の開口部の先に明るい風景が見えている。それはトンネルの出口の向うにものが見える風景なのである。だから海上の対物レンズの直前の波頭は、彼の眼の直前には見えず、かなり前方に、潜望鏡の暗いトンネルの出口の先に見えているのである。潜望鏡をのぞくとき、この暗いトンネルと二隻の船とは「見透し線」上（彼の水平前方）に見える。この「見透し線」

を、潜望鏡から離れて側面から見る視覚風景での折れ線に（数センチの水平部から直角に折れて数メートル鏡筒内を上向、そこでまた直角に折れて水平に）位置同定するのである（これが「実物」解釈なのである）。

この位置同定の方式は虫メガネの場合と同じものであるが、折れ線の折れが早々と基部で起こり、かつ折れ方が激しく、更に全視野にわたる、という点で独特なのである。この折れ線の折れ方は、例えば胃カメラのように柔らかに屈曲できる光ファイバーを使う場合には曲線的で可変的となる。エビやカニの眼には柄があるが、潜望鏡はいわば硬直した眼柄だと考えることもできる。そして光ファイバーを使うならば、自由に屈曲できる眼柄がえられるだろう。ただ網膜の位置は変わることなく、その眼柄の先端ではなく基部にある。しかしそのことはこの可撓眼柄によって自分の顔を外から見ることを妨げはしない。われわれが自分の手足を見ることができるのに自分の顔を見ることができないのは単に解剖学的偶然に過ぎない。この眼柄はただその偶然に変更を加えるだけなのである。

このことが後ほど鏡像の「実物」解釈を試みるとき大切な論点の一つとなる。

4　視野の重なり、位置の分裂と重畳

われわれヒトを含めて脊椎動物は双眼である。更に哺乳動物の大半はまたその解剖学的偶然の一つとして、その双眼が頭部前面に並んでついている。しかしもしわれわれの両眼が或

る種の鳥のように左右についていたとしたならばどうだろうか。例えばわれわれの両耳の所に眼があるとしたならば？　おそらくは顔の正面で一部だけ重なった左右二つの視野をもつことになるだろう。実際われわれの現実の視野でもその左右両端に近い部分は反対側の眼では見られない。更に左右両眼に至近な視野基底部に楔形のものがあるとき、各々の眼ではその一面しか見えないのである。

更にそれを鼻先近い中央部におくときはそれが二つに見える。しかもそれを透してその向うの物が見えるのである。このことはわれわれの視野を左右両眼の二つの視野が重なったものである、という解釈を可能とする。それがこの場合の「実物」解釈なのである。この解釈は、片眼にだけ望遠鏡や潜望鏡をあて、他方の眼も見開いて見るときの風景を実際に試してみるとき、自然なものであることがわかる。そして二つの視野の重なり、ということはすなわち二つの視覚風景の重なり、ということであり、したがってこの二つの（異なる）視覚風景の間に「位置同定」を行なうことを有意味とする。交互に片眼をつぶったときの視覚風景の間に位置同定を行なうのである。その二つの異なる視覚風景がたまたま重なって見える、としてである。

そこで鼻先で二つに見えているものの対応点を「同位置」とする位置同定を行なう。更に、そこから私が遠ざかって今や一つに見えるその物の対応点とも「同位置」とする。この方式が2節で述べた「位置の単一性」の法則を破っていることは明らかであろう。しかし前に述べたようにそれは破ってしかるべきときには破るべき法則なのである。

この位置同定を行なうとき、至近距離で見えている二つの物は共に「実物」なのであって「像」(二重像)ではない。それは左右両眼という異なる視点から見られた「同一の」物なのである。それを透かして他の物が見えるがそれはその鼻先の物が透明であることを意味しない。そうではなくて、それは一方の眼を視点とする視覚風景が他方の眼を視点とする視覚風景に重なっている、ということを意味するのである。

この解釈が、全視野にわたる二重視、または複視(diplopia, double vision)にたやすく適用できることは明らかであろう。酔眼で徳利が二重になる、片眼を指で圧しても二重に見える、という誰にも親しい経験である。実物解釈はもちろんその二つの徳利は「同一位置」にあり、「同一の実物」であると解釈する。ただ一方は右眼の視点から、他方は左眼の視点から見られた「二つの」徳利なのである。それを二つの徳利だと解釈する人はよほど重篤な酩酊状態にある。そしてそれを二つの「像」だと思う人はおそらく「像酒」を飲んでいるのだろう(二重視の心理学実験では被験者は通常その一方を実物、他方を像とするといわれる。だがここで問題にしているのは「実物解釈」の可能性であって人間の自然的性向ではない)。

しかし他方、方解石その他による複屈折の場合には別の解釈を与える必要がある。方解石を通して見える二重の事物は明らかに両眼の視野の重なりではない。片眼でもそう見えるからである。それゆえそこに見える対応する二つの位置は、側面から見たときの一つの位置、あるいは方解石を取り去ったときに見える一つの位置に位置同定されねばならない。しかし、そこに見える「二つの」物は「一つの実物」である、ということには変わりがない。一つの実物が二つの光路による二つの視線（二つの見透し線）によって見えているのである。この、一つの「実物」を経路と方向を異にする二つの視線で見た風景が重なる、ということが鏡像の場合には一段と明瞭に現われることが後に明らかになるだろう。

以上の二重視の事例では、異常な視覚風景の中の二つの位置が正常な視覚風景の一つの位置に同定される、という場合であった。ところが立体視鏡ではこの逆に解釈されねばならない。肉眼では別々の位置の二枚の写真や絵が、立体視鏡の視野では一つの（立体的に見える）絵や写真となる。すなわち、立体視鏡の視野での一つの位置がいわば分裂して、正常視の視野の二つの位置に同定されるのである。したがって「実物」解釈はこの場合、二つの異なる「実物」のそれぞれ左右の単眼でみる風景を重ねて見ているのだ、ということになる。

さて2節以来、光学的に異常な視覚風景の中の位置と、光学的に正常な視覚風景の中の位置との間の「位置同定」が「実物」解釈においてはどのようになされるか、その方式を例示してきた。ここで注意しておきたいのは、その同定はアプリオリになされるものではなく経験的知識に基づいてなされる、ということである。しかも時には自然的性向に逆らっての解釈なのである。したがって、その同定は誤りうるものであり、事実またしばしば誤るのである。光学的錯覚や光学的詐術は少しも珍しいものではない。それらの誤謬を訂正し、あるいは誤謬を予防する方式こそ「実物」解釈なのである。なぜならばそれは、「実物」の位置をあらゆる正常異常の状況を通じて「同一位置」とする解釈方式であるからである。そして次にそれを鏡像について試みよう。

5 鏡像

鏡を見るとき気付くことを三点あげてみよう。
(イ) 鏡の中の情景とその外とは風景に切れ目がある。これは、鏡の中の風景とその外部の風景が一つの視野風景の中でモザイク的に合成されている、ということを示している。これを前節で述べた、視野風景の重なりの特殊例とみることは自然であろう。
(ロ) 鏡の中の風景は、じかに直接見える風景とはいささか違っている。じかには見えない事物の背後までみえる。それは明らかに視点を違えた風景である。ではその視点はどこだろうか。一寸調べてみればわかるように、その視点はほぼ鏡に対しての私の眼の鏡像点である。
(ハ) だがそれはそのまま、私の眼の鏡像点を視点とする風景ではない。更にその鏡像反転の風景である。

さてこの鏡像風景に「実物」解釈を適用するわけだが、まず(ハ)の鏡像反転を分離しておきたい。理由は、鏡像は鏡像反転である故に「実物」ではありえない、故に「像」である、という主張には論駁できないからである。これまで「実物」はその大きさや形や位置を様々に変えてみえるものである、というところに「実物」解釈がなりたつ余地があったのであるが、鏡像反転をその「余地」に含めない、という宣言に対しては反駁の余地がないのである。ただその宣言に再考をうながす二、三の事情を申し述べることができるだけである。第一に、鏡像の鏡像はもはや反転していないのだから、例えば合せ鏡の鏡像はただこの宣言によってのみでは「像」ではない。だがそれは不自然な身分差別ではなかろうか。第二に、すべてが鏡像反転となる左右反転メガネの実験者は十分な習熟の後には、大部分の事物が「実物」であると感じまたその感じで生活したのである。このとき、「実物」と「像」の区別は相対的な区別であり、その場合はその区別が反転したのである、と答えるならば、少なくとも「像」解釈論者は軟化したのである。事情によっては鏡像反転もまた「実物」たりうる、ということを認めたのだから。

しかし、鏡像が単に見えているだけの「像」にすぎないという感じは、それが鏡像反転であるかないかというよりははるかに強く、本来何もない（あるいは何か別の物がある）場所に鏡像が見えるということによるのではあるまいか。したがって、鏡像反転を棚上げにして上記の(イ)と(ロ)に考察を限ることが許されると思う。

まず(ロ)の点をとりあげよう。鏡の中の風景は、私の眼とは異なる視点からの風景でありながら、しかも私の眼を視点とする風景の中に見えている。これは今まで検討した事例の中では潜望鏡の場合に当る。潜望鏡では、頭上数メートルの「潜望鏡のレンズ」（の筒長だけバックした点）を視点とする風景が、私の眼の前方に見えるからである。ここでは私の身体（眼球を含む）の位置と風景の視点の位置が数メートル分離している。そこで描写をはっきりさせるため、眼球をはめこんでいる私の顔を私（顔）と書き、風景の視点を「視点」とカッコ付きで記そう。通常は、「視点」は私（顔）の眼の位置にある。だが潜望鏡の場合には、数メートル上方（の後方）の「視点」の風景が私（顔）の水平前方に見えるのである。ここで「数メートル上方（の後方）」という「視点」の位置同定が「実物」解釈であったのである。船その他はその「視点」の前方位置に定位されるからである。

さて潜望鏡を陸に上げ、それを何ヵ所かで折り曲げられるように関節を加工する。その関節の内部には適当な角度で鏡をつける（その鏡の数が偶数のときは鏡像反転は起こらない）。これを操作すれば「視点」を自在に移動できる（図4）。この自在潜望鏡を覗くとき、私はその対物レンズの場所によってきまる或る「視点」からの風景を私（顔）の前方に見るだろう。しかし、もちろんその風景の中の事物は、潜望鏡をはずしたときの風景では私（顔）の前方にはない。そうではなく、それらは「視点」の前方にあるのである。それが「実物」解釈の位置同定なのである。

鏡像の場合、鏡の中の風景はこれと同じように眼Eとは異なる「視点」E^*からの風景（の一部）を私（顔）の前方に見ているのだ、というのが私の提案なのである（図5）。その「視点」E^*とは先に述べたように、私の眼の鏡像位置（鏡に対しての対称位置）である。それを「視点」とする、（ただし鏡の枠の中に区切られた）風景（E^*NとE^*Mで挟む風景）が、いわば回転して、その「視点」が私の眼Eの位置にきたときの風景（EYとEXで挟む風景）、それが鏡の中の風景なのである。ただし、その風景は奇数個の鏡をもった自在潜望鏡と同じく鏡像反転をしている。この解釈の下では、鏡の中の位置（例えばP^*）は、鏡の外のそれに対応する位置（例えばP）と「同一」なのである。だから「鏡の中」の空間はそれに対応する「鏡の外」の空間と「同一」の空間なのである。それは「鏡の外」の空間を、眼Eとは異なる「視点」E^*から見た風景に他ならない。端的にいえば「鏡の中」は「鏡の外」なのである。当然それは「鏡の背後」ではない。

こういえるのは始めに述べた(イ)の点、すなわち鏡の在る風景は二つの「視点」、EとE^*、からの風景の「重なり」(前節)だからである。眼Eを「視点」とする風景と、上述の「視点」E^*からの反転風景が重なっているのである。だから眼を「視点」とする「鏡の外」の風

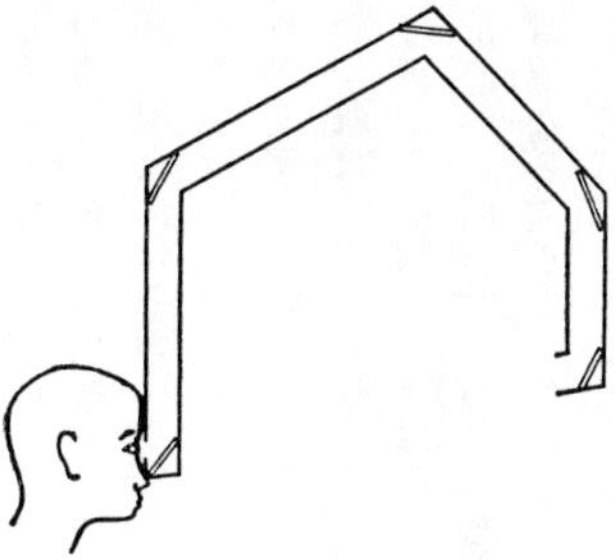

図4　自在潜望鏡

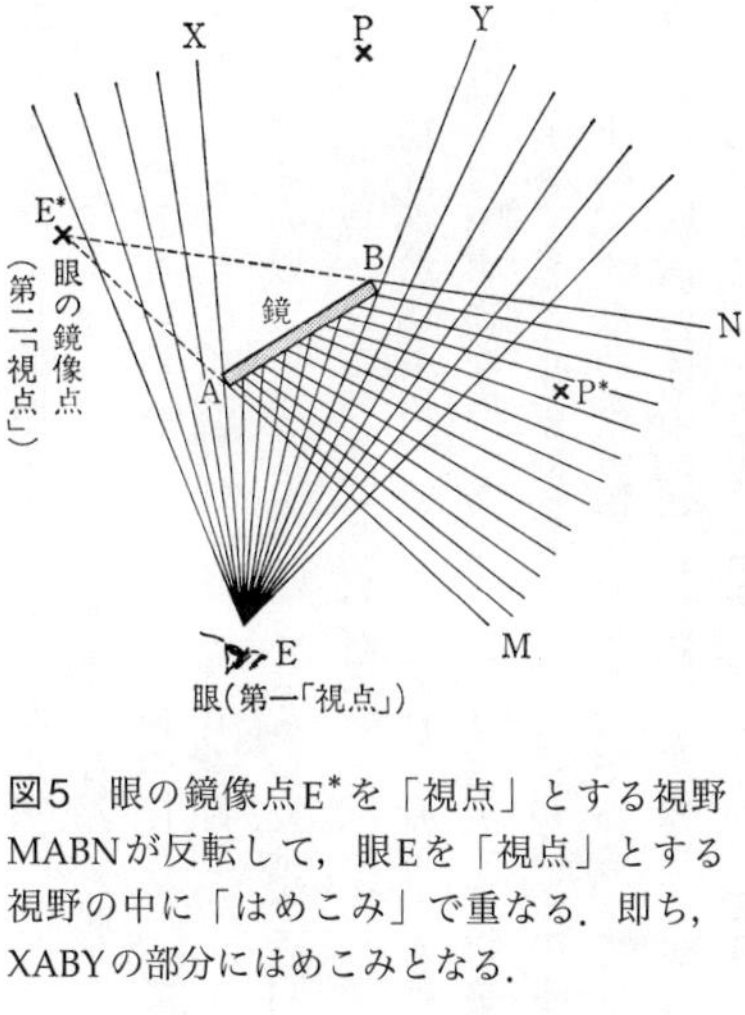

図5　眼の鏡像点E^*を「視点」とする視野MABNが反転して，眼Eを「視点」とする視野の中に「はめこみ」で重なる．即ち，XABYの部分にはめこみとなる．

景と、それとは別の、「視点」からの風景との間に位置同定することが有意味なのである（一つの視点からの風景の中の位置はとっくに定まっていて、位置同定などは無意味である）。鏡の場合にはこの「重なり」は特殊であって、互いに入りまじらずに鏡の枠によって区切られた「はめこみ」になっている。しかし、ショーウィンドウのような半透明なガラスではそれが文字通りの「重なり」になる。そしてそのガラスが完全透明になるか完全不透明になるかすれば、重なりは消えて通常の（眼を「視点」とする）風景になる。

　以上の解釈の下では鏡の中に見える事物は当然「実物」である。それは直視の対応事物と位置が「同一」であり、したがって「同一の」事物なのである。それは直視の事物を、眼とは異なる視点から見たものなのである（ただし鏡像反転的に）。だからその直視の事物を摑むならば、その別の視点から見ての同一事物、すなわち鏡像を摑んだのである。では鏡像を銃で射撃できようか。それはできる。その、鏡の背後の「視点」（眼の鏡像点）から鏡を貫いて実物を狙えばよい。しかし私（顔）のいるここから狙うことができるか。できる。ただし先程の弾道と最後の部分が一致する弾道を描く銃でなくてはならぬ。例えば光線銃である。そして鏡像を狙って射てば先程の弾道と最終的には（鏡で反射して以後）一致する。そして標的の同じ場所に同じ角度で命中するだろう。それは鏡像に命中したのである。だが標的箇所がこちら側からは裏になる場合には直視できず、したがってまたここから直射できないことを注意すべきである（ただ上の光線銃で鏡像を狙えばよい）。またたとい直視できても、先程と同じ角度で弾を打ち込むことは、直射ではできないことに注意すべきである。つまり、同じ場所を同じ角度で射つにはミサイルを別とすれば光線銃しかないのである。

かくして、鏡の中の私は私の「実物」であり私自身なのである。それは蛋白質と脂肪との塊りであり、内臓と血液をもち無数の大腸菌を蓄えている。それは「向う」から（「向う」の「視点」から）見た私自身なのである。だからその鏡像の位置は鏡のこちら側の「ここ」なのである。その鏡像の風景は、向う側に伸びてこちらに口を開いた自在潜望鏡（奇数の鏡の）を覗いた風景であり、あるいは、長い柄をもった眼球（網膜に鏡像反転手術をした）を向うにのばしてそこからこちらを見た風景なのである。特に、片眼だけをそうして、他方の眼の柄は巻き込んで眼窩の中に止めておけば鏡外に囲まれた鏡像風景にいっそう似るだろう。両眼の視覚風景が「重なる」からである。もちろんここに私が二人いるのではない。私は一人でありただその一人の私を二つの異なる視点から眺めているだけである。

鏡の中の風景とは、いささかやぶにらみの鏡の外の風景なのである。

付　どうして鏡像は左右反転であって上下反転ではないのか

この問題についてはは今までにも幾つかの説明がなされてきた。それらはその結論において大むね一致している。以下に述べる説明も別に新しい結論に導くものではない。ただその結論に至る道筋が多少新しいといえるかもしれない。その道筋をひと言でいえば幾何学的アプローチとも呼べよう。

(1) 四つの合同概念

もちろん鏡像は三次元の立体である。したがって鏡像の幾何学は三次元立体幾何学であである。しかし立体幾何学の複雑さを避けてまず二次元平面幾何学で考える。その上でそれを立体幾何学に拡張するという方式をとる。

二次元平面幾何学で、ある任意の図形Aの鏡像とは、或る直線M（一次元の鏡）に関してのその（線）対称図形である。それをAmと表記する（図6）。もちろん、逆にAmのMに関しての鏡像（Am）mは元の図形Aである。

さてユークリッド平面幾何学の「合同」の定義を直線図形から（極限概念を使って、あるいは解析幾何学的に）一般の曲線図形に適用できるように拡張する。この拡張された意味での「合同」を「幾何合同」と呼ぶことにする。

すると、もちろん図形Aはその鏡像Amと「幾何合同」である。証明という程のものではないが念のためにいえば次のようになる。まず任意の三角形Tとその鏡像Tmは幾何合同である。その三角形の一つの頂角とそれを挟む二つの辺は、それに対応するTmの頂角とそれを挟む二つの辺とに等しい（幾何合同）からである。挟む「向き」は逆になっているがユークリッドの合同の定義はそれを不問とするのである（その一例は、通称「ロバの橋」といわれる、等辺三角は等角である、という定理の証明に見られる）。次に、任意の図形Aを三角形の網目に分ける。曲線図形はその三角形網を無限に小さくしていった極限と考えればいい。そして、その三角形の一つ一つが、その鏡像と幾何合同であることから出発して、それらを順次組上げてゆけば、AがAmと幾何合同であることが証明できる（あるいは解析幾何学的方法もある）。

そこで図形Aと鏡像Amとは幾何合同である上に更に「鏡像合同」であるといおう。そして直ちにこれを拡張して、Amを回転および平行移動することでえられる（後述の言葉を使うなら、移動合同である）図形ともまたAは鏡像合同であるといおう。そのような図形とAとの間には必ずしも鏡の線（鏡線対称軸）が存在しなくともである。そしてその拡張に応じて、その図形をもAの「鏡像」ということにする。さてもちろん、幾何合同である二つの図形がすべて鏡像合同であるのではない。幾何合同ではあるが鏡像合同ではない二つの図形は「完全合同」である、ということにする（あるいは「逆合同」に対する「正合同」とも呼べるだろう）。それらは「向き」をも含んで、いわば「ぴったり」重ねることができるからである（後述）。要するに、幾何合同は、鏡像合同（逆合同）と完全合同（正合同）との二つに分たれるのである。

さて以上で、幾何合同、鏡像合同、完全合同、という三種の合同概念を定義したがこれに更に一つ、「移動合同」という合同概念を加える。それは直観的にいうと、一つの図形を平面上で移動

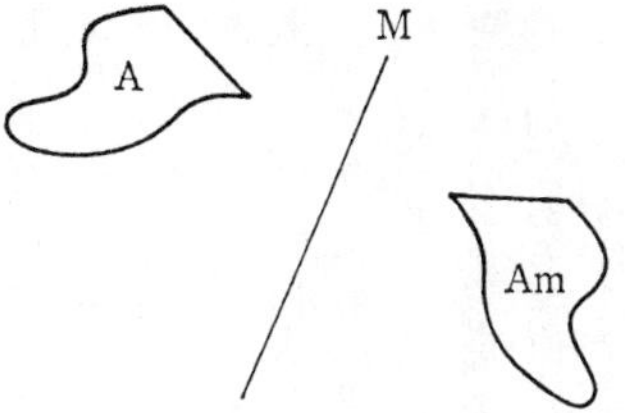

図6

して他の図形に重ねることができる、という意味での合同である（後に立体幾何に拡張するときにはもちろん、この平面上という制限はとりはらう）。より厳密にいえば、少なくとも一つの平行移動または一つの回転があって、両者を重ねることができるということである（これもまだ非公式の表現だがここではこれで十分であろう）。この移動合同は幾何合同より狭く、完全合同よりは広く、両者の中間にある。そして鏡像合同を二分する。

つまり、一般には図形はその鏡像と移動合同ではない。このことは図6のAとAmをみれば直観的にわかるだろう。だがAのMに関する鏡像Amと、他の直線M′に関する鏡像Amとは移動合同である。また、鏡像Amの他の直線Nに関する鏡像も、元の図形Aと移動合同である。直観的にいえば、鏡像同士、および鏡像の鏡像の間には鏡像反転がない、つまりそれらは完全合同、したがって移動合同でもある、ということである。

では図形Aとその鏡像Amとはいかなるときに移動合同であるのか？　それは簡単で、図形Aが少なくとも一つの対称軸をもつとき、またそのときに限ってである（点対称図形もそれが同時に線対称でない限りは、その鏡像と移動合同ではない）。その証明の概略は次の通りである。

まず対称軸をもつ図形の対称軸（またはその延長）と鏡直線Mとの交点をOとすれば、Oを中心とする一つの回転によって、その図形AはそのMに関する鏡像Amに重なることは容易にわかる。対称軸がMと平行で交点がないときには、一つの平行移動によって重ねることができる。いずれにせよAはAmと移動合同である。

逆も真である。すなわち、Aとその鏡像Amとが移動合同であれば、Aは少なくとも一つの対称軸をもつ対称図形である。図7においてAmはAのMに関する鏡像であり、かつAと移動合同であるとする。Aの上の任意の一点Pをとり、その対応鏡像点、Pmをとる。更にPの移動合同対応点をP^*とする。PmとP^*とを結ぶ線分の垂直二等分線Sを作ると、SがAmの対称軸であることが証明できる。つまり、A上の他の任意の点Qをとると、そのQに対するQmとQ^*とはまたSに関する対称点となっていることが示せる。証明は少し長いので章末に付した。

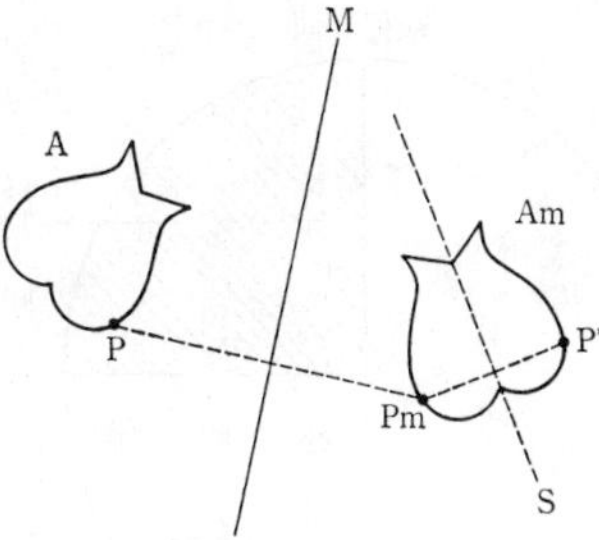

図7

こうして、図形は対称図形であるときに限ってその鏡像と移動合同なのである。つまり、平面上で裏返しをしないで重ねることができるのである。しかしその重なりは、A上の各点がその鏡像対応点に重なる重なり方ではない。図7のPはその鏡像対応点Pmに（その移動合同によって）重ならないで、P^*と重なるのである。PがPmに重なるにはそこで裏返しをしなければならない。つまり、三次元空間での回転が必要なのである。それゆえ図形とその鏡像間の移動合同は文字通りの「ぴったり」合同ではない。それは「向き」が逆なのである。「向き」まで入れて「ぴったり」なのは、先に述べた完全合同、したがって鏡像関係に

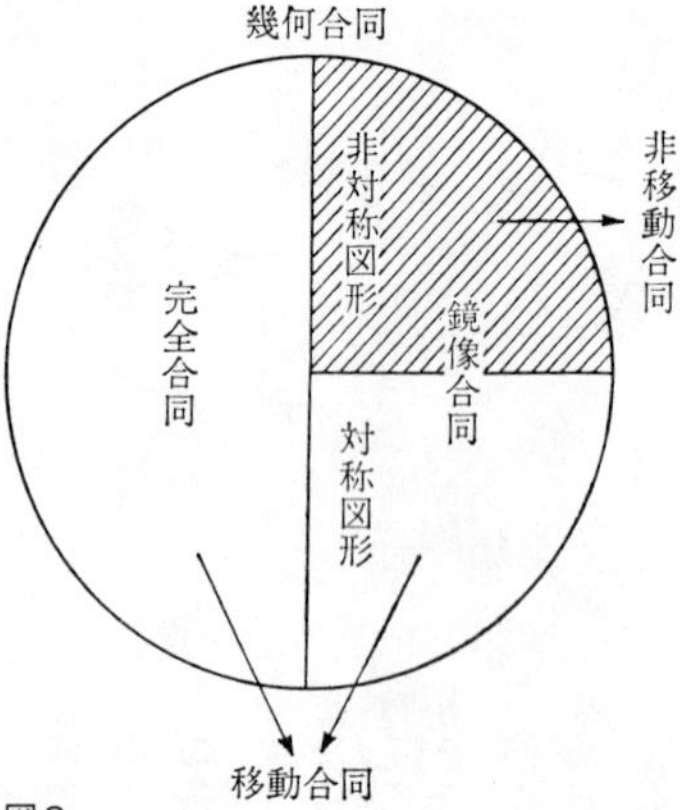

図8

ない二つの図形の場合だけである（ただ例外として、線分や一直線上にある複数の点からなる一次図形がある）。つまり、図形とその鏡像とは（一次図形を除いて）完全合同ではありえない。すなわち、幾何合同関係は二分されて、完全合同関係と鏡像合同関係になるのである。

以上に述べてきた四つの合同概念、すなわち鏡像合同、幾何合同、移動合同、完全合同、の間になりたつ関係を一次図形を除いて整理すると次のようになる。二つの図形について、

幾何合同（図8）
- 完全合同 …… 移動合同
- 鏡像合同
  - 対称図形の ｝移動合同
  - 非対称図形の ｝非移動合同

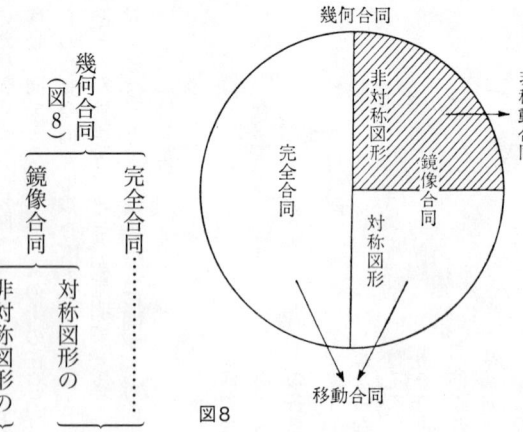

(2)　左右反転

二次元平面でえられた以上の結果を三次元立体図形に拡張するのはたやすい。上の各種の合同概念はそのまま立体図形に拡張できる。ただその際、移動合同の回転は、二次元での一点を中心とする回転を一つの直線のまわりの回転におきかえる。そして鏡直線に関しての鏡像を、一つの面（鏡面）に関しての鏡像でおきかえる。同様に、対称図形の対称性において、点対称を線対称と点対称の両方の合併でおきかえ、線対称を面対称でおきかえる。そして一次図形をそれと二次図形との合併でおきかえる。

このおきかえをするならば、二次元平面図形でえられた結果はそのまま三次元立体図形でなりたつのである。前項の終りにまとめた、四つの合同概念の間の関係もなりたつ。中でも特に次のことがなりたつことがこの問題の核心である。

(a)　立体図形はその鏡像と幾何合同である。

(b)　しかし、それと移動合同であるのは、その図形が少なくとも一つの対称面をもつ（面対称である）とき、そしてそのときに限ってである。

(c)　だが図形とその鏡像とは決して完全合同であることはない（ただし、一次図形と二次図形を除いて）。つまり、向きを含めて「ぴったり」重なることはない。

さて、人体表面を一つの立体図形としてみるならば、或る姿勢（例えば気を付けの姿勢）のときに限ってであるが、近似的に面対称である。その対称面は、真向幹《から》竹割りでの切断面、人体を左右に分ける面である。そしてどんな姿勢をとろうと、それ以外の対称面をもつことはできない。

人が鏡像の左右反転をいうのは、そしていうことができるのは、この左右相称の姿勢においてのみである。なぜならば、もし左右非対称の姿勢、例えば右手を上げて左手はおろした姿勢をとるならば、私は私の鏡像と移動合同ではなくなる(b)。私は私の鏡像にすっぽり入ることができないのである。だがすっぽりはまらないでいいのならば、好むままどんな重なり方をしてもいいはずである。例えば、倒立ちに重なってもいい、横向きに重なってもいいはずである。すると上下反転もすれば、上下が横転もする。その中で、両足、胴、頭が重なるが両手は重ならない、という重なり方は何の特権ももたない。だからそのときの左右反転といわれるものにも何の特権もない。

左右反転が確たる意味をもつのはただ私が私の鏡像にすっぽりはまる場合、すなわち私が鏡像と移動合同である場合だけである。単に幾何合同(図形は常にその鏡像と幾何合同である——(a))であるだけでは不充分なのであり、移動合同でなくてはならない。したがって、左右対称の姿勢においてのみ左右反転を語ることができる。

ところが対称図形がその鏡像に移る移動合同にあっては、その対称面が移動合同のあり方(重なり方)を一意的に規定してしまうのである。すなわち、図形上の各点(図7のP)は、鏡像の鏡像対応点(Pm)ではなく、そのPmの対称点(P*)に重ならなければならないのである。だからそれは「ぴったり」と重なる完全合同の重なり方ではない(c)。

そして左右対称姿勢での人体表面図形はただ一つの対称面(幹竹割《からたけわ》り面)しかもっていな

いのだから、私と私の鏡像の移動合同における重なり方もまたただ一つしかない。すっぽりはまるはまり方はただ一つしかないのである。頭を鏡像の足にはめることなどは許されないのである。この唯一のはまり方においては私の右手上の各点Pは、その鏡像対応点Pmの幹竹割り対称面に関するその対称点P*、すなわち左手上の点に重なる。それ以外の移動合同はありえないのである。これが鏡像の左右反転の意味するところ、いや唯一意味しうるところなのである。

結局、人体表面の鏡像が左右反転であって、上下反転でもなく表裏反転でもないのは、人体が或る姿勢で左右相称の対称面をもち、更にそれ以外の対称面をもっていないからである。

それゆえ時に、床や天井が鏡のときには上下が逆転するではないかという人がいるがそれは間違いである。それは移動合同のすっぽりのはまり方ではなく、それゆえ先に述べたように上下横転でも30度傾斜でも何でもいえる中での、たまたまの上下反転だからである。

対称面をもたない非対称の表面をもつ物体、例えば不整形の石、胃や心臓、雲や多くの樹木、といった物は原理的には右も左も上も下も表も裏もないのである。だが時にそれらがいわれるのはただ近似的対称面をみたててであるか、あるいはわれわれからみての上下左右表裏をいうからである。あるいは、その物体に方向(±)をもつ三次元直交座標 x y z を固定したとしよう。その座標図形は三つの対称面をもつ(それらは二つの軸が座標原点Oでなす直角の二等分線をそれぞれ含む)から当然その鏡像と移動合同で、しかも反転方向は x、

着した当の物体図形の反転であって、それに固着した当の物体図形の反転ではない。もしそうだとしたなら、座標軸のとりつけ方は連続無限なのだから、その物体の反転もまた連続無限の仕方がある、ということになってしまうからである。それら対称面をもたない物体とその鏡像についていえることは、それがその鏡像と幾何合同であり(a)、しかし移動合同ではなく(b)、もとより完全合同ではない(c)ということだけであって、そこに左右、上下、表裏の反転をいうことは無意味なのである。それら非対称物体にはそれ自身に左右や上下がないからである(一方、球のように無数の対称面をもつ物体にもそれがない)。

人体にもし、左右対称の幹竹割り面の他に更に対称面があると仮定した場合はどうであろうか。例えば仮に、横隔膜のあたりで人体を横に輪切りにして下半身を切り落とし、上半身そっくりの今一つの上半身をそこにさかさに接続したとしよう。二次元図形だが或るトランプの絵札のキング、クイーン、ジャックはそれに似たものである。するとこの人体は二つの対称面、幹竹割りと輪切り胴の二つをもっている。したがってそれは鏡像にすっぽりはまる二つの移動合同の方式をもっている。その一つの方式では左右が反転し、(上下の頭を対応させる)今一つの方式では上下が反転するが今度は左右が反転しない。

更にこの奇型人体に今一つ表裏相称の対称面を加えてみよう。後頭がなくて二つの反対向きの顔があり、背がなくて両面の胸があり、そして上下左右相称の奇型である(手の指はどうなっているか、それは好むままじっくりお考え戴きたい)。するとここで加わった対称面に対して、新たに一つの移動合同の方式が加わることになる。その新方式では表裏が反転して、左右も上下も反転しない。これはもう説明するには及ぶまい。

以上の検討から次の結論がえられる。

(1)　反転が有意味に云々できるのは対称面をもつ立体図形についてのみである。非対称図形については、それがその鏡像と幾何合同であるが完全合同ではない、ということだけができる。

(2)　対称図形にあっては、その一つの対称面に対応する移動合同において、その対称面に関してのみ反転が生じる。

(3)　人体表面は或る姿勢のとき近似的に一つの対称面をもつ（幹竹割り面）。それ以外の対称面はない。したがって(2)によって、その対称面に対しての反転しかありえない。つまり、左右反転しかありえないのである。

人体鏡像の左右反転は、人体が或る姿勢において左右対称であることによる。そしてそれ以外の反転がないのは、それ以外の対称面をもたないからである。左右反転は人体の対称性に由来する幾何学的現象であって、鏡像一般の性質ではない。

〔補記〕　対称性の証明（図9）

図形とその鏡像が移動合同であればその図形は少なくとも一つの対称軸をもつ。これが証明すべきことである。ここでは狭義の鏡像を考えれば十分である。つまり鏡の線をもつ場合で、その鏡像を平行移動や回転させた広義の鏡像にも結果を自動的に適用できるからである。そこで鏡の線をMとしその左右に図形Aと鏡像Amがあるとする。図形上の任意の一点Pをとる。その図形は鏡像と移動合同なのだから、鏡の上には移動合同の対応点P*がある。ここでPの鏡像点PmとP*とを結び、その結線の垂直二等分線と、鏡の線Mとの交点をOとする（交点がない場合は平行移動のケースで後まわしとする）。このとき、Oを回転中心として角POP*（θとする）を回転角とする回転が、仮定された移動合同の移動方式に他ならぬことをまず示す。

Pの鏡像対応点はPmである。一方逆に、P*の鏡像対応点をPm*とする。当然、PとPm*とは原図形Aの上にあり、P*とPmとはその鏡像Amの上にある。そして見ただけでわかるように、Pm*は上のθ回転によってPmに来る。ということは、原図形A上の二点（PとPm*）が、この回転によってその鏡像Am上の二点（P*とPm）とに移動した、ということである。ところが二つの点が他の二つの点に回転移動する（この場合ではPがP*に、Pm*がPmに）方式は唯一つしかない。対応する各点を結ぶ二直線の垂直二等分線の交点を中心とした回転しかないからである。その交点は（あるとして）一つしかないからである。ゆえにOを中心とするθ回転が、図形Aからその鏡像Amへの回転移動そのものに他ならない。したがって、A上のP以外の点をとって同様の手続きをしても、Oとθとは常に同一なのである。

さて次に、Oから線分P*Pmに垂線ORを引く。それは上に述べた線分P*Pmの垂直二等分線に他ならない。一方、P,Pm*,P*,PmはOを中心とする一つの円周上にある。ゆえに、弧PP*の上に張る角P*PmPは、同じ弧の上の中心角POP*すなわちθの1/2である。一方その角P*PmPは角ROMに等しい。すなわち、角ROMは図形A上のどの点をとっても常に一貫してθの1/2である。つまり、Aのどの点Pをとっても、ORは同一の線である。そしてそれはPmP*の垂直二等分線なのだから、PとP*の対称軸である。したがってそれはAmの対称軸、したがってAmは対称図形である。それゆえ原図形Aも当然対称図形である。

他方、Oが存在しない場合はAとAmとの移動合同は平行移動による方式である。その場合はORとOMとが平行、そしてP, P*, PmがOMに垂直な一直線上にくる。そしてORとP*、Pmとの交点NはP*、Pmの中点となり、この中点Nと鏡の線OMとの距離がPの如何にかかわらず一定となる。そしてORが鏡像Amの対称軸となるのである。

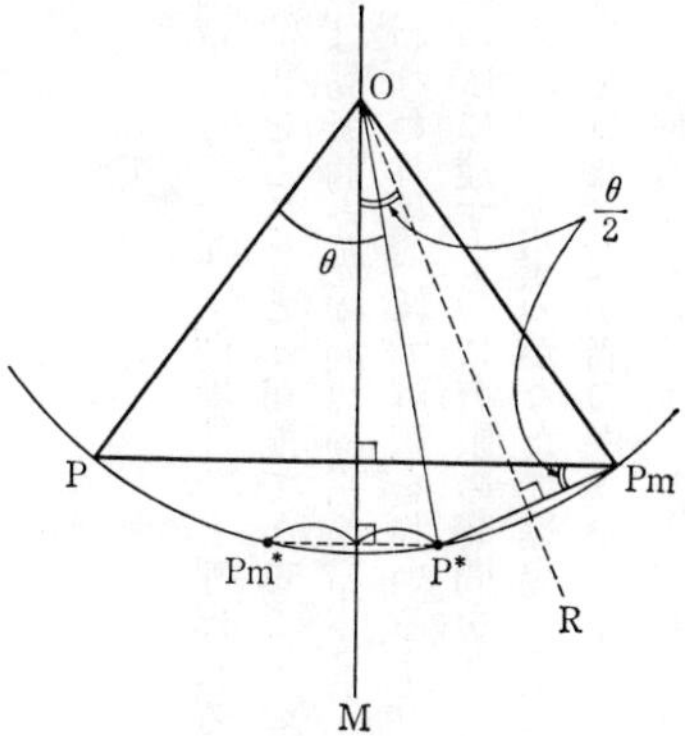

図9

六章　過去透視と脳透視

前章では、「光学的虚像」と呼ばれる一連の現象において「虚像」解釈を追放して「実物」解釈をとることが可能であることを示した。それらの現象は、虫メガネとか鏡像とか、いわば局所的な光学的異常の現象であった。ところが、われわれの視覚風景の全域にわたり、われわれに「像」解釈を強いるように思われる事象がある。それは事物からの光がわれわれの眼に達するのに有限の時間を要する、ということによる。

例えば、一光年のかなたで爆発が丁度今から一年前に起きたとしよう。そして私は昨夜その閃光を見た。だが当の爆発は一年前の過去のことであり、昨夜見えた閃光の場所には今はおそらく何もないだろう。だとすれば昨夜の閃光はその爆発の一年遅れの「像」であると考える以外にはないではないか。それはいってみれば「時間的虚像」なのである、と。そしてもしそうならば、遙かな天空の事件にかぎらず、私に今見えている視覚風景のすべてが同じく時間遅れの光学的虚像であるといわねばならないだろう。その遅れは身辺の事件の場合はナノ秒（10億分の1秒）単位のものであるにせよである。すると私の視覚風景はそのすべてが「像」だといわねばならない。私は世界の古新聞しか見ることができない、ということになる。しかもその古新聞たるや物理的には「無」であり、それゆえただ私の意識の中にのみ存在する、ということになる。

しかし私はここでも「実物」解釈が可能であると考える。昨夜見えた閃光は一年遅れの「像」ではなく、一年前の爆発そのものである、と解釈しうるというのである。われわれには過去が文字通り直接に見えているのだ、と。われわれの視覚風景の空間的奥行きは、同時に時間的奥行きでもある、と。このことを光行差の現象を手掛かりにして示すことを試みる。

次に、こんどは視覚風景が眼球の内側、視神経から大脳にまで延びていると解釈しうることを示すことを試みる。簡単に言えば、正常な脳や視神経は眼球と同様に(視覚風景では)「透明」なのであり、私にはそれらを「透して」外の風景が見えている、というのである。したがって、脳や視神経に異常が生じれば、白内障その他の眼球異常の場合と同じく、それを「透して」見えている外部風景にも異常が生じる。もしこの解釈が正しければ、脳変化が外部知覚を変化させる方式を、「投射《プロジェクション》」と呼ばれる不可解な因果作用だとする必要はなくなる。手前のものを透して向うが見えるとき、手前のものが例えば白濁すれば、それがといりもなおさず向う側が白濁することである、という同一関係であると解しうるからである。見える、とは外部から眼を通って脳へ、という因果系列を逆方向に「透視」することなのである。

こうして、「像」解釈を拒否して「実物」解釈をとるとき、脳を透して過去を見る、という図柄が浮びでてくる。そしてこの図柄が、脳変化がいかにして外部知覚の変化を生じるのか、という生理学年来の疑問に今までとは全く違った答を与えることを願うのである。

1　石はどこから落ち始めたか

時間的虚像の問題に入る糸口として、通常は光学的虚像の一つとして説明される「光行差」を考えてみよう。光行差とはご承知のように、恒星系に対して自転公転している地球から一つの星を観測するとき、その星の見える方向が僅かにずれる現象である。天文学者はそれを、その星の「視位置（apparent position）」が「真位置」からずれている、という（そのずれは光行差以外にもいくつかの原因があるが）。光行差の場合その方位のずれは（公転による場合）角度にして最大20秒少しである。だがこの天文学の術語がすでに「像」解釈の中で作られていることは明らかであろう。

古典的な教科書ではこの光行差の現象を説明するのに、垂直に降る雨が走る電車の窓ガラスに斜めに流れることを類比とするのが常である。* しかしここでは雨の代りに小石を使おう。小石は大地に対して垂直に落下するものとする。そして加速度を考えず、等速で落ちるものと仮定する。さてここに、大地を左右方向に様々な速度（等速）で走る多くの電車を考える。そして各々の電車はその屋根の上に中空の細長い筒を立て、落ちてくる小石を受けとめるものとする（小石を光子、筒を望遠鏡にすれば光行差となる）。このとき、その石が筒の内壁に触れないように、各電車の速度に応じて筒を適当な角度で（進行方向に）傾ける。もちろん速度が大きい程傾きの角度を大きくしなければならない。筒の長さは無関係なので、考え易くするために、非常に長い筒を考え、その先端が石の落下開始点を通るようにする。つまり、石は（いきなり或る速度をもって）その筒の先から底へと落ちるのである。電車の数だけの多くの石を用意し、同一時刻に同一場所からすべて等しい等速度で各筒の中を落ちるようにする**（だから一斉落下開始時刻にはすべての筒先が落下開始の位置に集まっている。したがってその時の電車の位置はその速度に応じてバラバラである）。

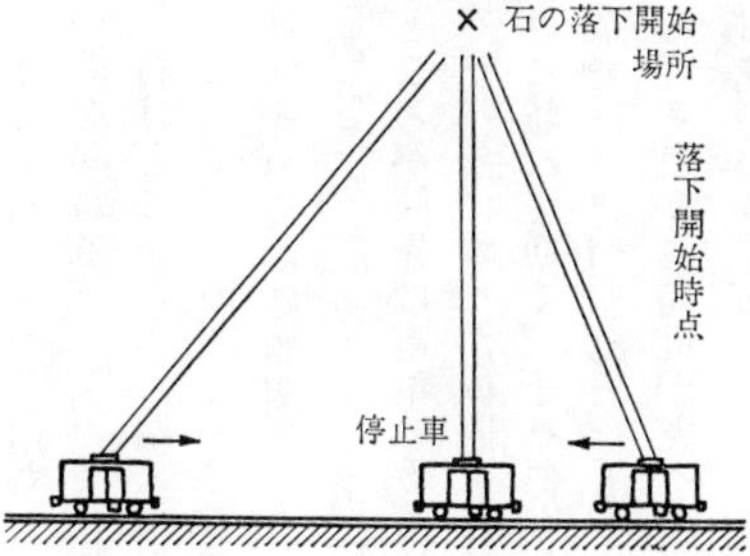

図10　落下終了時に3車はすべて中央停止車の位置に重なる．3つの筒はその時，上方に放射状に開く．

＊　光行差のこの古典的説明がボンヂもいう通り（H・ボンヂ、山内訳『相対性理論と常識』河出書房、一六七頁）誤りであることを本章の付論で精しく検討する。しかし本節はそれによって影響をうけない。

＊＊　石はすべて同一時刻に同一場所に落ちる。そしてその落下角度は、座標系によって異なるが、一つの座標系ではすべての石が同一の角度で落ちる（図10参照）。したがって等速度で落ちる。

さて、石はすべり落ちた。そのあとで（時刻はそのあとでさえあればいつでもよい）、次の問を尋ねる。

石はどこから落ち始めたか。

ここで、この問をかけられた「観測者」はどのような運動をしていてもよい。観測者の運動はその答には無関係である。さて、自然な一つの答え方は、一つの筒の筒先を指して、「あそこから」というものであろう。実際、石は確かにその筒先から落ち始めたのだから。ところが筒先は電車の数だけあり、それら多数の筒先は問答の時点では電車の進行によってバラバラに離れた位置を占めている。そして更に時刻が移るにつれ、それらの位置は一層互いに離れてゆく。それにもかかわらず、この答は「誤り」ではない、各電車に固定した座標系では、時刻が移ってもその筒先の位置は「同一位置」だからである。石の落下開始位置は、それから時間がたっても常にその時点での筒先位置と各々の座標系では「同一」なのである。

この意味での「同一位置」を簡単のため、「座標内同一」と呼んでおく。この場合の「座標」としては上の考察での等速直進電車の座標に限る必要はない。様々な複雑な動き（ただし石が筒を落下し終えた後）をする気まぐれ電車を含めても事情は変わらない。そして適当な気まぐれ電車を考えるならば、先の問がなされる時点において、その筒先が宇宙の任意に撰んだ位置にあるようにすることもできる。するとその気まぐれ座標系においては、石の落下開始位置はその任意に撰んだ位置と「座標内同一」であることになる。いわばその気まぐれ座標系が落下開始位置をその任意地点に「運搬」するのである。このことを一般的にいうと次のようになる。一つの位置は（任意の間隔での）後刻、任意の位置と「座標内同一」になりうる、と。つまり、一つの位置は僅かの時さえたてば全空間すべての点と「座標内同一」となりうる、ということなのである。したがって、石は全宇宙の任意の場所から落ちてきたのである。

だが誰もこれが正しい答だとは思わないだろう。そして、石の落下直下にある静止電車の上に直立する筒の先を指して、「何をもたもた言っているのだ。石があそこから落ちてきたのがわからないのか」というだろう。しかしそれは単に一つの座標系、静止電車の座標系を撰んだに過ぎない。そしてその座標系の中で、落下開始位置と「座標内同一」である位置（筒先）を指したに過ぎないのである。その座標系は、それがわれわれの日常生活の中で使いなれてきた生活系である、ということをのぞいては他の座標系にくらべて何の特権もない。このことは明白であろう。石はやはり、全宇宙の任意の場所から非特権的に落ちてきたのである。

この答は正しいのである。「座標内同一」という概念を使用する限りはこの答に誤りはない。しかしそれがわれわれの求めている答でないこともまた確かである。では、われわれの求めているのは何であろうか。それは「落下開始時点における落下開始位置」なのである。それなのに先の答は、その位置の、後刻における「座標内同一」位置を与えたのである。このかけ違いには深い根がある。われわれは空間を何か時間とは独立に理解しうるものだと思いこんでいる。例えば幾何学は時間概念なしの体系であり、またそうあらねばならぬものだ、と。幾何学はまさにその通りなのであるが、そのことと、空間は時間とは独立である、ということは別のことなのである。幾何学が時間と独立なのは、「同一位置」（点の同一性）を未定義の基礎概念として使っているからである。だが今問題になっているのは、まさにこの「位置同一性」の意味内容なのである。それも異なる時刻における位置同一性なのである（前章では異なる視覚風景の間での位置同一性が主題であった）。ここでわれわれは、空間は時間と独立であり、したがって時間に関わりなく「同一位置」なるものがある、と思いこんでいる。つまり、一つの位置は時間と関わりなく、したがって時間を通じて「同一」である、と考えている。

　しかしそれは誤りである。あるのは単に「座標内同一」の位置だけであり、それは上に見たように瞬時に全空間に拡散する「同一位置」なのである。この、座標系に相対的な座標系依存の「同一位置」ではなく、すべての座標系を通じての、いわば「絶対的」な同一位置なるものは存在しえず思考しえないのである。何を馬鹿な、という人があるかもしれない。しかし、このことは実は誰しもが是認する運動の相対性の別表現なのである。なぜならば、異なる時刻での二つの位置が「同じ」か否かということは、始めの時刻にその一つの位置にあった物体が後の時刻にもう一つの位置を占めたとき、その物体は「動いた」か否かということでもあるからである。そして後者の問に対しては運動の相対性をもって答えられるだろう。つまり、それは座標系による、と。座標系に依存しない「絶対的」運動なるものは思考不可能である、と。だがそれと同じく、異なる時刻での二つの位置は座標系によってのみ「異同」がいえる（座標内同一）、そして「絶対的」同一位置なるものは思考不可能なのである（このことの精しい分析は次章で行なう）。

それゆえ、石が落ちて後、石はどこから落ちたかという問に、「座標内同一」位置をもって答えないとすれば、ただ「石の落下開始時刻」の位置を指示する他はない。この時刻指定抜きにはその位置指定は不可能なのである。その位置指定をそれと「同一」な後刻の位置をもってすることは再び「座標内同一」に舞い戻ることである。結局、空間的位置の指定には時刻の指定が不可欠なのである。その意味で空間は時間と独立ではないのである。このことは相対性理論での、「同時性」が空間座標系に依存するということとは関連はあるが別のことである。それは相対論以前のより根本的な時空の関係なのである。時刻とは独立に空間位置を指定できない、ということなのである。

だが過去や未来の空間位置を指示、表示するには現在の空間位置が必要である。石の落下開始時刻 t における落下開始位置を指示するのに、現在のあの筒先が t においてあった位置、というように。この指示方式ならば、どの電車座標系の筒先を使おうとも「同一の」位置が指示されることは明らかであろう。この「同一性」は先の「座標内同一」のような通時的同一位置ではなく、文句なしの数的同一性（numerical identity）である。それは全空間に拡散などしない、いわば不動単一の位置である。時刻 t における単一の位置である。換言すれば、その指示は一つの四次元点、すなわち世界点（Weltpunkt）、$P(x, y, z, t)$ の指示である。石の落下開始の世界点の指示なのである。ただ警戒せねばならないことは、この世界点表示が再び空間表示が時間とは独立になされるが如くに思わせることである。x、y、z、がtと独立に指定されているかのようにみえるからである。だがそうではなく、x、y、z、は現在の一つの位置、つまり、現在時刻t_0における位置、すなわちこれまた一つの世界点$\mathrm{Q}(x, y, z, t_0)$を指示していると解すべきなのである（あるいは一つの世界線の指示——七章二一五—二一六頁）。ただ、一つの座標系を固定した場合には（x, y, z, t）はtの如何にかかわらずすべて「座標内同一」の位置であることから、それが時間と独立な位置指示をしているが如くにみえるだけなのである。だがtを抜かした（x, y, z）はその座標系に対して動く他の座標系においては一つの位置ではなくして連続無数の位置、つまり一つの運動軌跡（世界線）（Weltlinie）の表示となることは説明を要しまい。

こうして、石の落下位置を指示するということは、現在世界点$\mathrm{Q}(x, y, z, t_0)$を通して過去世界点$\mathrm{P}(x, y, z, t)$を指示することなのである。石はどこから落ち始めたか？　他でもない、あそこに見える筒先がtにおいてあった場所からである。このときもちろんどの電車の筒先を用いてもよい。すべてが同一の世界点を指示するからである。

2　光行差の「実物」解釈

天空の一角に一瞬の爆発がおきたとしよう。そこから八方に散る光線（波束または光子）

のうち或る方向のものが地上の私の眼に達し、そのとき私は閃光を見る。

ここで事を簡単にするために状況を簡約しよう。地球の運動としては自転を無視する（自転による光行差は公転によるものと比べて無視できる）。そして公転運動も等速直進運動であるとする。さらに石の場合と同様、私は長い長い筒を眼にあてている。その先端は爆発時刻には丁度爆発点にあったものとする。爆発光線はその筒の中をその内壁に触れないように走り、そして私の眼に入る。そこで私は閃光を見る。

この最後の点、閃光を見る点、を除いては事態は前節の石の落下の場合と全く同じであることは明らかであろう。電車の代りに地球が走り、石の代りに光子（波束）が落ちてくる。したがって私の長い筒は地球電車の進行方向に、その速度に応じた傾きをもっていなければならない。でないと光は内壁にぶつかって眼までまっすぐに入ってこないからである。この傾きは光行差そのものではないが（前節註＊）、光行差角に等しい。

ここで問題なのは、その傾いた筒の先端に見える閃光の「位置」をどう同定するか、ということである。前節の石の落下の場合には閃光に当るものはなかった。石が落下し終えた時に別に何事も起きはしない。しかし、光が筒を通って落下して眼に入ること、それは石が筒を通って電車の屋根にあたることに相当する。

さて、閃光の「位置」を同定する前に、爆発そのものの位置を同定しておこう。天文学者のいう「真位置」である。それは石の落下においての落下開始位置に当る。光子の落下開始位置だからである。したがって前節での検討から、それは世界点 $P(x, y, z, t)$ であるといえる。ここで、tは爆発時刻であり、(x, y, z)は閃光観測時刻t_0における（地球座標系での）筒先の空間座標である。前節で述べたように、爆発位置を時刻と独立に指示または表現することはできない。ただ四次元世界点としてのみ表現しうるのである。また、(x, y, z)もその外見にもかかわらず実は(x, y, z, t_0)という世界点表示なのである。

この爆発の「真位置」に対して、通常の解釈では、閃光の位置すなわち爆発の「視位置」をそれから「外れた（aberrant）」ものとする。それが光行差角（aberration）なのである。明らかにこの通常解釈は閃光の位置をPとは異なる世界点$Q(x, y, z, t_0)$にとっているのである。つまり、閃光の見えた時刻t_0における筒先、という世界点である。

この通常解釈は一見すれば自然なものにみえるが実は混乱を蔵している。まず、爆発の世界点$P(x, y, z, t)$と閃光の世界点$Q(x, y, z, t_0)$とは時刻tとt_0を異にしているが、共通の(x, y, z)が示しているように地球座標系では「座標内同一」位置（前節）である。その意味では「外れて」いないのである。つまり、地球座標系では閃光が見えた位置が爆発の起きた位置なのである（一般に観測者または観測装置に固着した座標系では爆発の場所とその閃光が見える場所は同一である。精しくは章末の付論参照）。それにもかかわらず「外れて」いるとするのは、地球座標系ではなく恒星座標系（そこでは地球人観測者は静止していない）をとっていることを意味する。だがこの両座標系は今の場合は互いに等速運動をする二座標系であって、その一つが他に対して何の特権をもつものでもない。それゆえ「外れて」いる、というのは全く相対的な概念なのである。したがって、「どれだけ外れているか」という「外れ量」もまた相対的な概念なのである。

そのことを承知した上で、更に根本的な問題が生じる。この通常解釈においては、見えた閃光とは一体何であるのか、という問題である。もしそれが一つの物理的事件だとするならば、少なくともそれは爆発事件とは別な事件でなくてはならない。それが生起した時刻（t と t_0）が別なのだから。

そこで、前節での電車群に相当する宇宙船群を考える。それらは地球を含む一つの直線上を（同方向または反対方向に）様々に異なる速度で、しかしそれぞれ等速に走っている。そして観測時刻 t_0 には、そのすべてが地球とすれちがうとする。また、各宇宙船は私と同様に長大な望遠鏡をもち、その筒先は爆発時刻 t にはすべて爆発場所にあるとする。それらの筒を通して宇宙船上の観測者はそれぞれ、t よりも後の同一の時刻 t_0 に閃光を見るはずである。だがそのためには、各筒の傾きがそれぞれの宇宙船の速度に応じて異なっておらねばならない。このことは前節の石の落下の場合と同様である。

するとこのとき上の通常解釈にしたがうと、宇宙船の数だけの互いに異なる閃光事件が生じたことになる。それらは同時刻 t_0 に生起するが互いに空間位置を異にするからである（ここで、時刻を同じくすれば「空間」位置の異同を間座標系的にいえることを想起されたい。それができないのは異なる時刻での位置の場合である。そして閃光の観測時刻は光子の地球およびそれと〔ほぼ〕同位置にある宇宙船群への到達の時刻なのだから、それは特殊相対論においても恒星系で〔ほぼ〕同一の時刻、すなわち t_0 である）。

しかし物理的には、t_0において各筒先においては何らの変事も起こっていないことは確かである。爆発はそれ以前にtで起こってしまっている。だからt_0では各筒先の場所は物理的には静穏である。これが物理学のこれまた通常の見解である。そこで上の通常解釈は二元論的解釈をとらざるをえなくなる。すなわち、どの宇宙船で見られた閃光も、また地球宇宙船上の私に見えた閃光も、物理的事件ではない、と。ではそれらは一体何なのか。それらは各観測者の意識に生じた表象である、これに類した答えしかできないであろう。しかもその閃光は爆発の閃光なのだから、それは爆発の（意識における）「像」である、と。各観測者がそれぞれがもつ「像」なのである、と。

こうして通常解釈は好むと好まざるとにかかわらず、「像」解釈にならざるをえないのである。そしてこの「像」解釈が、前章に検討した様々な光学的虚像においての「像」解釈と同根であることは見てとりやすい。そこではプリズムやレンズ、あるいはコップの中の水や砂漠の熱気や陽炎、等々を透して見える風物、そして鏡の中の鏡像、それらが「実物」（全く常識的な意味での事物）と「位置」を異にする、ということから「像」解釈が生じてきたのである。それと平行的にここでは爆発と閃光とが世界点を異にする、ということから「像」解釈に導かれざるをえなくなったのである。そして光学的虚像に対していわば時間的虚像、それが閃光の身分なのである。そしてこの二種類の虚像はともに、虚像という身分からして「実」世界に住むことができず、意識収容所に虚住させられることになる。

しかしこの「像」解釈は唯一の可能な解釈ではない。われわれはこの解釈を強いられているのではない。そしてそれとは異なった「実物」解釈が可能である。このことを前章の光学的虚像の検討で示した。そして今ここでの時間的虚像の場合にも同じく「実物」解釈が可能であることを示したいのである。

上述の通常解釈すなわち「像」解釈では、各観測者に見えた閃光を、それが見えた時刻t_0での、それぞれの筒先が在る世界点に同定する。だが閃光が見えたその時点では筒先はバラバラの位置にある。だからそれらは観測者の数だけ異なる複数の世界点である。しかし一方、彼らはすべて「同一の爆発」を見たのである。その唯一つの爆発の多数の閃光「像」がバラバラの位置に見える、というのである。それに対して「実物」解釈は、そのような「像」をすべて抹殺し消去する。爆発とは知覚的には閃光そのものに他ならない、と考えるからである。すなわち、閃光は爆発そのものである、と。だから観測者はすべて「同一の爆発」を「同一の閃光」として見たのである。したがって、その閃光の世界点もまた唯一つの世界点、すなわち複数ではなく単数の世界点なのである。

これが「実物」解釈なのである。しかしこの解釈はわれわれの常識を根底からゆるがす解釈である。それは、観測者は過去の爆発を今現在見る、という解釈だからである。だが一方常識は空に輝く太陽を「像」ではなく「実物」だとみているのである（「像」解釈では「実物」太陽は丁度太陽の直径ほど西方にあるはずなのに）。だがその問題は次節にゆずり、ここではこの解釈の下での光行差現象の検討を試みる。

上に考えた宇宙船群の各観測者は互いに傾き角度の異なる筒の筒先に閃光を同一時刻t_0に

見た。もし「像」解釈でのように、各観測者がそれぞれの座標系での$Q(x, y, z, t_0)$、つまりt_0におけるそれぞれの筒先の世界点に閃光を見たのならば、観測者の数だけの異なる閃光があることになる。しかし他方、「実物」解釈では、そうではなくして観測者のすべてが一つの世界点$P(x, y, z, t)$での閃光を見た、と解釈するのである。この$P(x, y, z, t)$の(x, y, z)は上のそれぞれの$Q(x, y, z, t_0)$の(x, y, z)とそれぞれ同じであり、したがって座標系が異なるに従って異なっている。しかしそれに爆発時刻を添書した$P(x, y, z, t)$は前節で説明したように、すべて同一の世界点を指示する。その同一の世界点とはいうまでもなくその爆発が起きた時空世界点である。

観測者達はそれぞれ傾きが違う筒を通して一つの同一の過去の世界点を見ているのであって、現在の筒先(それはまだ見えない)を見ているのではない。その一つの過去の世界点を見るためには、彼らはその筒をそれぞれの相対速度に応じて異なる角度で傾けねばならないのである。その過去の世界点からの光子が筒を通り抜けるためには速度に応じた筒の傾きが必要だからである。簡単な作図ですぐわかるように、傾きのそれぞれ異なる筒の中を走る光子の運動は傾きの違いにもかかわらずすべて(ほぼ)同一なのである。それはミンコウスキイの四次元表示を使うならば、爆発世界点から観測世界点(観測時刻t_0において観測者群がひとかたまりになっている世界点)に至る光の世界線である。その光は、逆説的に聞えるが、t_0における筒を実は通り抜けてはいないのである。tからt_0に至る各時刻における筒の、時刻を異にする各輪切り部分を連続的に通ってきたのである。筒の傾きはそれぞれ違っても、筒から出てくる光の角度はすべて同一なのである（図11）。それは、同一の光が各筒を通ったのだから当然であろう。したがって星は同一方向に見えるはずなのである。

それなのに、星が同一方向に見えないのは、眼球に光行差現象が生じるからなのである（付論で説明）。眼球の光行差によって、速度の異なる眼球の「見透し線」の方向が異なってくるのである。だが、異なる「見透し線」によって唯一つの「実物」が見えることは、前章の光学的虚像の検討で度々経験したところである。

例えば、それぞれ角度の違うプリズム眼鏡をかけた観測者達が（ほぼ）同じ場所から同じ方向を向いて向うにある一本杉を見る。このときその一本杉は観測者にそれぞれ違った方角に見えるだろう。それにもかかわらずその一本杉の「位置」は「同一」だというのが「実物」解釈であった（前章）。それと同様、宇宙船上の観測者の筒はその船の速度に応じて傾きを異にする。だがそれにもかかわらず閃光の「世界点」は「同一」である、というのがここでの「実物」解釈なのである。

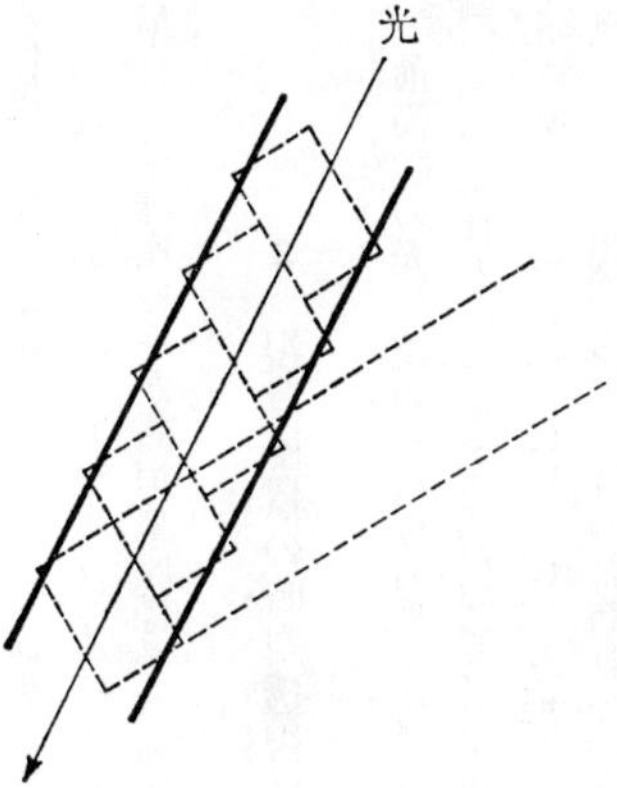

図11　実線の筒はこの図の座標系に固定した筒．点線の筒はこの座標系で動く筒．その一定間隔の時刻での位置を輪切りで示してある．

この解釈の下では光行差のいわゆる

「視位置（apparent position）」は決して「見かけ（apparent）」なのではなく「真位置」そのものなのである。そして天文学でなされる「光行差補正」（視位置から真位置への補正）は単に、地球座標系から恒星座標系への座標変換であるに過ぎない（付論参照）。

3　視覚風景の時空透視構造

前節での光行差の解釈は当然一般化されねばならない。われわれには光差（light-time）（一つの事件から発する光が観測者に達するまでの時間）だけさかのぼった事件が今現在見えている、と。簡単にいえば、今現在（光差だけの）過去が見えている、というのである。例えば、太陽からの光はわれわれの地球上の人間に達するのに約8分半かかる。つまり、太陽のわれわれに対する光差は8分半なのである。すると、今現在空に輝いて見える太陽は8分半以前の太陽なのである。そして今現在の太陽はその約2度の西方にある。そしてそれはまだ見えていない。

だがここで「像」解釈は根本的な異議をとなえる。視覚を含めておよそ「知覚している」ということこそ「現在只今」の意味である。だから「現在見えている」ものは「現在只今」の何ものかでしかありえない。「現在見えている太陽」はだから何ものであれとにもかくにも「現在の何ものか」である。「過去が今現在見えている」というのは端的な論理的矛盾、少なくとも語義上の矛盾である。それゆえ、8分半前の（状態の）太陽は今やすでに「亡きもの」なのだから、「今見えている8分半前の太陽」はその今は亡き過去太陽の面影、すなわち「像」である以外にはない。

　こうして「像」解釈は、光学的虚像の場合の位置のズレに対応して今度は時間のズレから「像」の案出を強いられるのである。だが、光学的虚像の場合の「像」は局部的な「異例」にとどまった。しかしここでの時間的虚像は全面的・包括的な「常例」にならざるをえない。日月星辰のすべてはもとより、空中、地上の見える限りの風物すべてが「像」となる。光速度の有限性によって、見えるものすべてに時間のズレがあるからである。かくて視覚風景の全体が「像」となるのである。

　この時間的虚像という「像」解釈は一見不可避な結論のごとくにみえる。しかしそうではない。光学的虚像の場合と同様に、ここでも「実物」解釈が可能なのである。ただそれには「像」解釈の前提となった、「現在見えているものはすべて現在の何ものかである」という思い込みを打ち破らなければならない。そこで注意深く、「過去の事件《イベント》が今現在見えている」ということを検討してみるならば、そこに何らの論理的矛盾も語義矛盾も見出すことはできないのに気付くだろう。それは、「過去の事件を今現在想起している」ということに何らの矛盾がないのと同様なのである。「今現在見えている」というのはわれわれ熟知の、というより、一刻といえどもそれから離れることのできないわれわれの知覚体験の表現なのである。覚めている限り、(瞼の裏を含めて)何かが見えている、その現在体験である。この視覚体験は、これまた今現在の体験である想起、予期、想像、といった体験とはその体験様式を異にする。その相違もまたわれわれ熟知の端的な相違である。しかし、この体験様式で体験されている事件《イベント》の「時刻」が、現在か過去か未来かということは、この体験様式だけによっては決定されてはいないのである。この「時刻」はまだ、いわば開かれており、それはわれわれの経験全体の整合的な時刻配列によって、したがって当然、各時期文化における科学的知識によって決定されるのである。この時刻配列の中で、（視覚をはじめとする）知覚体験において知覚され、想起体験において想起され、予期（また願望）体験において予期される事件の時刻が決定されるのである。

そして「像」解釈の前提となった「現在見えているものは現在」、というのも一つの時刻配列である。しかしそれとともに「現在見えているものは過去」というのもまた可能な一つの時刻配列なのである。過去の事件が今現在、視覚という様式で体験される、ということに何らの矛盾もないからである。そしてそれは、過去が「想起」様式で体験されるのとは様式を全く異にする体験なのである。

この、現在「過去が見える」という時刻配列が私の提案する「実物」解釈なのである。過去の事件がそのまま じかに見えている、ということだからである。もちろんそれは、すべての過去が見えている、ということではない。光差だけの、太陽ならば8分半だけの、月ならば一秒と少しだけの、距離に比例して遠い、近い、過去が今現在見えている、ということである。そして当然、今見えている太陽や月の位置は、それぞれ8分半と一秒少し以前の太陽と月があった過去の位置なのである。

　ここで位置の問題をしばらく切り離すために、地球は恒星系に対して静止していると仮定しよう。そして全空間に、これまた恒星系に静止して時刻を合せた（恒星系で同時）無数の時計を宙吊りにばらまいたと想像しよう。この宇宙時計屋を地球から眺めると遠い時計ほど以前の時刻を指しているのが見えるだろう。「実物」解釈は、各々の時計が見えている場所に、その時計が示す時刻の「過去」が「露出」している、とするのである。世界点の概念を使っていえば、その時計の見える場所とその時計が指す時刻とからなる四次元世界点が見えている、すなわち視覚的に露出しているのである。

（特殊）相対論を考慮するとき（ここでは光速が問題の中心なのだからこの考慮は当然であろう）、この「実物」解釈の自然な性質が示される。視覚風景に露出する世界点の全集合はローレンツ変換に対して不変《インバリアント》なのである。それに対して「像」解釈ではそうではない。「像」解釈では、今見えている時計はすべて現在只今見えている「過去の像」なのである。したがってそれらはすべて「同時」（現在という同時）の時計像なのである。ところが周知のように場所を異にする「同時」は座標系をかえれば同時でなくなる。つまりそれらは互いに過去と未来になるのである。ということは、「像」解釈の前提であり根拠であった「現在見えるものは現在」ということが成り立たなくなる、ということである。もちろん特定の座標系を一つ撰ぶ、ということにすればこの難点は避けられるのだからこれは致命的ではない。しかしそれは何故特にその座標系を撰ぶかという説明を与える義務が生じるだろう。

　一方「実物」解釈には常識からみればいささか奇怪な点がある。それは光学的虚像の場合と同様な、しかし遙かにスケールの大きな規模での「位置」の問題である。その点を明らかにするために、前節で光行差を考察したときには無視した地球の自転運動をここでとりあげる。逆にここでは公転運動の方を無視する（以下の点、精しくは次章）。

光は恒星系では直進するとすれば、それに対して回転する地球座標系では直進しない。計算してみればわかるが、その経路はかなり複雑である。最も簡単な場合として地球中心に向う光線をとってみると螺線になる。それは、回転するレコードの縁の一点から中心へ等速直進する小球の軌跡が動かない台上からみれば螺線になるのと同様である（二次元的に考えて）。その螺線は光源が遠くなると巻きの回数が増すことも了解されよう。太陽の場合は僅かにそった弓なりの線だが、例えば一光年の距離の星からの光は地球をほぼ365回巻いてからわれわれの眼に達する。地球座標系においては星が天動回転するように、光もまた天動するのである（ただしここでは相対論を考えないので光速は30万キロ秒を大幅に超えることを許している）。

さてある真夜中に天頂方向に赤色の爆発閃光が私に見えたとする。その距離を光差12時間（c×60×60×12≒130億km）とする。そのとき私の眼に達した光は12時間前に爆発位置を出発して螺線状の弧を描いてきたはずである。では出発点の爆発の位置はどこだろうか。それは明らかに、今の私からみての地球の裏側の上空12時間光差の高さの点である。このことは恒星系で考えればわかりやすい。恒星系では光は直進し、地球は12時間で半回転する。だから（私からみて）地球の裏側の上空での爆発光が12時間かかって地球に達するとき、私は丁度半回転してそれを真下で受けとめるのである。

ここで「実物」解釈は、その赤い閃光は「像」などではなく爆発そのものだとする。それゆえ、私は頭上高くに地球の裏側で12時間前に起きた爆発をその時見た、ということになる。12時間前の地球裏側上空の世界点がそのとき私の視覚風景に露出したのである。逆にいえば、私の頭上遙かに見えた閃光の世界点を、地球裏側上空、12時間前の過去の世界点として同定するのである。さらに今一つの爆発を想定しよう。先の赤色閃光と同方向にほぼ重なるようにしてほぼ同時に、今度は青色の閃光がみえたとする。そしてその距離は赤色閃光の場合の2倍、光差24時間とする。前と同様の考察によってその爆発位置は、今度は私と同じ側の上空24時間光差の位置である。

ところが私はこの赤と青の閃光を同時刻にほぼ「見透し線」上に見たのである。「実物」解釈ではその二つの閃光はそれぞれの爆発そのものである。だがその爆発は私をはさんで地球の両側で起きた爆発である。その地球の両側の爆発を私は「見透し線」上にほぼ重ねて見た、ということになる。つまり、地球の表側と裏側での爆発を同一の視線上に、今私は見ているのである。それは不可能ではないか？

そうではない。「実物」解釈ではこの「見透し線」は時間空間的見透し線なのである。そして24時間前の青色爆発と、12時間前の赤色爆発という、時刻を異にする、そして地球座標では地球の反対側の位置の二つの世界点、二つの異なる過去を見透す、そういう見透し線なのである。その地球座標で表示すれば、現在の私からでて、12時間前の赤色爆発世界点を通り、ついで24時間前の青色爆発世界点を通る螺線がその「見透し線」なのである（次章、図18参照）。その螺線曲線が前章での蜃気楼や虫メガネその他の場合の「見透し線」が側面からは折れ線や曲線であったのに対応する。見透し的に「まっすぐ」であることと「直線」であることとは必ずしも一致しないのである。例えば、地球座標系で地心を貫く直線座標軸は、実物解釈であると像解釈であるとを問わず、光速が有限であることによって「まっすぐ」には見えないのである（次章に精しく説明する）。一時刻に同時に見える視野内の座標軸は、軸上の各点から異なる時刻に発した光がそろって一斉に眼に到着するときに見える。遠い点からの光ほど早く先発しなければならない。だからその遠い点はまた遠い過去でもある。ところが座標軸は回転しているので、その遠い点はより近い点よりも時刻が以前の座標軸上、すなわち異なる位置にあった座標軸上の点である。だからそれらの諸点をつないでも「一直線」にはならない。その座標軸は曲って見える（実は螺線に）のである。一方その各々の位置から眼に到達する光の進路は「見透し線」、つまり、視覚風景的には「まっすぐ」に見えるのである。私が天空の一角、例えば天頂方向を（見透し的に）指すとき、実は私は螺線経路を指しているのである。視覚風景の「まっすぐ向う」は実は地球座標系ではグルグル巻きの螺線なのである。夜空の星もこの螺線上のかなたに見えているのである。それにもかかわらず、夜空の風景は地球が自転をしないとしたときの夜空風景と（無視できるほどの僅かな日周光行差を除いては）全く同じなのである（その説明は長くなるので次章にゆずるが、地球の自転を帳消しにする速度で東から西に飛ぶジェット機から見る星空が地上からのものと変わらないことからも当然であろう）。

先に述べたように、この「見透し線」は単に空間的な見透し線ではなく、異なる時刻の世界点の見透し線、つまり、過去を見透す時間的見透し線なのである。これが「実物」解釈なのである。このことは上に例にとった天文学的風景にとどまることではなく、日常身辺の視覚風景にあっても全く同様である。ただ近距離にあっては上述の螺線の初端部だけがかかわり、それは実際的には直線とみなせるのである。更に、地球の自転や光の曲進が問題なのではない。それらはただ問題点を誇張して見易くするための染色法として使っただけである。地球が回転するのを止め光が直進しても、視覚風景が世界点の見透し、時間空間的な見透し、その意味で過去の見透し、であることには変わりがない。

視覚風景の根本的性質として空間的奥行きの見透しがあることには誰も異存がないであろう。透明な空気、濁った水、霧や煙、色ガラスや着色セロファン、こうした透明、半透明な事物を「透《すか》して」向うのものが見える。一方、不透明な事物はその裏側を「遮蔽」する。この「見透し（see through）」と「遮蔽」こそ三次元連続性及び視点をもつ、ということと共にわれわれの視覚風景の根本的特性である。

そして「実物」解釈はそれがまた時間的見透しでもあるというのである。空間的奥行きはまた時間的奥行きでもある、と。光差1時間のところで1時間前に爆発が起きた。それから私の眼に向う光の旅程の半ばのところ、光差30分のところで30分前に一瞬宇宙霧が発生した。そして私は今、爆発の閃光を宇宙霧を「透して」見る。私は30分前の過去（宇宙霧）を

「透して」1時間前の過去（爆発）を見ているのである。この「見透し線」は一つの方角の歴史を見透しているのだから「歴史透視線」と呼ぶことも異様ではない。また視覚風景野の全体についていうならば、それは時空的に無限におよぶ四次元世界風景なのである。われわれは常時、四次元世界を見ているのである。ただし或る方向の歴史透視線上に不透明体があれば、それ以遠(時空的以遠)は見えない。その透視線はそこで行きどまる。

　だが、「今現在、過去を見る」というとき、その「今現在」と「過去」とはどういう時間関係にあるのか、と問われるかもしれない。それは全く簡単な関係、今と過去の関係である。遠方に見える事件はより遠い過去であり、近くに見える事件は近い過去である。だから眼前の至近距離に見える蚊は至近過去であり、それを見ている「今現在」に接着した過去である。そして眼前に見える(正しい)時計の針が示す時刻がほぼ「今現在」の時刻なのである。だから「午前10時の爆発を午前11時に見た」というのは正しい表現なのである。

　この「実物」解釈が「像」解釈よりも有利な点が一つある。それは見る人、見る視点の如何にかかわらず見えた事件は数的に同一である、という点である。午前10時の爆発を私は11時に見たが、遙かかなたの宇宙船乗組員には12時に見えた。しかしわれわれは同一の事件、すなわち午前10時の爆発を見たのである。一方「像」解釈はそれらをそれぞれ異なる何ものかとしなければならない。午前11時に私に出現した閃光と、午前12時に宇宙船員に出現した閃光として。そしてそれらは丁度、私が想起するハワイ空襲と彼が想起するハワイ空襲とのように、異なる二つの記憶「像」であるというだろう。だが「実物」解釈は想起においてもまた、ハワイ空襲という「実物過去」、同一の過去をわれわれ両人が想起したのである、とする。＊そしてそれと同様に、われわれ両人は今日の午前のそれぞれ11時と12時に、同一の爆発事件を見たのだ、というのである。

さらにわれわれ両人は単にその過去事件を見たのではなく、「見透した」のである。無限の過去（したがって無限の遠方）から今現在（したがって各人の至近距離）に至る一連の世界点の連なり、したがって一連の歴史を、今現在の一瞬に（11時と12時に）見透したのである。その一連の歴史とは、私の場合には、午前11時の私を時空原点とするミンコウスキイ表示で $t+\frac{x}{c}=0,\ t\leqq 0,$ を満たす世界点（下部光円錐の表面）のうち遮蔽されない世界点が織りなす歴史である（図12）。そして同じく午前11時において、$t+\frac{x}{c}<0,\ t<0,$ なる世界点（下部光円錐の内部）はもはやそのときは（$t=0$）「想起」されることができるのみで「見る」ことは既にできない。だが想起されるにせよ見られるにせよ、それは「実物」の過去そのものであって、「像」ではないのである。

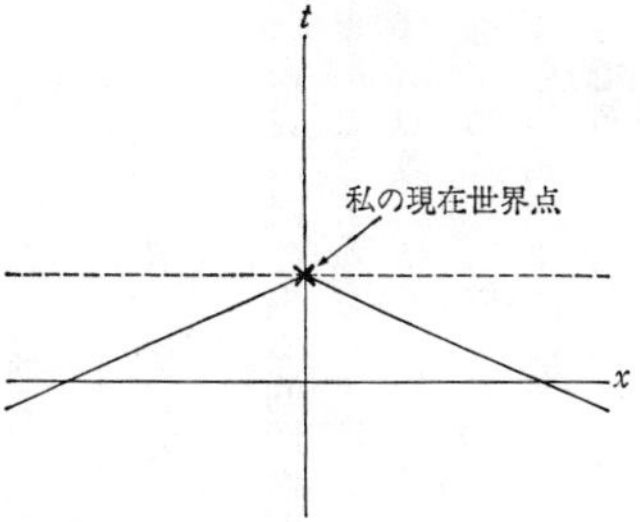

図12　私の視覚風景内の世界点は斜めの線で表わされる光円錐の表面であり，点線で表わされる平面ではない．

＊　記憶の場合の「実物」解釈は、拙著『流れとよどみ』

3・20・21章、共著『「心－身」の問題』V章——本書十章——で精しく述べた。

4　脳透視

視覚風景の根本的性格が「見透し」、時間空間的見透し、であることは眼球の外の外部風景にとどまるものではない。瞼の内側もまたこの見透し風景の一部である。瞼を半ば閉じれば瞼の裏が見え、時にまつ毛が見えるだろう。それが如何にボンヤリと見えようとそれは問題ではない。瞼はその「向う側」を「遮蔽」する。すなわちそれは「向う側」の外部風景よりも内側の手前にある。つまり視覚風景の透視構造において瞼は外部風景よりも手前にあるのである。だが瞼が透視風景の手前側の底であるのではない。水晶体が白濁する白内障にあっては外部風景（瞼を含めて）が霞んで見える。明らかに、われわれは水晶体を「見透し」てその向うをみているのである。ただ健康な眼ではそれは清澄な空気と同じく「透明」なのである。だが水晶体が底なのではない。その背後にある硝子体をもまたわれわれは「見透」している。硝子体の異常は外部風景の異常を伴うからである。自分の眼は見ることができない、とよく言われるがそれは大間違いである。私は常時私の眼のど真中を見透しているのである。

では「底」は網膜であろうか。そうではない。「底」はどこにもないのである。視覚風景の手前側の「底」というものをわれわれは想像できないからである。「底」がどう見えるのか、それを視覚的に想像することが不可能なのである。およそ何かが「見えている」ということは「先《さき》に見えている」ということであり、それはその見えている物には「手前」があるということ、すなわち更に手前があるということだからである。つまり「底」とは意味を持ちえない概念なのである（したがって「視点」もまた厳密には意味がない）。しかし、「底」がない、ということは「限界がない」ということではない。温度は絶対0度以下にはなりえない、つまり「限界」があるが、絶対0度にもなりえない、つまり「底」がない。単調増大収斂数列もその極限値を「限界」とするが「底」はない。それらと類比的な意味で視覚風景にも「底」がないが「限界」はある。その「限界」は頭蓋骨の外にはでないことは確かであるが、しかしそれをより精しく限定するのは生理学者の仕事である。

そこでわれわれは視覚風景の「底」をさがすことはやめて、更に何が「見透されて」いるかを探索する。するとわれわれは網膜をもまた「見透し」ている、といわねばならない。網膜の異常はそれよりも前方の風景の異常をもたらすからである。更にわれわれは視神経をもまた「見透し」ている。例えば視神経交叉の後で片側の視索を切断、または半切断すれば視野の半側または1/4が欠損するからである。同様の理由で大脳後頭葉の17野も「見透し」になっている（図13）。

これらの視神経や大脳は外部から見れば不透明体である。しかし健康な状態にあっての視覚風景においては透明に「見透されて」いるのである。私の正常な視覚風景においては透明なのである。しかし脳や視神経に異常が生じればそれは私の視覚風景の中でも不透明になり

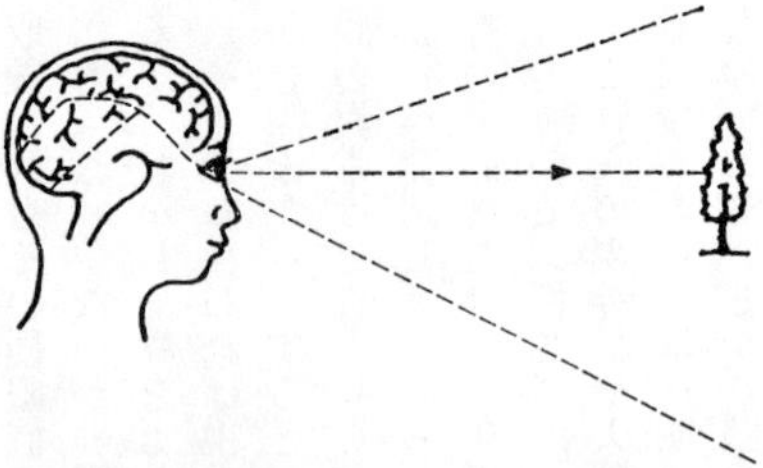

図13　見透し構造
→脳→視神経→眼→外部．これの逆方向が因果系列の方向である．

うるのである。そしてそれらより前方以遠の風景にも異常が生じる。

ここで、視神経や大脳を「見透す」といっても、誰かが、例えば脳内の小人が「見透し」ているのではない。誰も何ものも「見透して」いはしない。そうではなく、ただ私の視覚風景の構造が、……↓脳↓視神経↓網膜↓眼球↓近景↓中景↓遠景↓……、という「見透し」になっているという、ただそのことなのである。そしてこの矢印が「見透し線」の概略の遠近順序を示している。その「見透し線」は天文学的遠方では「直線」ではなく螺線であることを前節で示した。だが日常的地上風景にあっては実際的には「直線」とみなしうる（ただし前章に検討した光学的異常を除いて）。だが眼球に達すれば周知の如くに屈折するのだからもちろん「直線」ではない。更にそれが視神経に至れば視神経の形状に沿って曲がり、大脳に至っては分岐や膨張を起こすであろう（その状況は私などの知りうるところではない）。だがこの直線でないことと、大脳や視神経をも貫く見透し線が「見透し的にまっすぐ」であることとの間に何の矛盾もないことは、前節および前章の検討によって明らかであると思う。

　さて、この視覚風景の透視構造こそ生理学の根本問題に一つの解答を与えるものである。すなわち、脳に変化を与えた場合に外部風景に変化が生じるのはどのような機構によるのか、という問題である。「像」解釈はその問に、脳変化によって変化を受けるのは外部の「像」である、と答える。だが、では脳変化が「像」に変化を与えるのはどのような機構によるのか、また「像」とは一体そもそも何なのか、と問われたとき「像」解釈はどう答えるのだろうか。おそらくは、「像」は「意識」に属し、その「意識」の座が脳にある、といった種類の模糊とした二元論か或いは、責任回避の平行論に逃避する以外にはあるまい。こうしてこの生理学の問題はそのまま身心の問題に直行するのである。

　しかし「実物」解釈の下で視覚風景の透視構造を眺めるときには事情は一変する。まず濃い赤メガネをかけたときの状況をながめよう。私は赤メガネを「透して」その向うを見るのである。このとき赤メガネが赤く見えることはいうまでもない。だがそのことは、その赤メガネに「透視的に」重なって見える向う側の風物が赤く染んでみえる、ということと同じことではないか。赤く見える赤メガネに重なってその向う側の物が例えば純白に見える、そういう風景を視覚的に想像できる人がいるだろうか（薄い赤メガネでは白壁は白く見える場合が多い。しかしその時はメガネは赤く見えていないはずである）。そういう風景を画にかくことができようか。できないはずである。赤メガネが赤く見えるということはすなわち、それに重なって透視的に見える風景が赤く染んで見えるということに他ならないのだから。そしてその赤く染まった（例えば）白紙は「実物」である。同じ一つの「実物」がメガネをはずした状況で「透視」されれば白く見え、赤メガネを「透して」見れば赤く見える。それはそれが赤い照明光の下で赤く見えるのと何の違いもない。同一の「実物」が異なる前景を「透して」見れば異なって見える、それだけのことである。

この赤メガネを視神経や脳の視覚領野におきかえても事情は全く同じであることはもはや明らかであろう。ただ赤メガネの場合と違うのは、脳や神経の如何なる変化がすなわち、外部風景の如何なる変化であるのか、それをわれわれは殆ど知らない、ということだけである。正常時には空気と同様に透明な脳が、異常時には何色に見え、どのように歪んで見えるのか（例えば歪んだメガネのように）、われわれはあまりにも経験不足なのである。しかし、脳に異常が生じ、それが透明でなくなるとき、それを「透して」見る外部風景に変化が生じることは赤メガネの場合と全く同様、「すなわち」の関係によってである。もはや透明でない脳という前景、それはすなわち、透明な前景の場合とは異なった遠景が見えるということなのである。そして赤メガネの場合と同様にその遠景もまた「像」ではなくて「実物」なのである。脳変化は外部風景変化の原因であるが因果的原因ではない。私はそれを前景因と呼びたい。

この前景因、「すなわち」の関係、は因果系列を逆方向に「透視」したものだとみることができる。例えば、爆発→光の進行→眼球→網膜→視神経→脳、という因果系列を、今現在という一瞬に「逆透視」したのが今現在の視覚風景である。それゆえ、その系列の一部の変化はすなわち、それより以遠、以前、の系列部分の変化なのである。それゆえ、上の爆発を発端とする因果系列の最後尾の脳変化に更に続けて、……脳↓爆発閃光の知覚、とする必要はないのである。もしそうしたならば、付加された矢印の意味付けに困惑して、身心因果とか投射とかと意味不明の言葉を口走るはめになる。そうしないでただこの系列を逆に「透視」しさえすればいいのである。その遠景に爆発閃光がちゃんと見えているからである。ただその閃光を前節で述べたように過去の爆発そのものだとする「実物」解釈をとらねばならない。因果系列での結果に先行する過去原因を、結果を「透して」この一瞬に見ているのである。

これまでは知覚五感の中でただ視覚だけを検討の対象にしてきた。しかしその結果を聴覚、触覚、その他に拡張できる。すなわち、視覚風景の過去透視構造に類比的なものを他の知覚領域にもみてとることができる。例えば、われわれは脳、聴覚神経、振動鼓膜、振動空気（それらは聴覚的に透明）を「透して」数秒以前の鐘の振動を今現在聞いているのである。数秒以前の過去時点、千メートル前後の遠方、という時空場所に今現在鐘の音を聞いているのである。その過去の鐘の振動、そこからの空気振動の伝播、鼓膜のふるえ、神経のパルス、脳細胞の変様、これら数秒を要した因果系列の歴史を今、現在の一瞬に聴覚的に「透聴」する、それが今一瞬時の鐘の音である。そのような「透聴」の例えば約2秒の連続的経過が、あのゴーンという鐘の音なのである。

触覚の場合の例として痛覚をとるならば次のようになる。指先の傷口からの痛覚神経を走るパルス、その到着による脳細胞の変様、という僅かではあるが若干の時間を要する因果系列をその逆方向に「透痛」するのが今現在の痛みの一瞬なのである。それは過去の傷を指先の位置に今現在痛覚することである。それは過去の傷が原因となって今痛みが発生するのではなく、過去の傷そのものを今「透痛」しているのである。そのとき、正常な脳や痛覚神経は痛覚的に透明であり、それらを「透して」指先が痛むのである。鎮痛剤や麻酔剤をうてば、それらの一部が痛覚的に不透明となって指先から痛みが去る。指の傷がいわば痛覚的に遮蔽されるのである。幻影肢の痛みも、神経切断面の異常によって、その切断面を「透して」の「向う側」の痛覚風景に異常を生じたものとして理解できよう。

こうしてわれわれの日常の知覚風景の全体は、その時その時の現在に、遙かな星から、街の雑踏から、あるいは皮膚や歯や内臓から、脳に至る因果系列を、逆に脳を透し、神経を透し、あるいは更に空気や霧や真空を透して知覚した風景なのである。それは全宇宙から私に今現在到達した光や空気振動や神経パルスの全行程を逆方向に一瞬に知覚した透知覚風景なのである。

だが透視、透聴、透痛するのは「私」ではない。また他の誰でもなく、また主観とか精神といったものでもない。そのようなものはどこにもありはしないのである。ただそのような世界風景があることそのことがすなわち、私がここにおり、私が生きていることなのである。世界の知覚風景のあり方、それがすなわち私のあり方に他ならない。その知覚風景を「知覚する私」といった余分の私などがあるのではないのである。私は余りものではない。

付　光行差と視覚風景——星の透視線

地球の公転によって恒星の見える方向が僅かにずれる（最大20秒程度）という光行差の現象は一七二七年の昔にJ. Bradleyによって気付かれた。そのように古い話であり、また一見単純な光学現象であるが、その説明は通例の単純な教科書的説明（車窓に斜めに流れる雨の比喩）ではすまないものがある。特に、ドップラー効果のように、物体の運動が実質的な物理的効果を生ずる場合と、車窓から眺める雨降りのように単に座標変換によるものとが混在しているからである。それをできるだけ分別し、視覚風景と物理世界（世界点）との「重ね描き」を明確にする、それがこの付論の目的である。えられた結論をここで先に述べておく。

⑴　物理現象としての光行差と、幾何学的な単なる座標変換とを区別せねばならない。後者はユニバーサルだが、前者はそうではない。

⑵　その物理現象としての光行差とは、ただ速度のみを異にし、他は位置や向きまで含めてすべて同じ、という二つの物体に異なる光学的事態が起こることである。

⑶　それは「厚み」のある物体においてのみ、例えばカメラや眼球に、物体に光が入射してから通過するまでの光路が物体の運動で変わる。これが光行差である。だから「厚み」のない物体表面、例えばむきだしの乾板表面には起こらない。

⑷　光行差の教科書的説明に使われる、傾きを異にする望遠鏡を通った光線の、互いに平

行な眼（したがって眼と望遠鏡との間の角度は異なる）に対する入射角は同一なのである。同一の光が望遠鏡を通過したからである。それを通過させるために、望遠鏡はそれぞれの速度に応じて傾かねばならない。したがってその各々の筒の方向は眼への入射光線の方向ではないのである。ただその各々の筒に固定した座標系では筒の向きが入射光の向きである。

(5) 眼球やカメラに生じる光行差現象は、対象からの光が眼やカメラの運動状態の違いによって、網膜やフィルムの異なる場所に結像することである。その、眼やカメラ以遠では同一の光線は異なる座標系では異なる傾斜で表現されるが、その光線は（眼やカメラに達するまでは）唯一つの同一の光線なのである。だからそこに何らかの「差」を云々すること自身が意味をもたない。一方、異なる運動状態によって生じる物理的光行差の違いは、いかなる座標系をとっても、異なるものとして表現される。

(6) 眼球の光行差現象に伴って、対象への視線方向、すなわち「見透し線」が視覚風景内で変化する。しかしこのことは対象が「見かけの位置」にあることを意味しない。Bradley は常に星の「真の位置」を観測したのである。ただ彼の眼球の公自転運動によって、その「真の位置」を見る見透し線の傾きが変化したのである。しかし、彼の眼に達するまでは、光はいつも同じ傾きの、（ほぼ）同じ光路をたどってきたのである。

七章付論で検討するが、座標変換による光行差効果（だがこれは本当の光行差ではない——

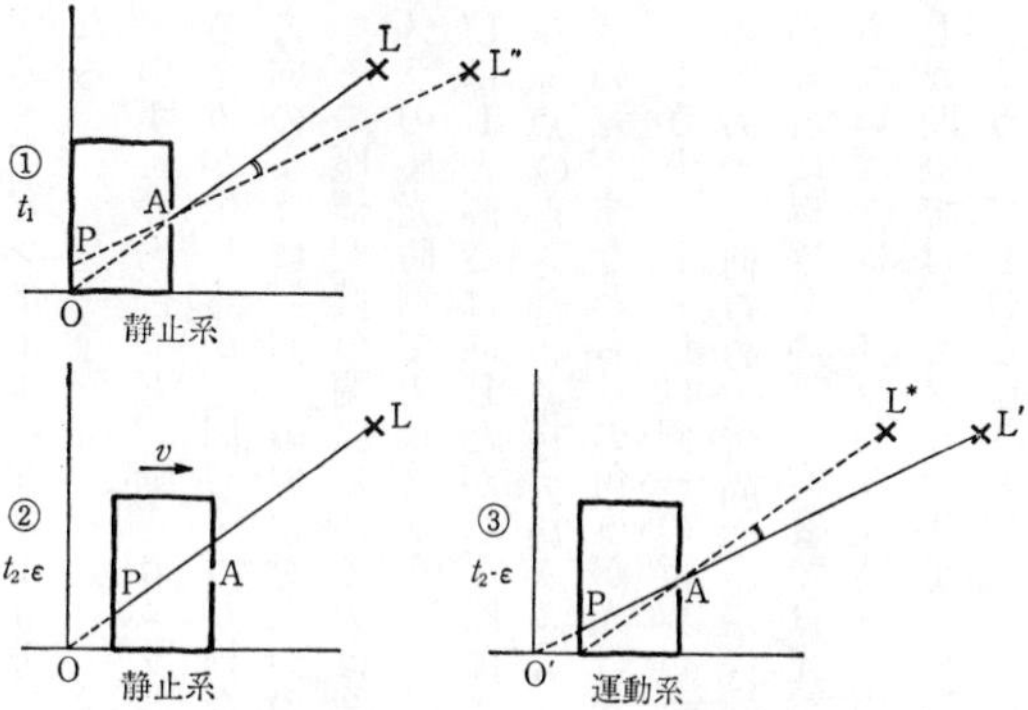

図14

後述）は特殊相対論での方がむしろ大きいのであるが、ここでは簡単のため主に古典論の範囲で考える。したがって光速は座標系によって変化し、cより大きくも小さくもなることを容認する。また、光源は主として瞬間的発光とし、それと受光点との間の直線光路を考える。したがって、問題とする座標系相互の運動も等速直進運動に限られる。

まずピンホールカメラを例にとろう。図14①では、カメラは（光速がcである恒星系に）静止し、発光点Lから原点Oに向う光がカメラのピンホールAに達した時刻t_1の図である。その光は時刻t_2にOに到達し乾板のO点を感光させる。今度はそのカメラが静止しないでvなる速度で左から右へ動いているとしよう。そして時刻t_1には前と等しく、①の位置にあるとする。すると光がその乾板面に達するのは静止の場合より僅かに早いはずで、その時の図が②である。光は明らかに乾板の最下点ではなく、少し上の点Ｐを感光させる。感光時刻を静止カメラと同時刻にしようとすると、ピンホールを前のより上にあけておかねばならない。つまり、種類の違うカメラとなる。

いずれの場合でも、動くカメラと静止カメラとでは実質的な相違が生じるのである。異なるネガが生じるか、同じネガが異なる種類のカメラでえられるか、である。それは雨降りの方向のように、同一の現象を二つの座標で表現することではない。

その座標変換の関係にあるのは②と③なのである。③は、静止座標系で表現された動くカメラの感光時刻での状態②を、カメラと同速vで動く座標系で表現したものである。発光点Ｌ′はＬと高さは同じだが水平距離は異なる。それはこの動く座標系では発光時刻での発光点は原点Ｏ′から静止系におけるよりずっと離れていたからである。①のＬＯと③のＬ′Ｏ′の傾きの差、すなわちその角度が光行差角度と呼ばれるものである。

しかし、ＬとＬ′は同一の世界点（発光時刻での発光位置）を静止系と運動系で指示するものであって何らの実質的変化ではない。したがってＬＯとＬ′Ｏ′も同一の世界線（光路）の別表現に過ぎない。一方②では光路ＬＯがカメラの前壁を貫いているが、それは何の矛盾でもない。②はカメラの感光時刻でのカメラの位置を描いたものであり、光がカメラ前面に達した時刻では、カメラは①での位置にあり、光はピンホールの位置にある。

こうしてＬＯとＬ′Ｏ′とは同一の世界線を指示するのだから、それらが「なす角」などはありえないのである。だからここに「光行差」をいうことは無意味なのである。では何を光行差と呼ぶべきなのか。

それは座標変換ではなく、実質的な違いに関してでなくてはならない。ここでの実質的な違いとはフィルム上の画像である。カメラが静止するか、動くかでフィルム上の画像が異なるのである。動くカメラでは②のP点に、静止カメラでは①のO点に感光する。

ここで静止カメラに運動カメラと同じ点Pに感光させようとすれば、①のL″に発光させねばならない。もちろんカメラを傾けたりしないで、である。運動状態以外では全く同一の状況が問題だからである。そこで、

(i)　静止カメラで運動カメラと同じフィルムをとるには、発光はL″でなければならない。

しかしこのことから往々にして次の誤った考え、あるいは表現がなされる。

(ii)　だから（②の）運動カメラのフィルム画像は（実際には存在しない）L″の画像である。

いや誰もそんなことは言わないよ、という人は、カメラを人間におきかえて、(ii)と同じことをいう次の(iii)をお考え戴きたい。

(iii)　運動地球人に見える星の姿は真の位置の星ではなく、「ずれた」位置にみえる。これを光行差という。

この「見かけ上変化する」方向（『岩波理化学辞典』3版「光行差」）に見えるものは、で

は一体何なのか。ここで多くの人は、それは「像」である、光学像である、というのである。

そうではないのである。運動カメラに写るもの、われわれに見える星、それらは「像」ではなく「実物」なのである。この場合でいえば運動カメラには②のLが写ったのであり、①のL''が写ったのではない。このことはこの場合ではもう明瞭であろう。しかし人間の視覚風景もまた同様なのである(それについては後に述べる)。

さて今静止カメラについていったことは、逆にして運動カメラについてもいえることはもちろんである。運動カメラで静止カメラと同じ写真をとるには③のL^*に発光がなければならない。そして(i)と対応することがなりたつ。

この①でのLOとL''P、そして③でのL'PとL^*A、それらが「なす角」、それが光行差(aberration)なのである。簡単な計算でそれが通常の光行差の式と一致することがわかる。またそれが上に述べた、座標変換での物理的に「無意味な」角度と一致することは一目瞭然であろう。

結局、光行差とは座標変換ではなく、一つの座標系の中での概念なのである。それが静止系でも運動系でもいいが、一つの座標系内で、運動カメラのフィルムと静止カメラのフィルムとを比較し、そしてその一方のフィルムと同じフィルムをうる状況(発光)と、本来の自分のフィルムの状況との間の偏差、それが光行差なのである。それを簡単に①でいえば、二つの感光点OとPとがピンホールAにおいて張る角PAOである。

しかしこれはピンホールカメラの場合であって、それ以外でも常に光行差現象、すなわち、物体の運動状態による実質的物理的相違が起こる、とはいえない。上に述べたように光行差は単なる座標変換ではなく経験的概念だからである。ただ、実質的相違が起こる状況ではほとんど常に、光行差の偏差角は座標変換での光路世界線の、それこそ「見かけの」傾き角に等しいのである。

なぜならば、運動の相違で起こる光学的に実質的な違いとは、或る有限の厚さの中での光路の相違（ピンホールの場合は単に一つの光路の終端の違い）だからである（ドップラー効果のような相違は別として）。ピンホールカメラの場合では、ピンホールと乾板面の間の「厚さ」の中でのカメラに相対的にみた光路の違いであった（この場合には光路の絶対的違いはない）。そしてその光路の違いが直接光路の違いであるとき、それらのなす角度が多く座標変換での世界線の「見かけの」角度と一致するのである。

だから「厚み」のない装置では光行差は生じない。例えばカメラから乾板をとりだし、その最下端Oだけに感光剤を塗るとする。そのような乾板を一つOに静止しておき、今一つはvなる速度で左方から動かし、光がOに達する丁度その時Oを通過させる。このときこの二枚の乾板は、同一場所にある。したがって違うのはただ運動状態のみである。しかし共にOに感光するのだから、その運動状態の違いは何ら実質的変化を起こさない。つまり、光行差現象はこの場合には生じないのである。それが起こるには装置に「厚み」がなくてはならない。

人間の眼球には厚みがある。だが仮にその厚みがなくて、上の乾板のようなものだとしたならば光行差は起きない。仮に例えば、われわれの眼が、或る座標系で測って、その表面に対してα度の入射角の光に対してのみ光を感じるものとする。ただし、αは座標系のとり方で変化する（座標変換）。しかし、速度を異にする二つの眼は、座標系とはかかわりなく、同一の光に対して共に感光するか、共に感光しないかである。そこには何の「差」もないのである。この二つの眼にうつる夜空の風景は、その速度に関係なく全く同じなのである。そのとき望遠鏡を覗くとすれば、その望遠鏡は二つの眼の表面（それは平行）に対して異なる角度をもたねばならない。しかしその傾きの異なる望遠鏡を同一の光が通過し、二つの眼を共に感光させる。つまり、二つの眼は同一方向に星を見るのである。すなわち星の視線方向のaberrationは起こらない。これは再び、望遠筒の傾きの差異は光行差ではない、ということを意味する。その方向の角度は上の座標系ではαである。そして同一の光が入射角αで、傾きの異なる望遠鏡を通過したのである。

しかし人間の現実の眼にはこの「厚み」がある。そこでの光行差を検討し、それと視覚風景との関係を調べよう。

眼の代りに簡単な単眼カメラを考え、ピンホールカメラの場合と呼応する図15を描く。①はある平行光線Lが静止カメラのレンズの場所に到達した時刻t_1での、静止座標系での表現。そして運動カメラもこの時刻にその静止カメラと一致したとする。Lは時刻t_2に静止カメラのフィルム最下点Oに達して収束するとする。だが運動カメラはその間右へ少し動くから、t_2より僅か以前光はそのフィルム面にとどく。②′がその状況である。しかし②′は正しく

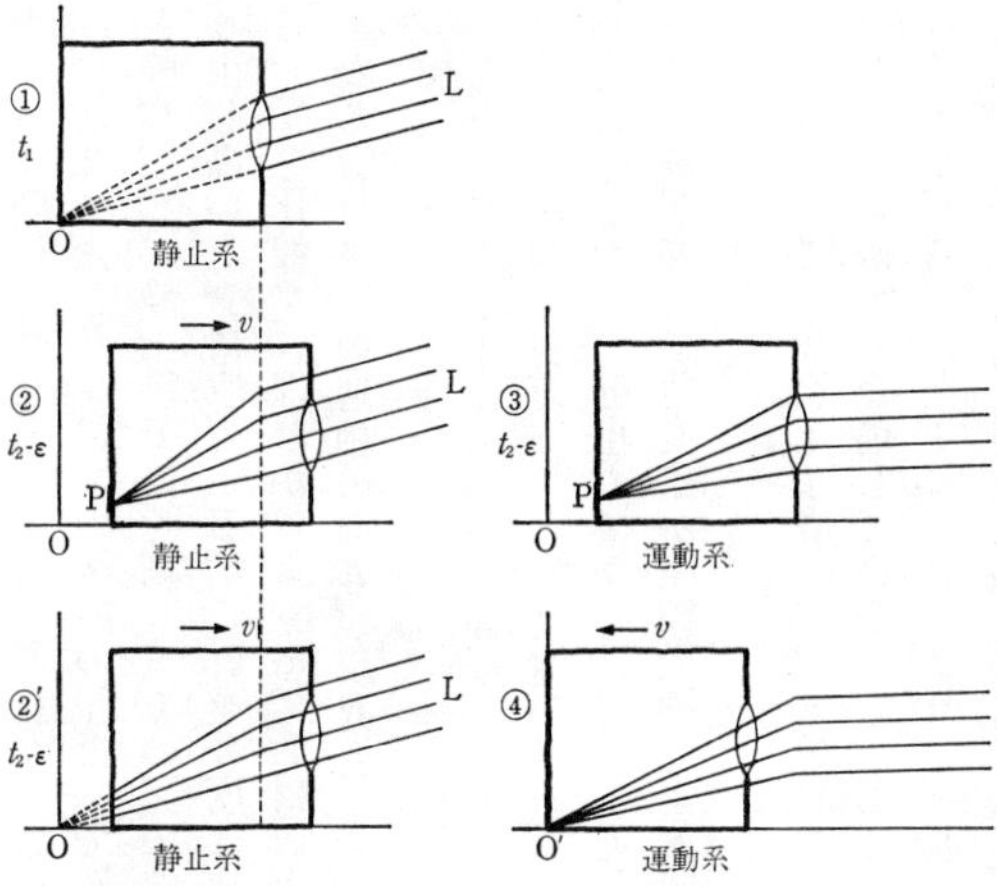

図15

ない。そこでは光はフィルム下辺より少し上に到達するが、そこに収束せず、ピンボケになるはずである。それは運動カメラの焦点距離が変わることであるが、特殊相対論ではそのようなことはない。どの座標系をとっても、それに対して静止するカメラの焦点距離は同じである。

そこで運動カメラでもピンボケがないとすると②のように描かれることになろう。しかし②では平行光線Lが屈折点（縦の点線の上）で①の静止カメラよりも強く屈折することになる。それではやはり焦点距離が変わることにはならないか？　ならないのである。運動するカメラを静止系座標で記述するとき焦点距離が短くなる（ローレンツ収縮）だけであって、運動座標系での記述では変化しないからである。一方古典論的に考えても、運動カメラに入射する光の光速はレンズに対してcよりvだけ大きい。そこでレンズのフレネル随伴係数を考えるなら屈折が大きくなるはずである。

また②で光Lがレンズの後方の屈折線で屈折しているが、これはピンホールカメラの場合と同様、②が静止系での時刻t_2近くの図であるからである。さて②ではLはフィルム下端より少し高い点Pに収束する。これを今度は運動系で同じ時刻をとって図にしたものが③である。①と比較すればわかるように、Pに収束する光L′は①でのLより傾きがより水平に平たくなる（カメラの運動の向きが反対だと、逆に傾きが増す）。それがこの場合の光行差なのである。

しかしピンホールの場合と同様、LとL′は（レンズ以遠では）同一の平行光線なのであり、したがって「方向」も同一なのである。ただその同一の平行光線がレンズから先は異なる光路をとって、静止カメラではOに、運動カメラではPに写る、その相違が光行差なのである。そしてその角度差が座標変換による同一世界線の「見かけの」角度差に等しいのである。

それゆえこの場合もまた、フィルム像を別としては、いかなる光学像、いかなる虚像も、いかなる「像」も登場していないのである。同一の「実物」が静止カメラと運動カメラとでは違って写る、ただそれだけであり、それが「厚み」のあるこの単眼カメラの光行差なのである。その異なるフィルム感光点PとOは静止系では共にL方向の光線のフィルム像であり、運動系では共にL′方向の光線であり、そしてその光線LとL′は同一の光線の異なる座標系での表示なのである。そしてその二つの表示を結ぶのが座標変換なのである。

われわれの眼もまた基本的にはこの単眼カメラと同じである。恒星系に静止しているとき、その恒星系で表示すれば、光線Lは眼球内を①の点線のように走って網膜上の一点Oに収束する。地球と共に運動しているときは、同じくその恒星系で表示すれば、②のような光路をたどってOとは異なる網膜点Pに収束する。それを今度は地球系で表示すれば、③のように光線L′の等しくPに収束する光路となる。そして同じくこの地球系座標で、対恒星静止の人の眼を表示するならば④となる。この時は光の対眼球相対速度は$c-v$となり、地球系での記述ではその焦点距離は長くなる。そしてこの恒星人は、地球人と同一の光線L′を、地球人とは違う網膜点Oに収束させるのである。

つまり、地球人と恒星人は座標系の如何を問わず、同一の光線を異なる網膜点PとOに収束させるのである。これが眼球の光行差なのである。ここでも再び、光行差は座標変換ではない、ということが明らかになった。光行差はドップラー効果と同様純粋に物理現象なのである。ただそれを二次的に、それぞれの観測者に固着する二つの座標系の間の相違として表現できるだけである。しかし銘記すべきは、まず何かの物体の運動状態によって変化する物理現象があり、それをその物体に固着させた座標系（それはその物体の運動状態に随伴して動く）によって表現するだけであって、座標系の違いによってその物理現象が起こるのではない。先にも述べたように例えば「厚み」のない写真乾板では光行差現象は生じないのである。そしてその現象が起こる場合には、その「厚み」の中の光路が異なるのである（ピンホールの場合は同一の光路の終端点が異なる)。

さて本章で精しく述べたように、われわれの視覚風景は時間空間的な「透視(see through)」風景である。そして、例えば銃の照門、照星、標的といった「見透し線」(五章)がある。この見透し線上に不透明体があれば、それから先の、この見透し線上の世界点はそれに遮蔽されて見えない。この見透し線が必ずしも直線ではないこと、それが私の光学的虚像の拒否の核心であった。またその見透し線には始点がなく、眼球、視神経、視索……といわば内側に延びている、これが私の「脳‐世界」関係論の基盤であった。

だが光行差と視覚風景との関係を理解するにもこの見透し線が不可欠と思われる。図15の①を眼球図であるとすると、Oを通る見透し線はまず左方から右方に点線でかかれた円錐にひろがる。そしてレンズ面で折れ曲って平行光線Lの作る(レンズ面を底とする)円筒となる。それを「線」というのは近似的な意味で許されよう。この見透し線の眼球内部分(点線円錐内)に例えば濁りが生じると、外部世界のL方向が白濁する。だからこの「線」がレンズ面で折れているにもかかわらず「見透し線」なのである。これも上に述べた、見透し線は必ずしも直線ではない、ということの一例である。

更に、L光線が鏡面で折れたり、空気の密度差でカーブしたりすれば、この見透し線もそれに従って折れたりカーブしたりする。しかし視覚風景の中ではこの見透し線は常に「まっすぐの方向」なのである。この、正面からみてまっすぐの見透し線が、側面からみてどのように折れ、カーブしているのか、それは経験的探索による以外はない。そしてOを通る見透し線がレンズ面でL方向に折れるというのも、上に述べた硝子体内部のどこに濁りが生じれば、外部世界のどの方向が白濁するか、という経験によってのみ確かめうることである。

さて、私に固着した座標系での表現で、このOを通る見透し線がL方向に向うことは私の運動状態によって変わらない、このことを仮定する。これもまた経験的にのみ確かめられることであるが、まず正しいと予想して差支えあるまい。したがって③のP点を通る見透し線がL′を通ることも私の運動と関わりはない。

今Lを或る恒星からの光だとする。そして私が恒星系に静止していれば①のようにその光は網膜上のOに収束する。するとその星はOを通る見透し線上にあるのだから私はL方向にその星を見るはずである。Lが実はその星からの光が鏡で反射したものであるとしても、私はその星をL方向に見ることに変わりはない。見透し線は正面からみて「まっすぐ」の方向だからである。

次に私はその場合と全く同じ時刻、同じ場所、同じ姿勢で、ただ運動状態だけが前と違うとする。その時刻での私の速度をvとすれば、その星からの光は、静止座標（②）、運動座標（③）にかかわりなく網膜点Pに達する。したがって私はPを通る見透し線上に、すなわちL′方向に星を見るだろう。この時望遠鏡を使うならその鏡筒内にL′光束が入っていなければならない。つまり望遠鏡もL′方向に向かねばならない。そして半年を経たときその向きが少し違うこと、それがBradleyが二五〇年前に発見したことなのである。

しかし同時刻でのLとL′は同一の光線なのである。だからこそ単なる座標変換によって②

図から③図がえられるのである。それなのに、静止人と地球人の望遠鏡の向きが違うのはどうしてか？ その違いは、上に述べてきた光行差による違いではなく、単なる座標変換による違いに過ぎない。なぜなら第一に、この二つの望遠鏡は、運動状態以外は全く瓜二つの物体、という光行差現象の条件を満たしていない。その条件を満たすには、ぴったりその向きまで同じにしなければならない。そうすれば、同一の光が一方を通過するが、他方では内壁に当って通り抜けられない、といった「光行差」が起きる。そしてそれはレンズを抜いたただの空筒であっても同様である。それで以後は空筒として扱うことにする。

第二に、地球人の筒の底に光が達したときには筒の頭はそこに光が入った時の位置から先に進んでいる（恒星系で）。したがって恒星系ではその筒の方向は光路の方向ではないのである。しかし、その方向を含めてこの筒は、その光の世界線（波束の直進運動）の地球座標での軌跡になっている。すなわちそれは、同一の光の世界線の恒星座標での軌跡を座標変換したものに他ならず、またそれに過ぎないのである。

結局、二つの筒は同一の光路世界線の、異なる座標系での軌跡に過ぎない。事実、同一の光（またはぴったり雁行する二光線）がこの二つの筒を通り抜けたのである。この二つの筒のなす角は光行差角と等しいが、このことと、それが筒の光行差角である、ということとは全く別のことである。向きの違う二つの筒には光行差ということが無意味なのである。事実、この二つの筒底に乾板をあてれば全く同一の、何の差もない写真がとれる。

この筒の方向が光行差と関係した意味をもつのは、光行差現象が生じている物体、例えば眼球やカメラとの関連においてである。眼球やカメラを筒底にあてることによってである。この時注意しなければいけないことは、人間は、そしてカメラも同じ姿勢で二つの筒を覗かねばならないことである。つまり、二つの筒と異なる角度で接しなければならない。例えばそれぞれの筒と直角に対すると、二つの眼球、二つのカメラは向きが筒の向きと共に変わって光行差が生じないからである。

さて眼球の場合を考えよう。

前に述べたように、同一の光に対する「見透し線」は（対恒星）静止人では図15①のL方向であり、地球人では③のL′方向である。それは眼球に対して傾きが違い、視覚風景の中では異なる方向の「見透し線」である。それが光行差現象である。そして筒の向きはこの「見透し線」の方向を示すものとして初めて光行差との関係をうるのである。つまり、眼の光行差の方向指示器として初めて光行差の表示となるのである。

更に、望遠鏡筒自身が眼球に対して星と同じ身分にある。それは星と同じく「見られるもの」なのである。そして光行差は距離に無関係であるので、筒自体に対して眼球は光行差を生じる。筒に対して運動する眼球が一瞬それを覗くとすれば、その時の筒のトンネル風景の方向は、静止する眼球のトンネル風景の方向と、光行差角だけズレるのである。しかもそのトンネルの向うに同じ星が両者ともに見えるのである。

さてこのLとL′方向の二つの「見透し線」は共に一にして同一の光線を見透しているのである。したがってその光線の光源である、一にして同一の星を見透しているのである。ただ異なる「見透し」方向に見ているのである。しかしこのことは、一方が「真の位置」で他方が「見かけの位置」に見ている、ということをいささかも意味しない。両者ともに「真の位置」に見ているのである。ましてや、一方が「真の星」を他方はその「像」を見ている、などということは全くの誤りである。両者ともに「真の星」を見ているのである。

両者の視覚風景の中での異なる方向の二つの「見透し線」は物理的には同一の線なのである。その同一の線を私は、静止するか運動するかによって、視覚風景の中で異なる方向に「見透す」のである。だがこの時、「見透し線」の他に、それとは別な第三の「物理的線」なるものがあるのでは決してない。同一の線の二つの「見透し線」、それが一にして同一な線なのである。酔眼に二本に見える徳利の他に第三の物理的徳利があるのではなく、一にして同一の徳利が左右両眼の二つの「見透し線」で二重に見えているだけなのと同じである。

以上の検討から始めにあげた結論がえられる。

〔補記〕単眼カメラ（そして眼球）の光行差を特殊相対論の中で検討した結果を記しておく。

図16において、POはレンズ面でこれを静止系Sのy軸にとる。Fはフィルム面とx軸との交点で、平行光線Lの結像点とする。以後はこの平行光線の最上辺の光線のみを考え、これをLと呼ぶ。LはPで屈折し、Fでx軸と角θをなす。$\overline{OF}$は焦点距離fで、$\overline{PO}$をaとする。

光線LがPに達した時刻を0とすると、それがFに達した時刻t_Fは$\sqrt{a^2+f^2}/c$である。このLがFに達した、という事件を運動系S'にローレンツ変換をすると、

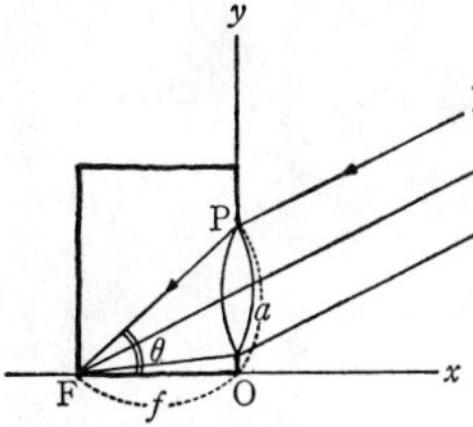

図16（静止系）

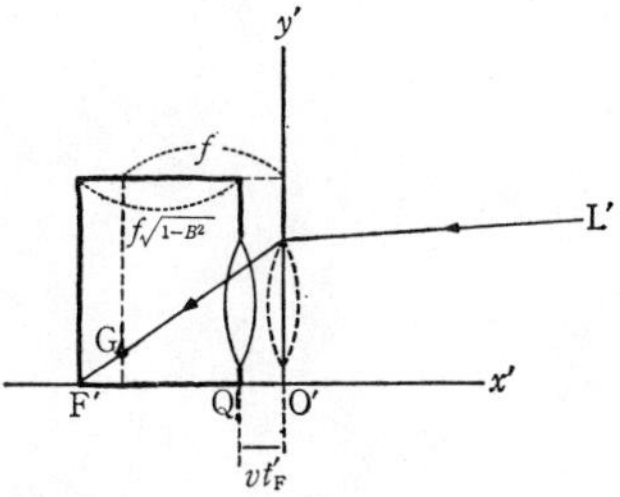

図17（運動系）時刻 t'_F

$$x' = -\frac{a(\beta + \mathrm{Cos}\,\theta)}{\sqrt{1-\beta^2}\cdot \mathrm{Sin}\,\theta} \qquad y'=0 \qquad t'_F = \frac{a(1+\beta\,\mathrm{Cos}\,\theta)}{c\cdot\sqrt{1-\beta^2}\cdot \mathrm{Sin}\,\theta}$$

ただし、S'系は左から右方へ速度 v（正）で動き、時刻0でそのy'軸がSのy軸と一致するようにとってある。βはもちろん v/c である。

　S'系はカメラに対して速度 v で動いている。したがって、LがFに達したときには、レンズ面はy'軸より左方へ $v\cdot t'_F$ ずれている（図17）。そしてレンズ面とフィルム面との距離、すなわちカメラの奥行きはローレンツ収縮によって $f\sqrt{1-\beta^2}$ である。図17は時刻 t'_F の状況だが、光路はその時刻までの光のS'での軌跡である。図からも明らかなように、その傾きは、入射光路、カメラ内光路のいずれもが静止系の場合（図16）よりもゆるやかである（S'の運動方向が逆になると、逆にきつくなる）。

　さてこのカメラと全く同形同大同方向のカメラをS'に固着させたとする。そしてそのレンズ面をy'軸とすると、図17の点線の位置にそのフィルム面がくる。時刻 t'_F においてそれは静止カメラのフィルム面よりも右にあるのである（このことは上の諸式から容易に確かめられる）。

　すると図17でわかるように、この時刻では光線は既にS'フィルム面を通過し終えていて、そのG点を感光させているのである。つまり、同一の光線が、静止カメラと運動カメラのフィルム上の異なる場所を感光させたのである。これが光行差である。

ここで、それは運動カメラを図17での位置に置いたからではないか、少し後にずらせて静止カメラとフィルム面が一致するようにすればどうだ、という疑問が生じよう。

しかし、そうするとレンズ面もy'軸から左にずれる。すると光はレンズ面から離れたところ（y'軸）で屈折することになる。これはありえぬ状況である。そこでレンズ面をy'軸まで押出したとすると、それはもはや静止カメラと同形同大でなくなる。こうして運動カメラの位置は図17の位置でしかありえないのである（両カメラのレンズに同所同時に光が入射する、という条件がある限り）。

以上において、カメラ（また眼球）の光行差が相対論でも生じることを確認した。

七章　空間の時間性

われわれのかつての根強い常識の一つに、空間と時間は互いに独立している、ということがあった。つまり、われわれは時間空間一体の中に生きているが、それでも時間を空間とは別に、また空間を時間とは別に理解しうる、と思ってきた。だがこの常識は特殊相対論によって打ち破られた、というのがこれまた現代の常識である。しかし特殊相対論が示したことは単に、異なる場所の時刻関係（同時、先後等）は（慣性）座標系によって変わる、ということだけである。ところがここで「座標系」といわれるものは空間座標系なのである。したがって、特殊相対論は、時間を空間と独立に考えることはできない、ということを示したが、しかしそれらを示すこと自身の中で、逆に空間の方は時間とは別に考えることができるということを前提にしているのである。

だから相対論を根拠に古い常識が破られたとする現代の常識は古い常識と同様に誤っている。少なくとも半ば誤っているのである。だがそのことは古い常識が半ば正しかったというのではない。古い常識はやはり全くの誤りだったといわるべきものである。しかしその誤りの根拠の半ばは相対論であるが、根拠の他の一半はそれとは別ものなのである。
それは、空間を時間と独立に考えることはできない、という根拠からである。この根拠の特性は、それが相対論のような物理理論によるのではなく物理学以前の、時間空間の本性そのものに基づいている、ということにある。それゆえ、それは相対論の出現の以前から成り立っていた。したがって、古典物理学的には、時空は互いに独立に考えることができる、ということもまた（少なくとも半ばは）誤りなのである。

この根拠は実は運動の相対性に内含されていた「位置の相対性」に基づくものである。だから運動の相対性と共に、特定の物理学にかかわりなく、時間空間自身の性質によるものなのである。以下ではまずその根拠を説明し、ついで空間の学とされる幾何学がそれとどういう関係をもつかを検討する。その上で、五・六・七章での主題であった視覚風景での「位置同定」の性格を包括的に確定する。その中で、特殊相対論を含めて、観測者の視覚風景はその運動とは無関係である（但し光行差やドップラー効果を除いて）、ということが確認される。

1　空間位置の指示

われわれは一つの位置を指定したり指示したりするときには固有名を使う。あの部屋の隅、あそこの電信柱、富士山頂、といった事物名、また、何区何丁目何番地といった場所名、また緯度経度のような座標名、これらはすべて固有名である。更に、番地や緯経度は大地という一つの物の上につけた印《しるし》であることを考えれば、位置指示はすべて事物固有名によってなされるといえる。何々上空何百メートル、ここの地下何十メートルの点、更にラジオビーコンや天文観測による位置同定、といった指示方式も何かの特定事物を参照位置としないでは不可能だし、また長大な測量棒という事物を使う位置指定で（原理的には）置換可能だからである。全くの真空中では位置指示も位置表現も不可能なのである（方角を指すにも指がいる）。そして座標系による座標表現もまた座標格子という事物の格子点の固有名だとみなしうる。位置指示は事物固有名によってなされ、またそれ以外ではなしえないのである。

だから或る特定の位置を記念するために記念碑をたて墓石をたてるのである。その記念碑はもちろん記念すべき事件がその碑が立っている位置でかつて起きたことを示すのがその目的である。それはすなわち、その碑の現在位置は過去の事件の過去位置と「同一位置」だということである。しかしこの「同一位置」が問題なのである。すなわち、時刻を異にする二つの位置を同じであるとか同じでないとかという場合の意味が問題なのである。屋島の戦いの位置とその碑の現在位置、昨日の富士山頂と今日の富士山頂、それらが同一位置だといわれるのはもちろん地球座標系においてである。ということはまた、地球に対して動く座標系では（稀有な回帰を除いては）同一位置ではない、ということである。これは全く当り前のことでわざわざとりたてる程のことではないと思われよう。しかし実はこの平凡な事実の中に事の核心があるのである。

まず、このことは「運動の相対性」を言い直したものであることを確認しておこう（既に六章1節一六四頁でも触れた）。運動とはいうまでもなく位置の時間的変化である。そして運動の相対性とは、この位置の時間的変化が相対的だということである。それは、その位置が変化するかしないかが相対的であるということ、したがって始めの位置と終りの位置とが「同じ」であったかなかったかが相対的だということを内含する。つまり「位置の相対性」は「運動の相対性」に内含されているのである。

この運動相対性と位置相対性との強い意味上の連関は次の事例に明瞭にみられよう。この事例は前章での石の落下と本質的に同じものであるが、しかしより包括的に問題を検討するために今一度繰返す。

私が下りの新幹線の10号車に乗っていたとする。そして浜松駅を列車が通過するときに立ち上り、1号車に向けてゆっくり歩いてゆくとする。そして30分をついやして1号車にたどりついた時、列車は丁度名古屋に着いた。この名古屋到着の時点で、私の移動の出発位置はどこだというべきだろうか？　もちろんそれは浜松駅であるといえるし、また10号車であるともいえる。だがその二つ、浜松駅と10号車は現在同じ位置にはない。10号車は現在名古屋駅にあるからである。では私は異なる二つの位置から歩き出したのか？　もちろんそんなことはない。私の出発位置は一つしかない。だがこの一寸したパラドックスを解くのは何でもない。私の出発位置は、30分前の10号車の位置であり、30分前の浜松駅の位置である、と言い直せばよい。その二つの位置は同一の位置だからである。

しかしここで大切なのは、私の出発位置の指示には時刻の指定が必要だということである。時刻の指定がなければ位置の指示が完成しない、つまりそれはまだ位置の指示ではない、ということである。逆にいえば、空間位置の指示であるがためにはそれは時刻を入れた世界点（Weltpunkt, world point）指示でなければならない、ということである。つまり、時間と独立に空間位置を指示することは（少なくともこの事例では）不可能だ、ということなのである。だが空間位置の指示が時刻抜きでは不可能ならば、時刻抜きでその空間位置の三次元連続体としての「空間」を考えることができようか。指示できない位置からなる空間とは一体どんな空間なのだろうか。

もちろん直ちに反駁されよう。君が出した事例は、地球と列車という互いに運動する二つの座標系での二つの位置指示を使用している。その二つの位置指示が同一の一つの位置を指示するためには君のいう通り時刻指定が必要だろう。だが位置指示は一つの指示で十分なのだ。君は「指示が完成しない」といったが、一つの位置指示ですでに完成しているではないか。例えば地球座標系をとって、浜松駅という位置指示をすればそれは誰にとっても十分に完成した指示で迷うことはない。そしてそのときもちろん時刻などを指定する必要は毛頭ない。

しかし、と列車に乗っている私はこの反駁に答えたい。この反駁者のいう一つの特定座標系（地球）での時刻抜きの位置指定は決して完成してはいないではないか。誰も迷うことはないどころか私は迷わざるをえない。走っている列車からみれば浜松駅はどんどん遠ざかっている。10分前と20分前とでは浜松駅という指示で指示された位置は異なっているのである。反駁者が時刻抜きで「浜松駅」というとき、そこで指示されたのは位置、一つの位置ではなく、位置の連続線すなわち世界線（Weltlinie, world line）、すなわち一つの運動なのである。そしてそれが位置の指定となるためにはその世界線上の或る一点を定めるための時刻の指定が必要なのである。

一つの位置指定が完成するためには、二つの座標系どころか任意の無数の座標系での位置指定でもなければならないのである。そしてそのためには時刻指定が不可欠なのである。そして時刻指定を加えればそれで十分なのである。反駁者が「浜松駅」というだけで位置指定が完成すると思いこんだのは、たまたま彼が撰んだ地球座標系では浜松駅は時間を通じて「同一位置」（前章では「座標内同一」と呼んだ）にあるからである。しかし、それが時間を通じての位置連続であること、すなわち一つの世界線であることには変わりはない。すなわち一つの運動、居坐りの運動の世界線である。彼が時刻指定を必要としないのは、どの時刻でもそれが彼にとっての「同一位置」を通る位置連続だからである。それが位置連続ではなく一つの位置の指示であるからではない。大体、浜松駅は時間を通じて持続する一つの物体である。「浜松駅」とはまずその持続する物体の名であり、その名によって今度は「位置」を指示しようとするならば、何時の浜松駅かを指定しなければ「位置」の指示にはならない。時刻抜きではそれは物体の持続に応じて連続する無数の「位置」、すなわち運動世界線の指示となるのである。

こうして空間位置の指示には時刻の指示が不可欠である。時刻の指定がなければ空間位置の指示は不可能なのである。そして時刻指定をもつ位置指示はもはや空間位置の指示ではなく世界点の指示なのである。換言すると、われわれは時刻と独立には空間位置を指示できない、あるいは、時刻抜きで指示し同定できる空間位置なるものは存在しないのである。在るのは、そして指示できるのは世界点、世界線、世界面、等々の四次元位置なのである。「浜松駅」も「富士山頂」も物体名としては持続する物体を指し、場所名としては世界線を指示するのである。

しかし再び反論されよう。君はたえず「時間を通じて同位置」だとか「浜松駅の位置は」とか、空間位置について、時刻に言及しない空間位置、について、語ってきたじゃないか。君は世界点、世界線等が指示できるだけだ、というが、第一その世界点は（x, y, z, t）として空間位置と時刻の併記として表現されるものじゃないか、つまり、まず空間位置と時刻との指示があり、その上で初めて世界点が指示できるのだ。だから世界点の指示なるものが可能なためには、何よりもまず時刻抜きの空間位置の指示がなくてはならないのだ。

この反論には次のように答えられる。

世界点指示（x, y, z, t）の（x, y, z）は空間位置の指示とみえるが（それが現代の常識）実はそうではない。それはやはり世界線の指示なのである。世界点の指示、特定の世界点の指示表現を正確にかけば、変数 x、y、z、t、ではなく特定数値 x_0等を使って（x_0, y_0, z_0,

tを変数とする世界線を指示しているのである。そしてそこでの（x_0, y_0, z_0）は実は（x_0, y_0, z_0, t）という、tに特定時刻t_0を指定することによって世界点（x_0, y_0, z_0, t_0）の指示がえられるのである。

しかしかりにこの強弁が正しいとしても、この強弁そのものを述べるためには（x_0, y_0, z_0）としなければならない。そして（x_0, y_0, z_0）という表現がt_0とは独立に理解されていなければならないではないか、と反駁されよう。この反駁は当然の反駁である。われわれに深くしみこんでいる、空間は時間とは独立に了解されるものだという先入主からすれば当然の反駁である。しかし今やこの先入主を捨てなければならない。（x_0, y_0, z_0）はただ（x_0, y_0, z_0, t_0）の中においてのみ空間位置を指示できるのである。t_0（またはt）という時刻を抜いてはそれは何を指示することもできないのである。世界点の指示においてのみ空間位置を指示できるのであって、空間位置だけを指示することは不可能なのである。

一章で、二次元空間の理解はただ三次元空間の了解の下でのみ可能であることを述べた。だがその三次元空間の了解自身が、時空四次元の了解の下でのみ可能なのである。ポアンカレ、マッハ、その他の人々は屢々二次元空間の生物の世界を想像した。しかしその生物には、自分の体を「厚み」のないものだ、として了解することは不可能のはずである。彼には「厚み」ということが何であるのか、全く想像できないからである。丁度、われわれに四次元の空間的「厚み」が絶対に想像できないようにである（時空的厚みではなく空間的厚みをである）。だからその生物が了解する二次元空間は、われわれの、三次元空間の中の、いや時空四次元の中の二次元平面の了解とは全く別ものなのである。その生物もn次元幾何学をわれわれと同様に考えることはできるだろう。だがその3次元空間は、われわれの4次元空間（時空四次元ではない）と同様に、真の意味での空間、すなわち暮しの空間（次節参照）ではなく、三つの実数の組の連続体に過ぎないのである。

われわれの時空四次元は、空間と時間の組み合せではなく、まず時空四次元があって、その中でのみ空間と時間の分別があるのである（物理現象の時刻指示もまた世界点指示の中においてのみ時刻指示でありうる。だがここでは時刻の方には立入らない。ただここでは、非時間的対象、例えば数、はすべてまた非空間的であることを指摘しておきたい）。それは、分母のない$\frac{5}{\ }$や分子のない$\frac{\ }{7}$が何を意味することもできないのと似ている。$\frac{5}{7}$の中においてのみ5は分子5であり7は分母7なのである。

始めに述べたように、位置指定はその根本において事物固有名によってなす以外にはない。そしてその事物が持続物体である場合は、その固有名によって指示されるのは一つの世界線である。「富士山頂」はその運動世界線を指示する。太陽系ではそれは自転しつつ楕円を描く世界線であり、地球系では同位置に居坐わる世界線である。世界点を指示するにはそれに時刻指示を与えねばならない。それが与えられたならば、座標系に無関係に一つの空間位置が確定的に指示されるのである。だがこのことは、世界線によってはじめて世界点が指示される、ということではない。その逆である。「富士山頂」はもともと世界点の連なり（持続物体）として了解されていたのである。時刻指定によってその連なりから一つの世界点がピックアップされるのである。

つまり、まず最初に指示されるのは世界点であり、その世界点の指示によって、世界点の連なりである世界線や世界面といった世界図形が指示される。そして一方世界点の指示の中においてのみ、「空間位置」の指示が可能となるのである。まず最初に刻々の富士山頂という世界点指示がある。その指示は座標系に無関係という意味でいわば絶対的指示である。その刻々の富士山頂を連ねたのが富士の世界線であり、その世界線が通常は「富士山頂」という固有名で指示されるものである（「あの閃光の場所」といったような瞬間的事件名は直接に世界点を指示する）。一方、特定時刻の富士山頂という世界点指示によって、またそれによってのみ一つの「空間位置」が絶対的に指示されるのである。そしてその上で初めて、その空間位置の連なりが或る座標系で楕円だとか点（同位置）だとかを話しうるのである。更にそのとき、その座標系そのもの、その座標軸そのものも、世界点の（同時的）連なりとして指示される以外にはないのである。

こうして空間位置の指示は世界点指示の中でのみ可能なのである（そして事件名《イベント》で指示される時刻指定もまたしかりである。そして事件名とは時刻入りの物体名なのである）。すなわち、三次元空間位置は四次元世界点指示によってのみ指示が可能なのである。したがって、空間位置の三次元連続体としての「空間」は四次元世界点連続体の中でのみそれについて語れるのである。空間は時間と独立でないどころか時空一体の中でのみ意味をもつのである。

しかしこの時空の一体性は、時空が溶融して識別ができないとか、時空の境界が模糊としているということでは決してない。時間と空間はまがうことなく截然と区別されている。しかしその明確截然とした区別は、世界点指示の時空一体の中にあって初めて可能な截然たる区別なのである。それは、世界点指示の中で初めて空間位置の指示、時刻と区別された空間位置の指示が可能だからである。まず時間と空間という二つの規定が互いに独立にあり、ついでそれが合併されるのではなく、まず合併があり、その合併の中で初めて両者が区別されるのである。

しかしそれでは幾何学は一体何なのか。幾何学は徹頭徹尾、時間とは無縁ではないか。したがって次に幾何学を検討しなければならない。

2　幾何学と世界点

ここで検討を要するのはヒルベルトの公理系のような公理的幾何学ではない。公理系としての幾何学では、点、線、面、といった基礎概念もその間の関係（上にある、交わる、等）もすべて未定義《プリミティブ》だからである。ここで問題とするのは三次元空間の点（位置）の連続体についての幾何学である。

その空間はいわばわれわれの頭の中にだけあるような空間ではない。そんな浮遊空間などはどこにもない。空間とはただ一つ、われわれがその中で暮している空間、われわれの体が、われわれの家が、そして日月星辰がある空間である。そして幾何学が語る、いや語りうるのもこの空間についてである。

しかし幾何学は拡がりのない点や幅のない線についてしか語らないではないか。だがそんな点や線をわれわれは暮しの中で見もできねば触れもできないではないか。だから幾何学の空間は暮しの空間とは違うか、あるいは少なくともそれを理想化したもの（フッサール『ヨーロッパ学問の危機』）、極限化で定義したもの（ホワイトヘッドの「外延的抽象」）であるはずだ。こういう疑念がでてこよう。

しかし暮しの中では拡がりのない点や幅のない線を経験できないというのは本当だろうか。物の表面は厚みのない面ではないか。色の塗り分けの境界線は幅がないのではないか。新聞紙のかどは拡がりのない点ではあるまいか。いやそうであるはずはない、拡がりのない点や幅のない線は物体ではないから光を反射せずしたがって見える道理がない、こういう人とここで争うつもりはない。しかし次のことを示せば幾何学の空間は生活空間であることを納得するのに十分であろうと思う。

幅のある線が見える、これには誰も異存がないであろう。だが幅がある、ということはその幅を挟む両側の縁または端《はし》があるということである。だがその端には幅がないはずである。それは幅のない線なのである。だから幅のある線が見えるということは、その幅のない端が見えるということを含みはしないか。いやしかし、現実に見えるのは「ぼんやりぼけた」端であって幅のない端が見えているわけではないといわれよう。だがしかし、「ぼけた」端がどんなものかを了解しているということは、その否定、「ぼけていない」端がどんなものかをまた了解していることである。或ることの否定を了解せずしてはそのことを了解できるわけがないからである。だからわれわれは「ぼけた」端のある幅を見ているとき、「ぼけない」端が見えてはいないが、それがどんなものかを了解しているのである。そして「ぼけない」端とはまさに幅のない線なのだから、幅のない線のことを了解しているのである。

しかもそれは抽象的な了解ではなく、その「ぼけた」端が見えている場所に重なる線として考えているのである。つまり、暮しの空間の中の或る（見えている）場所にあるものとして考えているのである。それを考えないではその場所にある「ぼけた」端なるものを了解できない。したがって見えているものが「ぼけた」端だということもできないはずである。すなわち、「ぼけた」端が見えるためにはその場所に「幅のない線」を少なくとも考えることが不可欠なのである。

結局、われわれは何かの輪郭を見るとき触れるときには常に幅のない線や厚みのない面をその場所に考えているのである。更に透明な虚空に自由に幾何図形を考えることができる。いや不透明体の内部、例えば私の腹腔にも自由に図形、例えばハート形を考えることができる。一言でいえば、暮しの空間の中に幾何図形を考えているのである。だからこそ幾何学が暮しに適用されうるのである。

このときそれら考えられた図形はユークリッド図形であっても非ユークリッド図形であっ

てもかまわない。暮しの空間自身は（そしてそれはまた幾何学の空間である）ユークリッド的でも非ユークリッド的でもないからである。その区別はこの空間に考え描く座標と測度によって生じるのであり、空間自体はそのいずれでもない。この空間の中に自由に好むままの「空間曲率」を考え描くことができるのである。それは空間の曲率ではなくして空間の中に考え描かれた曲率なのである（それゆえ、非ユークリッド幾何学によってカントの空間論、特に幾何学命題が先天綜合判断である、という考えが誤りであった、という批判はなりたたない）。

こうして幾何学は暮しの空間の幾何学に他ならない。だがその幾何学は時間や運動と一切のかかわりがない。幾何学の一点が動くなどとは意味をなさない（B点は先ほど原点近くにあったA点が動いてきたものだ、など）。たしかに幾何学は運動を思わせる言葉、例えば軌跡、平行移動、回転といった言葉を使う。しかしそれは上べだけのことで、運動には一切無関係なことの省略語法なのである。軌跡とは単に或る条件を満たす点の集まりであり、図形Aを図形Bに平行移動するとは、AとBとのそれぞれの対応点を結ぶ直線がすべて平行で等長だということに過ぎない。そして二図形の合同が一方を動かせて他方に重ねるなどのことではないことはいうまでもあるまい。

こうして幾何学は時間と無縁、運動と無縁である。ところが前節で述べたことが正しければ、空間位置の指示はただ世界点指示によってのみ可能なはずである。そして幾何学の空間は暮しの空間なのである。それにもかかわらず幾何学の位置（点）は非時間的に、そしてただ空間位置としてのみ指示されている。これは矛盾ではないか。

　だがこの矛盾は見せかけの矛盾である。それをみるために暮しの空間で幾何学が使用される具体的状況、例えば三角測量を観察してみよう。三角測量はゆっくり時間をかけてなされる。このことは、通常の測量対象位置はその間動かない、つまり「同一位置」であることが前提されていることを示している。しかし「位置の相対性」によれば、異なる時刻の位置の間の異同は座標系に相対的である。それゆえ測量は特定の座標、地球座標をとってなされているのである。その地球座標をとることによって「同一位置」が（相対的に）定義され、その定義によって例えば富士山頂や三角点（測量基準点）が通時的に「同一位置」にあるとされるのである。

　ここで「富士山頂」によって指示されるのは、前節で述べたように、一つの世界線であって世界点ではなく、したがって空間位置の指示ではない。事実、上述したように太陽系座標では富士山頂は一つの曲線を描く。「富士山頂」はその曲線（運動）を指示するのであって一つの空間位置を確定しない。「時刻t_0の富士山頂」という世界点指示によってのみ一つの空間位置の指示が確定する。地球座標にあっても時刻抜きの「富士山頂」は一つの運動世界線、停滞運動あるいは居坐り運動（の世界線）を指示する。ただ違うのは、「時刻t_0の富士山頂」という世界点指示が、t_0の如何に関わらず同じ空間位置を指示することである。しかしこの「同じ空間位置」、時刻を通じての通時的同一位置とは、繰返し述べてきたように「位置の相対性」によって座標系に相対的な概念である。一つの座標系Sの「同じ空間位置」はそれに対して動く座標系S′では一般に同じではない。しかも、Sの「同じ」とは異なる、S′での「同じ」の意味において同じでないのである。

したがってこの通時的同一位置にはその座標系の名を冠して区別しなければならない。例えば、S－同一な位置は一般にS′－同一ではない、と。ではこのS－同一性はどうやって定義されるのか？ それは単に、これこれの世界点（複数）はS－同一な空間位置をもつ、と宣言することによってである。まず一つの事物Oが座標原点であると宣言される。次にそれを基に組織的に組み上げられた立体格子の格子点が通時的同一位置であると宣言され、あとはこの格子の目をいくらでも細かくしてゆく。これがS－同一位置の宣言定義である。

この「tの如何に関わらずS－同一な空間位置をもつ」一つの世界点集合（例えば上の、すべてのtを通じる一つの格子点）の中からどれでもよい、一つの世界点をとってその空間位置を指示する。この空間位置こそ幾何学の「点」なのである。その「点」の指示は「tの如何に関わらず」に同一位置をもつ世界点群によってなされるがゆえに、時間と「関わりなく」なしうるのである。幾何学の「点」が非時間的なのはこの事情による。それは時間的に拡がる世界点群をいわば「一点」に圧縮したのである。だから非時間的なのである。まず、あらゆるtの値に対しての世界点群（p, q, r, t）がS－同一な空間位置をもつと宣言され、次にそのS－同一な空間位置がtを抜いた（p, q, r）によって表示（指示ではない）されるのである。それゆえ、時間とは無縁独立な幾何学的「点」があるのではなく、したがって時間とは独立な「空間位置」があるのではない。それは、まず世界点指示があって、その下でのみ表示可能なのである。(p, q, r) という時間抜きの表示は (p, q, r, t) という世界点群（世界線）指示によってのみ可能なのであり、それはその時間的圧縮なのである。

このことはまた、幾何学のこの表示では異なる運動を不十分にしか識別できない、という点からも明らかになる。地球座標Sをとり、そこでS－同一と宣言された二つの「点」AとB（例えば東京と大阪）をとり、それを結ぶ一つの経路（例えば東名、名神高速道）を定める。このときこの定められた経路の上をAからBへ、また逆にBからAに行く運動は無数にある。出発時刻、到着時刻、様々に変動する速度、途中での一時的逆戻り、一時停止、等々。これらはすべて異なる運動である。しかし幾何学はこの無数の異なる運動を常に等しくAとBとを結ぶ経路曲線で表示できるだけである。つまり幾何学は無数の運動を圧縮して一つの曲線で表示することしかできないのである。ベルグソンの持続としての進行中の運動はもとより、彼が「なし終えられた運動」とよぶ運動の記録すらも識別的に表示できないのである。

いやそれは何でもない、時間軸を座標軸の一つにとればいいじゃないか、といわれよう。その通り。しかし時間軸をとったときの「点」(x, t) はもはや単なる幾何学的「点」の表示ではなく、世界点の間接的指示なのである。すなわちそれは「t時刻におけるx軸上のx」という世界点の指示であって、x, t 座標面上の (x, t)「点」（tが0でない限りx軸上にはない）の表示ではない。つまり、時間軸の導入はとりもなおさず世界点の学としての運動学となることであって、もはや幾何学ではないのである。そしてここでもまた、幾何学がまずあり、それに時間が加わることによって運動学となるのではなく、世界点の学たる運動学があり、その中で初めて幾何学が可能となるのである。足し算ではなく引き算なのである。幾何学は運動学から運動（動き）そのものを引きさった運動の痕跡学なのである。そしてその痕跡上の各「点」はこれまた一つの運動世界線（S－居坐り運動）の圧縮表示なのである。

今一つ答えておくべき疑問がある。幾何学の「点」は世界線の圧縮だというとき、それは座標系SでのS－同一の宣言による、と述べてきた。しかし幾何学は何も常に一つの座標系をきめてから幾何学を始めるわけではない。初等幾何では通常は座標そのものが不必要ではないか。

しかし例えば三角形ABCというとき、そのとき既にA、B、Cの各点は「同一の点」だと宣言されているのである。A、B、C、と呼ぶ呼称が既にそれぞれのS－同一の宣言なのである。そしてまた、その3点は互いに異なる「点」だ（S－同一でない）という宣言なのである。そしてそれはとりもなおさず例えば原点B、二軸AB、BCをもつ（斜交）座標をとっていることなのである（もちろんそれ以外の座標系が無数にとれる）。すなわち「点」を一つの名前で呼称することそのことが（原則として）その「点」のS－同一位置を宣言することなのである。そして直角座標は、平面幾何なら2点（原点と一軸上の単位点）、三次元なら3点の「同一点」によって定めることができる。つまりその2点、3点がこの場合の座標系Sに他ならないのであり、その「点」はS－同一なのである。

したがって、幾何学は任意の座標系での「点」表示を基礎とする図形の学であるといえよう。そしてこの幾何学は空間の時間からの独立性の保証人ではなく、その一体性の申し子なのである。

3　視覚風景に露出する世界点

前節で述べたように、幾何学の座標点表示（x, y, z）は世界点指示（x, y, z, t）の圧縮として、世界点指示の下でのみその意味が与えられる。座標点表示は世界点指示の非独立的部分なのである。特定の空間位置の指示は、ただ世界点指示によってのみ、したがって時刻指示と同時になされることができるだけである。座標点表示（x_1, y_1, z_1）は指示としては世界線を指示するのであって空間位置を指示するのではない。その世界線の上の一つの世界点（x_1, y_1, z_1, t_1）の指示によって、またこの指示の中で、またこの指示と同時に、一つの空間位置が指示されるのである。それゆえこの空間位置の指示を非省略的にするには（x_1, y_1, z_1, t_1）以外の表記法はないのである（このことは、相対論での時刻指定が空間座標系指定を必要とすることに対応する）。

この、同時に時刻指示でも空間位置指示でもある世界点指示（x_1, y_1, z_1, t_1）は座標点（x_1, y_1, z_1）にt_1を添書することで表現される（今一つの表現法は前節で触れたt軸使用である）。この方式では、同一の座標点に異なる時刻をいくつ添書してもかまわない。それらはすべて異なる世界点の指示である。またこの表現には二種類の読み方がある。紙上の座標点

(x_1, y_1, z_1) が地図の場合のように「現地」の座標点の表現である場合。このとき (x_1, y_1, z_1, t_1) は現地世界点を指示する。今一つはその紙そのものの上の世界点指示である場合である。このとき t_1 がもし明日正午であるとすると、それは明日正午のその紙上にある世界点を指示する（それは引出しの中、ポケットの中、あるいは紙くず箱の中でありうる）。その紙がそれまでに燃えてしまえば、この世界点指示は無意味になる。何も指示しないのである。以下では始めの方の読み方をとる。

さて以上の準備の上で、視覚風景と世界点との関係を検討しよう。そして特にわれわれ地球人の視覚風景を世界点指示によって表現してみる。それによって六章で述べた過去透視と、五章と六章で述べた「見透し線」が別の角度から照明をうけることになる。それと同時に、世界点指示が幾何学の初発概念であることが、したがって、時空の非独立性がみてとれよう。

六章での一つの結論は、われわれの視覚風景は光速度が有限であることによって過去透視である、ということであった。これを世界点を使って言い直すと、視覚風景には過去世界点が露出している、視覚的に露出している、つまり「見える」、ということである。ではどんな過去世界点が露出しているのかといえば、それはほぼ、私という現在世界点を頂点とする（ミンコウスキイ表現の）光円錐面上の過去世界点である（前章）。したがって、私を原点とする（私についてまわる）座標系で言って、私に近距離の世界点ほど、より近い過去の世界点が今現在露出しているのである。私との距離をγとすると、それを光速度cで割ったγ/cだけ昔の過去露出点である（精しくいえば、現在をt_0として、$t_0-t_1 \fallingdotseq \sqrt{x_1{}^2+y_1{}^2+z_1{}^2}/c$となる$t_1$、そしてこの$t_0-t_1$がlight-time、光差、と呼ばれる）。もちろん刻々時が移るにつれて、視覚風景に露出する世界点もまた刻々に交替する。

しかし各時点において露出しうる世界点集合はローレンツ変換に対して不変《インバリアント》である。すなわち（慣性）座標系をどうとっても各時点での私の視覚風景に露出しうる世界点集合は一意的にきまっている。また後に述べるように、同一の時刻、場所、方向の視覚風景に露出する世界点はその人の運動にかかわりなく同一であり、またその風景そのものも光行差を除いてはその人の運動にかかわりなく同じ風景である。それに対して「今現在」の世界点集合（例えば「像」解釈での今現在の「像」が在る世界点の集合）は座標系によって変わり、一意的にきまらない。つまり、像解釈の「世界今」は無数にあらざるをえないのである。

さて次に地球上に居る私の視覚風景を検討するがこれ以後は六章でと同様に古典物理学を前提とする。特に光速度一定の前提を無視する。というのは一つには特殊相対論は恒星系と地球のように互いに回転する座標系を扱わず、また難しい一般相対論を持ちだすほどの問題ではとうていないし、またそれは私の能力をこえるからである。他方、私がここで必要とするのは一種の思考実験であって、視覚風景の或る特性がそれによって明らかになりさえすればいいからである。

まず、点光源から私の眼に光が達するまでの光の経路を光路と呼ぶ。その上のどこに遮蔽物をおいても光は私の眼に達しない、そういう経路である。そしてこの光路は恒星座標系では直線だとし、それを光の直進と呼ぶ。ところが地球は恒星系では自転公転をしている。だがここでは公転を無視して自転のみを考える。すると地球座標系では当然光は直進しない。点光源から私の眼にくる光路は六章で述べたように螺線なのである（地心偏差を無視して。つまり私は地球中心にいるとして）。したがって恒星系での光速を c とすれば地球系では光速は c より大きくなる（地球の回転角速度を a とすると、$\sqrt{1+a^2}$ 倍）。ところが光がその螺線光路を走る時間は恒星系の場合と変わりはない。

ところでその点光源が x 光年の距離にあるとすればそれからの光路は概略、$365\times x$ 回地球をグルグル巻いてから私の眼に達する螺線である。それがもっと近く、1光日、すなわち24光時間の距離にあるとすればそれは地球を一巻きする螺線である。今これらの点光源を星のような持続発光体ではなく、爆発閃光のような瞬間発光体だとする。するとその発光は一つの世界点、またはその世界点で生じた事件である。

さて今現在（零時とする）私は地球中心に位置して地球回転軸に縦に貫かれ、地球と共に自転をしているとする。そして地球は透明だと仮定する。そして私は今、正立前方を見ているものとする。このとき私の中心視線方向は赤道上の一点を貫くことになる。そして私の視覚風景は、その一点に南北方向にねそべって天頂を見上げている人の視覚風景とほぼ同じである（地心偏差のため完全には一致しない）。簡単のため私の視野の広さは180度とする。すなわち宇宙の前方の半分が見えているのである。

この今現在の私の視覚風景に今現在露出している世界点を、地球座標を使い、この節の始めの方に述べた表現法で指示してみよう。すなわち、まず私を原点とし、地軸を座標軸 z とする、円筒座標系 S をとり、その座標点表示（z_1, ρ_1, θ_1）に時刻を添書して露出世界点（$z_1, \rho_1, \theta_1, t_1$）を指示するのである。しかしそれは立体図となり図示が困難なのでここでは原点O（私）を含む z 一定の平面、つまり赤道面を図示する。上に述べた赤道上の一点にねそべる人の視野では、天頂を含む東西の平面である。すると円筒座標は極座標（ρ, θ）ですますことができる。その平面上で今現在、私と彼の視覚風景に露出している過去世界点を指示するのが図18である。その無数の世界点で様々な過去時刻 $\left(-\frac{\rho}{c}\right)$ で無数の爆発があったとすると、それらの光は今一斉に私に到達したところである。そして私は天頂を通る東西の大半円の弧上に無数の閃光が一瞬一斉に光るのを見る。空の真上にかかった巨大な一瞬の虹の橋である。

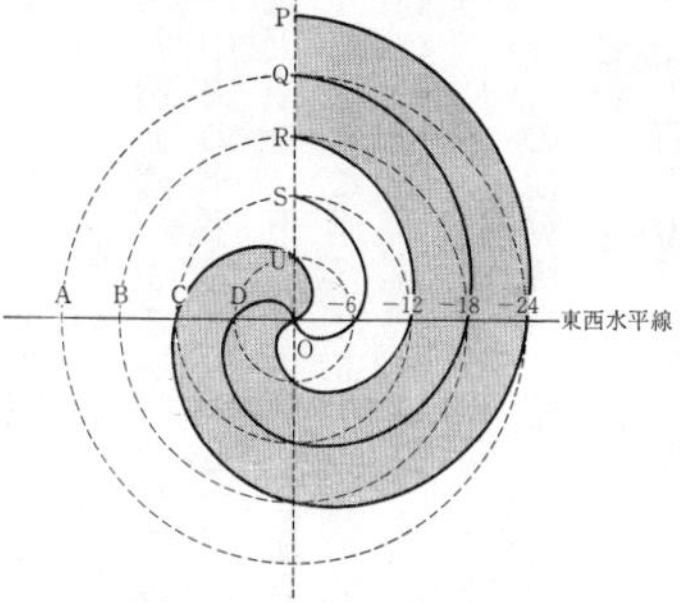

図18

　その虹の橋は図18の、二つの螺線で囲まれた、影をつけた部分の中にある（その説明はすぐする）。その部分を螺線帯と呼んでおく。また、図のOは零時現在地心に位置する私がいる世界点である。そのOに限らず、どこにも時刻の添書がないのは、それを図の点線で描かれた同心円が代行しているからである。これらの同心円はOを中心として、マイナス6時間を単位とする半径をもっている。例えば、小さい方から3番目の円は、現在マイナス18時間、という連続的添書である。中央の水平線は（赤道上の彼には）東西の水平線であり、Oで垂直線を引けばそれは上方は天頂を、下方は天底（nadir）を指す（地球の反対側を指す）。

だが先に述べたように地球座標では光は直進しない。そして光源からO（私）に達する光路は螺線である。図でOに集まる三本の螺線、PCUO、QDO、RO、もそれぞれ、P、Q、RからOに至る光路なのである。その二本に囲まれた影のついた螺線帯、それこそ現在只今私の視覚風景に露出している（赤道面）世界点の領域なのである。

これはひどく奇妙に思われよう。例えば水平線のABCの部分、Oと−12の間の部分、また垂直線のUとRの部分、これらはその領域の外にある。それはそれらの部分が今見えていないということを意味する。すると、水平線や垂直線、いやそれに限らずOからの任意の傾きの方向線はすべて、そのとびとびの部分しか今見えていない、ということになる。だがそれが事実なのである。例えば垂直線上のSからの光が今地心Oに到着するには丁度12時間前にSを出発しなければならない。その光路は図の上で−6の点を経てOに下から達する光路である。つまり私の背後、赤道上の彼には地球の反対側からくる光である。だからSは今見えないのである。Sで起こった事件は今見ることはできないのである。

では例えば垂直線OPを実際に長大な棒だとしたならそれは一体どういう風に見えるの

か。とびとびだんだらに見える部分と見えない部分が交替するのか。そうではない。説明は省略するがそれは地球を巻く、幅が24時間光差の螺線の、水平線で切られた上の半分として見える（図19の実線で示された部分）。図19は、地球座標での私の視野露出世界点指示である図18と違って、私の現在只今の視覚風景の模写であり写真であり視覚風景画の散文的図示なのである。私の視覚風景の「見透し線」を直線座標軸とした図である。そしてこの図19が図18と「重ね描き」されるのである。つまり、図19のどの露出世界点が図18のどの露出世界点であるかが同定される。だがこれはまことに奇妙な風景画ではないか。地面に垂直に立つ棒が東西にまたがる螺線断片の束として見えるとは。しかしそれは事実であり少しも奇妙ではないのである。実は今私に見えているのは、時刻を異にした棒の部分のつながりなのである。棒の各点に豆電球をつけて、遠くの方から順々にパッパッと点燈し、その光が今一斉に私に到達した、その時の光景なのである。時刻を異にする世界点のつながりを今見ているのである。この風景が奇妙だと思うのは、その誤感に導いたのは、単なる幾何学的表示による世界点圧縮のためである。異なる時刻の異なる世界点をただ一つの「点」で表示す

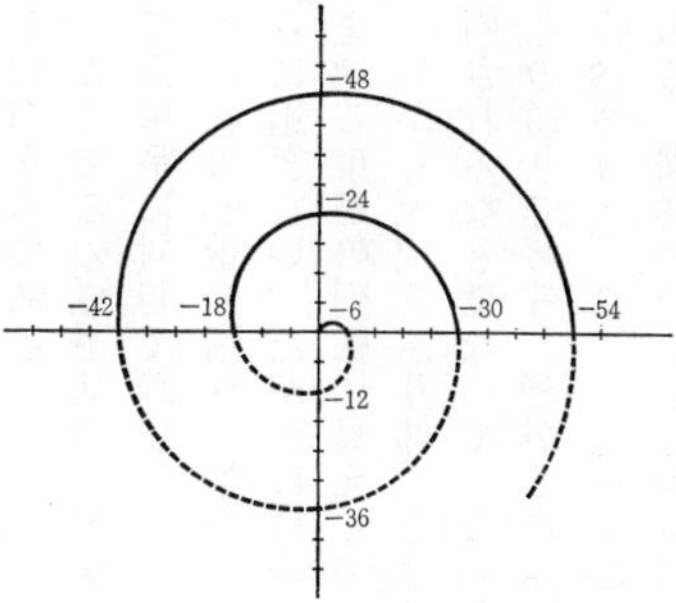

図19　数字は光差時間であり，且つ地心Oからの距離を示す．距離＝c×光差時間×3600.

る習慣からである。

ここでこの豆電球棒は恒星系では回転している、このことを忘れてはならない。したがって恒星系に対して静止している人にもそれは巨大な渦を巻く螺線に見えているはずである。私にその螺線の断片的半分しか今見えていないのは単に私の視野の開き角度が180度であるからに過ぎない。だが私には垂直線が切れぎれに見えるわけではない。それらは重なって天頂を通る東西の円弧に見えるであろう。

しかし天頂をふり仰ぐとき私の視線には切れ目がないではないか。見えない空白部分で中断されるなどはないではないか。第一そんな視覚風景は想像することもできない。もちろんその通りである。だがその「視線」は上に述べた垂直棒ではないのである。その「視線」は図18ではO→D→−18→Oという螺線なのである。その螺線と「重ね描き」されるのである。図18のOを通る螺線は、図19のOを通る直線（見透し線）に「重ね描き」されるのである。つまり、その螺線上の世界点はすべて私の真上の天頂方向に見透し（see through）されるのである。

それが五章と六章で述べた「見透し線」なのである。五章では、レンズや蜃気楼その他の光学的異常状況ではこの「見透し線」が側面からみれば一直線ではないことを述べた。そこでの「実物」解釈では、この「見透し線」を折れ線や曲線と「重ね描く」、つまりそれらと位置が重なるものとして位置同定するのである。ところがここでみるように、それは局部的な光学的異常の状況に限られるのではなく全域的、全局的にそうなのである。少なくとも古典物理的には、そして天文学的距離においては、回転座標系で世界点指示を行なうときには視覚風景の「見透し線」はすべて螺線に位置同定されねばならないのである。もちろん、日常的距離の範囲ではこの螺線は直線とみてかまわないがしかしそれが螺線の一部であることには変わりがない。一言でいえば、回転座標系は光が直進しないという一つの光学的異常系なのである。

4　視覚風景はその人の運動に関せず

しかしこのことは、地球の上のわれわれの視覚風景が、恒星系に静止する人の視覚風景と異なっている、ということを意味しない。そのことを説明する。まず、視覚風景は一般に場所と時間が違えば異なるのは当然だから、地球人と恒星人の風景を較べるには同一時刻の同一場所（そして同一の向き）での視覚風景を較べるのでなければならない。例えば、地球の自転を相殺するような速度（赤道上では約1666キロ時）で東から西に動いている人が、立ち止まっている私に丁度すれ違った時の、そして同じ向きの視覚風景と私の風景とを較べるのである。

すると自転による極めて僅かの光行差（日周光行差）やドップラー効果を無視すれば、その翔けゆく人と私の視覚風景は全く同じなのである。そのことは日常経験的には自明であろう。飛行機や宇宙船から見る星座は、地上から見る星座と全く変わりがない。また、庭に下りて夜空をふり仰ぎながらグルリと一回転しても、その回転中に星座の様子が少しでも変わることはない。だがその時の私の回転角速度は24時間で一回りの地球の角速度よりも10万倍は速いのである。

しかし地球系では光は曲進し、特に光源の星から私の眼に達する光の光路はほぼ螺線である。その結果、私の視覚風景に今現在露出している世界点は図18の影のついた螺線帯内にある。このことには変わりがない。それにもかかわらず、その私の視覚風景が恒星人のそれとほとんど全く変わりがない、このことは説明を要するだろう。またその説明によって螺線帯のもつ見かけの奇妙さを取り除かねばならない。

しかしその説明は簡単で、図18で地球座標系で指示された世界点を今度は恒星座標で指示すればよい。簡単にいえば座標変換を行なうだけである。すると図18の螺線帯は恒星座標系の水平線の上部の半平面になる。そしてもちろん螺線はすべて直線になる。

ただこの座標変換は四次元世界点指示の変換であって三次元幾何学での座標変換とは少し異なるので、変換の具体例をあげてみる。

地球からの距離を異にする二つの世界点で爆発があり、その閃光が今現在、同時に私の眼に達したとする。私の視覚風景の中で今二つの閃光が光ったのである。この二つの閃光が私の眼で作る開き角度を、恒星、地球の両座標系による世界点指示で比較し、その角度が等しいことを示す。すると、その角度は、恒星、地球、それぞれに静止する人の視覚風景での二つの閃光が開いてみえる角度であるから、この両人の閃光視覚風景は等しい、といえる。こ

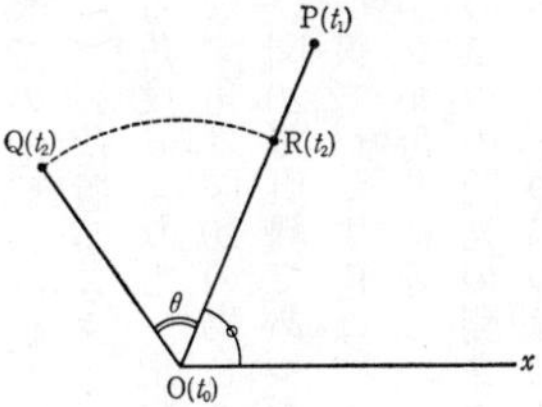

図20　恒星系指示

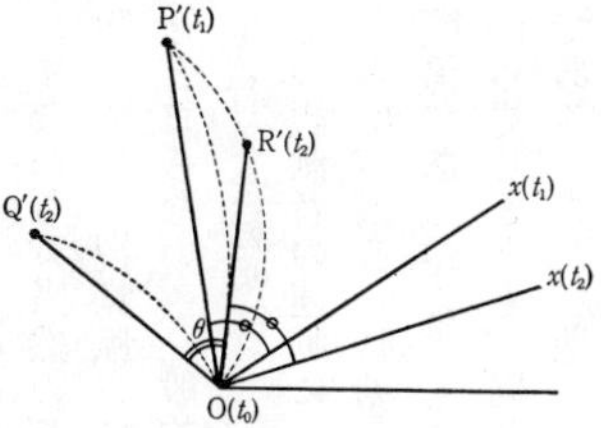

図21　地球系指示

のことを（考え易さのため）恒星系から地球系への変換で示してみる。

図20でのP(t_1)とQ(t_2)とがその二つの爆発世界点を恒星系で指示したものである。いうまでもなくO(t_0)は地心、従って私と恒星人が今現在すれ違っている世界点である。これは恒星系であるから光路は直線で、P(t_1)O(t_0)、Q(t_2)O(t_0)、がその光路の世界線である。R(t_2)はQの爆発の時刻t_2にPからの光が到着した世界点である。QとRとはOからの距離が等しい。そうでなければ、P、Qからの光が同時に（t_0に）Oに到着することができない。

さてこの図20を図21の地球座標での世界点指示に変換する。それにはまず恒星系の座標軸xを地球系で指示せねばならない。この軸xは地球系では回転する線である。したがって時刻が異なるとその指示は変わる。そこで図21の$x(t_1)$が時刻t_1での軸xの指示だとする。するとこの$x(t_1)$に対して、図20においてのP(t_1)がxに対すると同じ位置関係をもつ点P′(t_1)が第一爆発世界点の地球座標での指示である。次に時刻t_2におけるxの指示を$x(t_2)$とする。それが$x(t_1)$となす角はt_1からt_2

までの地球の回転角である。さて$x(t_2)$によって上の$P(t_2)$の場合と同様に$Q'(t_2)$と$R'(t_2)$の位置がきまる。このとき、$P'(t_1)$と$Q'(t_2)$がOでなす開き角度は、図20での対応する角度θよりも、上の地球回転角だけ小さくなっている。しかし$Q'(t_2)$と$R'(t_2)$とがOでなす角は図20の場合と変わりがなく、θである。

図20で直線であった光路は図21では螺線（破線）である。この二つの螺線（のOにおける切線）がなす角は、図21での$Q'(t_2)$とO、$R'(t_2)$とO、の距離が等しいので、その二直線がなす角θに等しい。そしてこの二つの螺線（の切線）がなす角が地球人の私の視覚風景での二つの閃光の開き角である。同様に図20での二つの直線光路の間の角θは恒星人のそれである。その二つは共にθで相等しい。

すなわち、当然のことながら、恒星系に静止するか回転しているかは（微小な光行差等を除いては）視覚風景に影響を与えないのである。そしてこのことは単に静止と回転の場合にとどまらない。一般的にいって、観測者の視覚風景はその運動によってかわらないのである（光行差を除いては）。当然、同一時刻、同一場所、同一方向の視覚風景に露出する世界点はその観測者の運動にかかわりなく同一である。これは或る意味では当然のことである。なぜならば、或る一時刻点に観測者の眼に到達する光線の配置は、その観測者の運動状態とは無関係であるからである（ただしもちろん光行差を除いてである）。まっすぐに降る雨を車窓から見るときも、同時同場所からの瞬間的風景は地上に対して静止している人の風景と同じである。また、地上で列車に沿って一列に並んで立つ人々の、次々の時刻での瞬間風景を一枚のスクリーン上に映写すれば、雨は列車からと同様、斜めに降ってみえる。このことは相対論の中でももちろん成り立つ。或る一時刻に或る一つの場所（眼）に多くの光が同時に到着した、ということは座標系のとり方とは無関係だからである。特殊相対論で座標系によって変わるのは「異なる場所」での二つの事件の同時性であって、「一つの場所」での事件の同時性ではないのである。更に相対論での例えばローレンツ収縮は、視覚風景において動く棒が短く見えることではない。相対論が観測者の視覚風景までを「相対的」にするわけではないことを示す一つの事例として、このことの検討を章末に付した。

それゆえ、相対論では観測者の運動によって現象が「異なって見える」というのは誤りである。相対論が言うのは、その物理現象の時間空間的描写が座標系によって変わり、その変わり方がローレンツ変換である、ということなのである。だから極端にいえば相対論は古典論と同様、観測者抜きの理論なのである。少なくとも、観測者を必要とせず、観測者については何も語らない理論なのである。

その相対論が指摘したことは、時間関係が空間座標系に依存するということであった。それに対してこの章で私が述べたのは、その空間の位置指示が時刻抜きでは完成しない、ということである。四次元世界点の指示においてのみ空間位置の指示が可能であり、そのことは物理学以前の「運動の相対性」からの必然的帰結だ、ということである。そして視覚風景がその世界点指示とどう「重ね描き」されるか、あるいは逆にいえば、視覚風景の中の諸事件の世界点をどう同定するか、ということである。そしてその同定の中で特に、視覚風景の

「見透し線」が必ずしも直線ではないことを確認したのである。そして更に特に、視覚風景に現在只今露出している（見えている）世界点は光円錐表面上の過去世界点であるという解釈の整合性を確かめた。すなわち、視覚風景は過去透視であるということ（六章）の整合性をあらためて確かめたのである。

付　視覚風景とローレンツ収縮――動く棒は短く見えるか？　否

問題は、一つの剛体棒が、それに対して静止する観測者と、動いている観測者にどう異なって見えるかである。

棒の代りにその棒の両端ＰＱの閃光を考える。その棒がそのとき静止している慣性系をSとし、簡単のためその棒はそのx軸に平行とし、観測者は原点Oにあるとする（図22）。またy軸はＰＱを垂直に二等分するとする。まず参照のためガリレイ変換を考える（図23）。左方からvなる速度で右方に走るS'座標がある。二つの閃光からの光が観測者に達した丁度そのときそのS'の原点がSの原点と一致するようにS'のy軸を決める。その時刻での状態が図23である。閃光の生じた時刻はそれより以前（$\overline{PO}/c=\overline{QO}/c$ だけの以前）だから、二つの閃光の世界点指示は、$P'(t_1)$ と $Q'(t_1)$ である（t_1は発光時刻）。図23に図22を重ねてかくと、P'とQ'は、ＰとＱから水平方向右方に等しく$v \times \Delta t$（Δtは$\overline{PO}/c$）だけずれている。したがってP'とQ'の距りは（$x_p - x_q$）である。簡単な幾何学的考察から、二閃光が原点となす

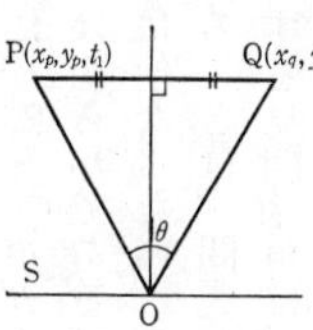

図22　静止系

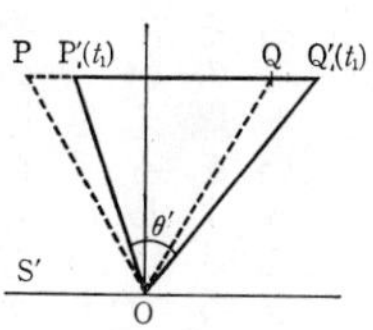

図23　ガリレイ変換

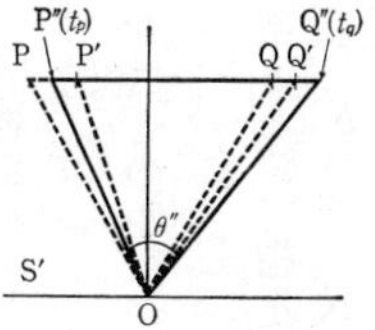

図24　ローレンツ変換

角は、図23のθ'が図22のθより僅かに小さい。つまり、観測者の視野ではこの二閃光の開き（棒の両端の視角）は運動観測者にとっては静止観測者よりも僅かに狭く見える。これは光行差に他ならない。

次にローレンツ変換で同じことをする（図24）。二閃光の世界点指示の時刻は座標が違うのでこの場合はもはや同時刻ではない。しかしその二閃光がOにいる観測者に到着するのはS′でも同時刻である（本文に述べた通り）。二閃光世界点P″、Q″のy''座標は静止系と変らないがx''座標は、$(x_p - vt_1)/\sqrt{1-\beta^2}$と$(x_q - vt_1)/\sqrt{1-\beta^2}$であり、その差は$(x_p - x_q)/\sqrt{1-\beta^2}$である。分母$\sqrt{1-\beta^2}$は1より小さい。このことからまず第一に、二閃光間の距離は運動系での方が静止系より大きいことがわかる。だが運動系ではこの二閃光は同時ではないのだから二閃光間の距離は相対論の意味での「棒の長さ」ではない。しかしそれはOにいる観測者が或る時刻に見る、棒の「見えの長さ」なのである。Oの視覚風景の中に見える棒の長さなのである。だから運動する観測者には、少なくともこの位置にある棒は、縮むどころか伸びて見えるのである。もっともここにも座標変換光行差があるので、ガリレイ変換の場合と比較する必要がある。

だが面倒な計算をしないでも、上のx'の式を見れば図24でのように、P''とQ''がガリレイ変換のP'とQ'をその内側に挟んでいることから、$\theta''>\theta'$であることは明らかである。これは実は、相対論での方が座標変換光行差の効果が大きい、ということに他ならない。ここでx座標の単位が違う（ローレンツ収縮！）二つの座標系を重ねて考えることは、問題が角度の比較にあるのだからかまわない。こうして二閃光の運動観測者に対する見開き角は、ローレンツ変換ではガリレイ変換のそれよりは大きいことがわかる。

すなわち、棒PQは、ローレンツ収縮などがないガリレイ変換の場合よりもローレンツ変換の場合の方が長く見えるのである。そしてそれも単に座標変換光行差効果の差にすぎない。さて、もちろんこのことはここで考えた特殊な位置にある棒についてであって、一般的にいえるわけではない（しかし静止座標系で原点からy軸にv/cの傾きの二線を引くと、その線をよぎる棒についてはすべて上と同じことが成り立つ）。しかし、このような場合があるということだけで、ローレンツ収縮が見える、ということを否定するには十分であろう。

相対論のローレンツ収縮とは、$P(t_1)$ $Q(t_1)$ のローレンツ変換である棒 $P''(t_p)$ $Q''(t_q)$ が $P(t_1)$ $Q(t_1)$ より短いというのではなく、$P''(t_p)$ と運動系S'で同時刻t_pでの棒の他端$Q''(t_p)$ との距離が$P(t_1)$ $Q(t_1)$ よりも短くなる、ということなのである。ここで、$P''(t_p)$ と$P(t_1)$、$Q''(t_q)$ と$Q(t_1)$、はそれぞれ同一の世界点であり、その同一の世界点を二つの座標系SとS'で指示したものである。しかし、$Q''(t_p)$ は$Q(t_1)$ とは異なる世界点なのである。したがって、収縮とは、一つの世界点A（$P''(t_p)$ 且つ$P(t_1)$）と今一つの世界点B（$Q''(t_q)$

かつ$Q(t_1)$）の間の距離が、Aと更に今一つの世界点C（$Q''(t_p)$）との間の距離よりも大きい、ということなのである。つまり、AC間の距離がAB間の距離より小さい、ということなのである。したがって、同じ二つの世界点の間の距離がS'で「縮む」のではない。そして、Oにいる観測者には、彼が静止していようと運動していようとにかかわりなく、AとBは同時に見え、AとCとは同時には見えないのである。

相対論であれ古典論であれ、同一の時と所での視覚風景は（光行差やドップラー効果を除けば）その人の静止、運動にかかわりなく同一なのである。

八章　自由と「重ね描き」

私の視覚風景は一言でいえば、一群の遠距離過去事象から現在の私の脳に至る因果系列を逆方向に、現在の一瞬に「透視」するものである（その透視の行き止まりは不透明体である）。これが六章に述べたことである。もちろん私が「透視」するのではない。「透視」する何ものかがいるのではなく、ただ視覚風景が「透視」という構造をもっているのである。透視構造をもった視覚風景があるということそのことが、私が生きてこの透視風景のここにいるということであり、また、その風景が私に見えているということなのである。この視覚風景のあり方そのものが「私に見えている」ということなのであって、それに加えて「私」なるものがいるのではない。

そしてまた、過去から現在に至る因果系列に加えて視覚風景があるのではない。その因果系列そのものの逆透視風景が視覚風景なのである。しかしこのことは、その逆透視風景の描写がその因果系列の逆方向描写であるということを意味しはしない。この二つの描写は語彙《ボキャブラリ》を全く異にする二つの言語でなされるのであって、その一方だけですます、あるいはその一方を他方に還元することはできないのである。その二つの言語とは、知覚の言語と事物の言語である。そして、一つの壺の形の描写と色彩の描写がその壺に「重ねて」なされるように、知覚の言語と事物の言語がこの因果系列に「重ね描き」されるのである。そのとき色を形に、形を色に還元できないように、知覚の言語を事物の言語に、あるいはその逆向きに、還元することはできないのである。

ここで事物の言語というのは、その純化された形を物理学の言語にみることができるような言語を意味する。それは根本的には、人がいない世界、無人の世界にあっても意味をもちうるような、世界描写の言語である。したがって、人間が生きて知覚し行為する場合にのみ意味をもちうる言葉、知覚や行為を描写し表現するような言葉、はそこから排除されねばならない。われわれの物理学は半ば無意識的にそれを目指して、デカルト的な幾何学－運動学の言語を構築し純化してきたのである。

当然、この事物言語は、色、熱さ、味、痛み、等々の知覚性質を表現することはできない(実は知覚的「形状」もここに含めねばならないが、それを説明すると長くなるので省略する)。ただそれらの知覚表現を事物言語表現に「重ねる」ことができるだけである。だが事物言語が表現できないのはこれらの知覚性質だけにとどまらない。視覚にもっとも明瞭にあらわれる、上に述べた、知覚の「透視構造」(透知覚構造)を表現することもまたできないのである。それは事物言語がもつ根本的性格に由来する。

事物の言語は大まかにいえば、デカルトの幾何学－運動学の言語を骨格とする言語である。その最大の特徴の一つとしてそれは時空連言的（spatio-temporally conjunctiv とでも訳せよう）である。すなわち、或る限局された時空領域内の事物言語による描写は、その領域外の描写とは独立になされる、領域外の描写に一切触れることなしに、言及することなしになされる、ということである。したがって、或る領域の描写は、その領域をいくつかの（無限の）時空細胞領域に分割するとき、それらの時空細胞内の描写の連言として表現される、ということである。或る一つの時空領域は通常その領域の外と因果的に連結している。しかしその時空領域内の状態の描写はその連結に言及することなしに完全に描写されるのである（例えば、電磁場や力場の描写を考えて戴きたい）。その描写があればその領域内の状態を完全に再現できるという意味で、完全に、である。[*]

　ところが一方、知覚風景の描写、例えば視覚風景の描写はその「透視構造」によって時空連言的ではないのである。（濃い）赤のガラスを「透して」向うに例えば赤く染まった人の顔が見える風景において、その赤ガラスが占める空間領域の知覚描写はその領域の外にある向うの人の顔に言及しないではなしえないことは明らかである。その赤ガラスの「見え具合」（見え状態）はその向うに人の顔が見えるか馬の顔が見えるかによって全く異なるからである。同様に、その人の顔（の領域）の描写は赤ガラスの描写に触れないでは、また厳密には中間の空気領域の清澄透明なことに触れないではなしえない。視覚風景はその透視構造からして空間的分割が不可能な一体構造なのである。更に時間的にもそれは連言的ではない。その赤ガラスや人の顔が静止しているか、動いているか、動いているならばどのような動きをしているか、それによってその視覚風景は時にはガラリと変わるのである。

こうして視覚風景の知覚語による描写は時空連言的ではない。それゆえこの「透視構造」を時空連言的な事物言語で表現することはできないのである。「透して見える」ということを物理学の言葉で表現することは不可能なのである。このことはまた、物理学の言語で「視点がある」、「ここから見えている」、という言葉を表現することができない、ということでもある。

それにもかかわらず事物（物理学）の言語と、それが排除した日常的知覚言語とは一にして同一な世界をともに描写しているのである。それらはその一つの世界を「重ねて」描写し表現する「重ね描き」なのである。しかしではそれがどのように「重なる」重ね描きであるのか。それがまさに五・六・七章での検討の主題であったのである。光学的異常のある視覚風景（五章）、光の伝播による時間的遅れ（六・七章）、この両方の場合ともに「実物」解釈による「重なり方」が可能であること、それを示したのである。

しかしこれではまだ日常描写と科学描写とのつながりを示すには充分ではない。「生《せい》の言葉」としての日常言語は知覚の言葉の他に行為の言葉を含むからである。しかもこの知覚の言葉と行為の言葉とは並列したり層をなしたりしているのではなく、全く一つの言葉として一体になっているからである。そしてこの一体となっている「生の言葉」と事物の言葉が行為の場面でどのように「重なる」か、それがここで検討を試みることである。

そしてその検討を行為の自由という観点から行なう。自由、ということが人間の行為の最も根本的な特性であり、同時に、科学描写には最も疎遠な概念だとみえるからである。だが自由という概念はその多義的で曖昧なことで悪名高い概念である。自発的、主体的、という意味での自由、意志の自由、強制の反対概念としての自由、何々からの自由、何々への自由、等々。だがそれらすべての自由の基底にあると私には思われる、いわば原始的《プリミティブ》な自由がある。それは動作の自由であり、私はそれを麻痺に対する自由だと考える。以下ではこの自由について考察することになる。それでこの章は一種の自由論の形をとることにもなるだろう。

* ここで私は量子力学では多粒子系の状態関数が空間的には連言的ではないことを見落していた。これは私には非常に興味があることに思われるが、現在それについて何も述べることができない。

1 誤認された「意志」

自由の問題は伝統的に、「意志の自由」の問題であるとされてきた。しかし、そのことが自由の問題の方向を曲げ、多くの混乱を生む原因となった、と私には思われる。そこで意志の問題を再検討することから始めなければならない。

意志、というとき既に、意志なるものが行為や動作から不当に分離抽出されている。意志という何かの心的過程があり、そこから発せられる心的命令によって物的肉体があれこれの動作をする、こういう図柄が描かれている。心的意志による肉体の運転操縦の図柄である。

そしてこれが典型的な二元論の構図であり、ライルのいう「機械の中の幽霊」の図柄であることは明らかであろう。これを意志命令者説、簡略して命令説と呼んでおく。

そしてしばらくこの命令説に従ってわれわれの行為を観察してみよう。例えば私が、五分後に家から出かけよう、と意志したとする。そして五分後に家を出た。このときまず、その五分間の間私はその意志を保持していたはずである。タイムスイッチのように、最初の意志がパチンと入れば、後はほっておいても五分後に私の体にエンジンがかかる、というのではないのである。また私は単にその最初の意志を記憶していたのではない。その五分の間中私はずっと家を出ようと思っていた、つまり意志していたのだから。更に、その五分の間は私は家を出なかった。それは、最初の意志は同時に、五分たつまでは家に留まる、という意志でもあったからである。つまり私は家を出かける以前から既に、その意志を遂行していたのである。だから私はその意志を一部遂行しつつ保持していたのである。

更に、その五分の間私は様々なことをする。それは必ずしも出かける準備だけではなく、それとは無関係なことも多々あるだろう。そして命令説によれば、それらの行為にはそれぞれ意志命令が必要なはずである。意志には全く休む暇がないのである。

そして五分がたって私は家を出た。私は最初の意志を遂行したのである。いくら命令説の信奉者といえども、このとき「始めの意志を今遂行する」という意志、「始めの意志を変えない」という意志が更に必要だ、とまでは言うまい。しかし、このときに突然一挙に始めの意志が遂行されたのだ、とは言えないはずである。上に述べたようにこの五分間の経過の中でその意志は持続的に遂行され続けてきて、今いわば一段落しただけなのだから。したがって、時刻Aでの意志命令発令、時刻Bでのその遂行、というタイマーまがいの単純な図柄は事実に反する。意志は常に持続的であり、忘れるのではない限り常時出ずっぱりなのである。

そのことは、今述べた、出かけよう、といったあからさまな意志の場合に止まらない。歩行での次の一歩をどの位の歩幅でどちらへ向けるか、食事での次の一口をどのようにほおばるか、談話での次の一語を何にするか、それらは歩行や食事や談話の自然の滑かな流れの中でまことに自然に意志されているのである。それらはその流れの中に溶けこんでとりたてて気付かれはしない。しかし私はいつでもそれらの意志を取りやめ、変更できるのである。また、私が列車で大阪にゆくとき、車中で全く他のことに没頭していても、大阪行きの意志はいわば「地」の意志として持続している。その「地」の意志の上に様々な「図」の意志が出没しているのである。また、ズボンをはくといった半ば自働的な行為にあっても、自働的に動く手足にまかせるという意志が持続的にそこにある。私はいつでもそれを取り止めることができる。

結局、命令説においてすら、意志はいわば散発的な一発命令なのではなく、退席することができない持続的意志でなければならない。その持続的意志（様々な）が常住、行為にいわば貼り付いているのである。

そして、五分したら出かけよう、といった初発的意志もまた、例えば今日の予定を考えながら草むしりをしているという行為に貼りついているのである。その手がおろそかになるとか、もうこれで止めとこうと立ち上る、そういう行為と一体なのである。そして次の五分間、それが持続的に遂行されつつあるときはもちろん、五分の後に出かける行為にも貼りついているのである。この一連の連続的な、行為・意志の貼りつき体の初発点での意志だけを剝がしとり、末端では今度は行為だけを剝がしとり、こうして発端意志と末端行為との二時点風景をつくる、これが命令説なのである。これは上述の如く明らかに事実誤認の図柄である。

更に、意志をたとえ頭の中だけでも行為から切り離して考える（distinctio rationis）ことができようか。一つの時点で、歩行と歩行の意志を分離できようか。夢遊病などではない正常な状況で、歩行の意志なき歩行など考ええようか。また、そのとき全然別のこと、例えば、明日彼に手紙を書こうと意志したとしても、その意志での明日は今とつながる明日、今の歩行とつながる明日である。その手紙を書く場所も今の歩行の場所と地続きの場所である。そしてその意志は歩行の意志と共に、その後の歩行に保持され、更に既に遂行され始めたのである（今は、今日は書かない）。こうしてその意志もまた今の歩行から分離することはできない。今ここで始まる意志は、今ここ以後の行為から剝ぎとることができないのである。

以上の観察から次のように言いたい。意志が常時行為に貼りついているのではなく、常に意志的である行為があるだけなのだ、と。行為から抽出できるような意志などはどこにもない。そして抽出の残滓としての意志無し行為などがあるわけではない。催眠や夢遊病といった異常な状況を別とすれば、行為は常に意志的なのである。そして意志的行為として、単なる物体運動と対比されるべきなのである。たしかに、私の手を上げる行為を、物体運動として「手が上がる」と描写することもできる。しかしその描写は「手を上げる」という描写と全く異なるのである。それは一つの曲の音楽的描写がその空気振動描写と違うように、違うのである。たしかに、「手を上げる」という行為描写は「手が上がる」という運動描写を内含する。しかしそれに対し、「手が上がる」は「手を上げる」を内含しない。したがって、意志的行為と物体運動との対比は、両方の描写が可能な行為と運動描写のみが可能な運動との対比である。

また、単なる物体運動では、その瞬間的運動状態を云々することができる。しかし意志的行為は過去から未来へ持続し展開し継続する行為として、その前後と独立な瞬間的状態を語ることができない。常にそれは食事中であり歩行中であり、どこかへの途上なのである。行為の現在は、過去と未来を語らずしては語れないのである。行為には一段落があるが、その段落もまた次の段落に対してのみの段落なのである。

それゆえ、意志的行為は常に時空四次元風景の中での行為であり、またそうでしかありえない。それゆえにまた、その四次元風景は意志的風景なのである。特にその未来は意志的に予期された未来なのである。これから飲むつもりのコーヒー、読む予定の本の知覚風景であり、受験をするつもりの来年、結婚する予定の明後年の予期風景なのである。これらの風景は、未来の意志的行為を含むがゆえに意志的風景なのである。人は常時この意志的風景の中で現在の意志的行為をなしつつあるのである。

決意を固める、決断する、予定をたてる、これらの行為はこの意志的風景を立ち現わせることである。決めない、成行きにまかせる、とつおいつ迷う、これらの行為もまたそれぞれの意志的風景を立ち現わす。ここで繰返すが、これらの行為は宙に浮いた意志のうごめきなどではなく、腕組みして天井をにらむ、明るい光景を眺めながら歩く、といった行為なのである。腕組みしながら、歩きながら、意志的未来風景を意志的に予期するという行為なのである。

したがって、意志的に予期する、ということは私の僅かな力の範囲であるが、未来世界風景を意志的に変えることである。私が手を上げる、小石をけとばす、一息つめる、それだけで世界は僅かながら変わる、その意味で世界を変えるのである。つまり、私は意志的予期において未来風景を変える、そして現在只今の行為において現在世界を変えつつある。そしてこれは二つの別々の行為ではなくして、一つの行為なのである。

そして私はこの行為を自由にしつつあるのである。この行為を止めることも変えることもできる、という常識的な自由の意味でである。だがそれはもはや意志の自由ではなく、行為の自由である。この平凡な自由を手がかりにして自由の問題に入ってゆこうと思う。

2　麻痺、に対しての「自由」

　そこでまず、全く日常的で常識的な意味での「自由」の観点から私の生活を眺めてみよう。すると一方には、私の自由にならぬもの、私の意のままにならぬことが数限りなくある。また一方には、私の思いのままになる、私が自由にすることができるものがこれまた数限りなくある。そしてその中間にどっちつかずの状況がまた無数にある。自由と不自由とは黒白のようにきっぱり分たれるものではなく、あらゆる階調の灰色をもっているのである。

　まず私の生は私の貧弱な「能力」によって制限されている。世界記録には近づくことさえできないし、楽器を人並に弾くことはできず、外国語は下手だし、まともな絵はかけず、詩を作ることもできない。そしてまた私がその中で生きる状況の大部分は私には如何ともしがたいものである。地球がこの大きさであること、重力がgであること、夏が暑いこと、手が二本しかないこと、肺呼吸であること、等々。そしてもちろん私のＤＮＡ。一方、私は通常の状況で通常の動作をすることはできる。日本語ならば人並に話せる。貧弱な想像や妄想ならばできるし、注意を或る程度あやつることもできる、等々。だが気分や感情、痛みや熱感となると私にはほんの僅かの自由しかない。しかし鎮痛剤や向精神薬を飲む自由はあるのである。そして、大金をもうけたり、ジェット機を操縦したりすることも灰色自由のケースであろう（大変濃い灰色の）。

　この黒白灰色の自由場である世界の中で私は現在只今行為している。そして、今まで行為してきた。この現在と過去に私が現にし、なしてきた行為は私に可能な行為である。この可能な行為において常に私は主体的である。たとえその行為が他人や状況に強制されたものであっても、また七転八倒のような受動的な苦痛の行為であってもである。私が、強制されているのであり、私が、苦しんでいるのである。苦痛に襲われている私の行為である、という意味で主体的なのである。それは分裂病者が屡々訴える作為体験の対極である。強制される主《ぬし》、受苦の主《ぬし》は私であって、人形のようにではなく、人ごとのようにではないのである。

この、あらゆる状況において常に主体的である行為において、特にその身体的動作（と姿勢）に着目したい。そのとき行為の主体性は「動作（姿勢）の自由」として表現されるだろう。それは、「別の動作や姿勢もなしえた」という自由であり、意志的予期においては「ああもできるしこうもできる」という動作選択の自由である。この「動作の自由」はいかなる状況にあっても正常な行為には常にそなわっている自由である。

独房の囚人が自由を思って呻くときにも、刑場に向っておののき歩む死刑囚にも、この動作の自由がある。あるいは高くあるいは低く呻く自由、自ら歩むか抵抗して引きずられてゆくかの自由がある。また誤って崖から墜落中の人にも、どのように手足をバタつかせるか、どのように息をのむかの自由がある。がんじがらめに縛られてもこの自由がある。どのように手足を力ませるか、どのような呼吸をするか、の自由である。このように、状況によって動作撰択の範囲は広狭様々に変わるが、動作の自由が全身的にあることには変わりがないのである。この動作の自由がない状況としてはただ病的状態があるのみである。それは麻痺の状態であり、舞踏病の状態である。私が手を上げようとしても手はじっとしたままである、あるいは上げようともしないのにひとりでに上がる、止めようとしてもとまらない、という状態がそれである。それゆえ、この「動作の自由」は、強制に対する意味での自由ではなく、麻痺（舞踏病）に対する意味での自由である。

この動作の自由こそ、いかなる意味を与えられた自由にも必ず含まれていなければならない自由である（ただ全身麻痺の中風患者に残された思考や想起の自由には含まれない）。いかなる行為にも動作や姿勢が含まれ、したがっていかなる自由な行為にもこの動作の自由が含まれているはずだからである。そして更にこの動作の自由は、自由と決定論という伝来の論争舞台にあっては核心となる自由概念である。神学的決定論を別とすれば決定論とは何よりも物理的決定論を意味し、一方動作を物理的にみるならばそれは物体運動であるからである。

3　動作の自由、その前提

物理的には物体運動である私の動作は物理学の法則に従わなければならないだろう（物理学が生体をその適用範囲から除外するのでない限り）。したがってその物理法則が決定論的であるのならば、「あれもこれもできる」という動作の自由は虚妄の自由になりはしないか。そしてもしそれが虚妄の自由であるならば、その動作が含まれている行為の自由もまた虚妄のものとなるだろう。

　事実たしかにわれわれの動作は知られている限りにおいて物理学の法則に従っている。マクロ的にはエネルギー保存、運動量保存、角運動量保存（フィギュア選手の氷上回転）等が動作においてもなりたっている。飛込台や窓から飛べば私の重心はほぼ放物線を描いて落ちるだろう。また私の体熱は熱力学の法則に従っているだろう。またミクロ的にも生化学や分子生物学が示すとおり、今日知られている限りにおいて、私の身体内の局部的過程は筋肉収縮伸張過程を含んで物理・化学法則からはみだした事例は見あたらない。したがって、私の身体内部も身体動作もそれを物体および物体運動とみるならば自然法則に全面的に従っている、という推測は妥当なものといえよう。そこでこの推測が正しいものだと仮定しよう。

　この仮定の下で更に、その自然法則が古典物理学のように一意的決定論の形をもつものであるとすれば、「あれもこれもできる、あるいはできた」という動作の自由は否定されるであろう。ここで注意すべきは、その法則が私の動作についての具体的予言を何一つすることができないとしてもやはり動作の自由は否定されざるをえない、ということである。実際、人間の動作について具体的に予言することは今までもちろんできなかったし、これからも永久にできないであろう。人間の身体を非常に単純化して力学的質点系としたとしてすらそれは不可能であろう。その天文学的な数の質点の位置と速度を測定するということはしばらくおいても、それを何らかの手段で記載するためには天文学的な年月を必要とするだろう。その記載も自動化してコンピューターに入力するとしても、そのコンピューターの所要運転時間もなお天文学的、少なくとも非人間的な長時間であろう。更に人体が開放系であり、外部の影響まで計算に入れねばならぬことを考えれば、それは不可能というべきであろう。その結果がかりに出るとしてもその予言をされる人間はとっくの昔に死んでいるだろう（もっともその計算結果を故人の行動記録と照合することはできようが）。とにかく人間の運動の予言をその事前に計算することは現実的には不可能であろう。渡辺慧氏は理論的にも不可能だという（同氏および同氏夫人『時間と人間』中央公論社）。

このことが自由と決定論の論議をいつも下馬評論にとどめてきたのである。決定論の馬が現実に走りだすことはないからである。しかしそのことによって動作の自由が判決を保留されることにはならない。「あれもこれもできる」という動作の自由はその意味の上において法則の一意的決定性と端的に矛盾するからである。人間の動作も決定論的自然法則に従うという仮定の下では、動作の自由は意味上から否定される。それは事実上の予言不可能性とは独立なのである。

こうして一意的決定性をもつ自然法則の下では動作の自由は虚妄となる。カントの言葉をかりれば人間は「ばねを巻かれた操り人形かあるいはヴォカンソンの自動機械」、あるいは「考える自動機械」（『実践理性批判』波多野・宮本訳、岩波文庫、一四五頁）となる。もっともカントは法則の一意決定性とは関係なく、より原理的に時間的現象全ての必然的決定性からそういったのであるが。この事態に面してなおかつ自由を確保しようとする道が二つあった。一つはW・ジェームスが軽蔑的に「柔かい《ソフト》決定論《ディターミニズム》」と呼んだ道、今一つは周知のカントの道である。柔かい決定論（精しくは拙著『言語・知覚・世界』七章）は、自由の意味を決定論の中でとらえようとした。すなわち、「外部からの強制がない」ことが自由の意味である、と。つまり、自主的な行為が自由な行為なのであって、それはその行為が決定されているかいないかとは無関係である。いや、その行為の倫理的法律的な評価が意味をもつためにはむしろ決定論が要請されねばならない。* 行為の原因と結果とが問われなければならないからである。だからこの柔かい決定論は「自己決定論（self-determinism, W. Maclagan）」あるいは「自由意志決定論（free-will determinism, S. Hodgson）」とよばれてしかるべきものである。この柔かい決定論は古くから様々な形で神学の中にも登場してきたことはよく知られている。

しかしカントは既にこの種の考え方が問題の回避であることを見ぬいていた。「自然法則によって規定された因果性が主観内にある規定根拠によって必然的であるか、あるいは主観外にある規定根拠によってそうであるのか……というようなことが問題なのではない」（前出、一三九頁）。「自然法則に従う彼（盗人のこと）の因果性の規定根拠の種類を自由の比較的（komparativ）概念に適合させる（この比較的概念に従えば、その自然的規定根拠が作用者に内的に存在するところのものは時として自由な作用と呼ばれる。……）ことによってこの困難を避けようとするのは、憐れな逃口上（ein elender Behelf）である」（一三八―一三九頁）。そうしても人間は依然として Automaton materiale または Automaton spirituale（一四〇頁）であることに変わりはない。

カントにとって人間は事実Automatonなのである。ただし時間が支配する現象世界で人間をみる限りでは、である。そしてカントは自由を本体界《ヌーメナ》の世界に求めた。それは「すべての経験的のものから、したがって自然一般……から独立なるものとして考えられなければならない」（二四〇頁）先験的自由、絶対的意味の自由、である。だがその自由はまた、自由の法則（九八頁他）に従う自由の因果性（一〇四頁）、意志の因果性（二九頁他）、自由を有する《ミット》因果性（八五頁）、本体としての因果性（一四一頁）、本体的原因（causa noumenon）（七六、八五頁）なのである。この自由は道徳法則をその認識根拠（ratio cognoscendi）とする、理性の事実《ファクトゥム》（五二頁）なのである。

しかしそれがカントの心を「わが上なる星の輝く空」とともに感歎と崇敬とで充たしたとしても、げせぬところがある。もし私の動作がAutomatonの動きであるならば、私が自由に（自律的に）どんな道徳的な道徳的判断を下そうと、私の体は勝手に人の物に手を出し、人をあやめることがありうるはずである。つまり、どんな道徳的行為も同時にそれは現象界の行為でもあるのだから、その意味ではそれは自然法則に従わなければならない、という点である。「そのしようと欲するところのものは何事でもなしうる」（六〇頁）というわけにはいかないだろう、ということである。そこでカントには「これほど異なる二つの法則（自然法則と自由の法則）によって生じ起される二個の出来事《ヴェルトベゲーベンハイト》の間に……厳密に釣り合った《アンゲメッセネン》かつ合理的《ツベックメシヒ》な関連」（二〇四頁）、つまり、「自然を完全に自分の実践的原則と一致せしめること」（一七七頁）、「自然法則と自由の法則との調和」（二〇四頁）、「自然の国と道徳の国との厳密な一致」（二〇五頁）が絶対に必要となる。だがそれはただ神の御業と信じる他はない。「私はこれに固執し、私からこの信仰を奪うことを許さない」（二〇二頁）、そういう純粋理性信仰（reiner Vernunftglaube）（一七九、二〇五頁）である。

こうして柔かい決定論は決定論の中に身を投じ、カントは決定論の裏に抜けて神をみた。だがここに第三の道がある。自然法則の一意的決定性を拒否する道である。カントは自由を「理性の事実」とした。それに対して、私は動作の自由を「生の事実」とする。そして自然法則の決定性はその「事実」に反するものとしてそれを否定するのである。前世紀ならばこの道は疑いなく一笑に付されたであろう。**しかし今われわれは幸い、まことに幸いに、量子物理学をもっている。自然法則は既に決定性をもっていないのである。

しかしかつてのエディントンのように量子論によって自由が証明された、とすることはできない。量子論によって、「生の事実」としての動作の自由が保証された事実になったわけではない（それはまだ信じられた事実にとどまっている）。ただ量子論によって、動作の自由は意味上で可能になった、というまでである。それも或る条件の下でのみなのである。

量子力学の確率過程はいわゆる波束の収縮に際してのみ起きる。そして通常のコペンハーゲン解釈ではその波束の収縮は「観測」においてのみ起きる。この「観測」という概念は今なお観測問題が論議中であることが示しているように、その意味が確定されていない概念である。しかしそれにしても私の動作が常に観測でもあるなどとはいえないだろう。すると「あれもこれもできる」という動作の自由が波束の収縮を伴うということもいえない。

しかし一方、波束の収縮が人間の（また犬猫の？）観測とは関係なしに、いわば客観的に起きるという見方が根強く提出されてきた。その最近のものとして並木・町田理論がある（町田茂・並木美喜雄、『科学』第五十号、五十一号。並木、『科学基礎論研究』第五十七号）。この見方が正しければ例えば私の脳その他の場所で絶えず波束の収縮が起きている、ということが可能となる。そしてそこから運動神経を通して私の全身の動作が「あれもこれもできる」という動作の自由をもつことが可能になる。こうして、波束の収縮が客観的に起きる、そしてそれが例えば脳で絶えず起きている、ということを条件とした上で動作の自由の意味が可能となるのである。

ここで、しかしそれでもその動作は確率的には決定されているのではないか、という疑問が起こるかもしれない。たしかに波束の収縮は収縮直前の状態によって定まる確率に従って起きる。しかしその確率は頻度解釈での確率、すなわち集団《アンサンブル》の中の分布確率であって、それは一回一回の個々の現象については何の発言もできないのである。銅貨のトスでも裏表それぞれ$1/2$の確率ということは、次のトスでどちらがでるかについては何事も語れないのである。それゆえ個々の事象、例えばその時々の私の脳の状態が確率的に決定されている、ということは意味をなさないのである。

だがしかし一つの先行状態から或る別の一つの状態に収縮するのは人間には知ることのできない原因があり、その原因によって既に決定されていたのだ。めくる前からそのトランプ札は何であるかが決定されているのと同様に。こういう人はただ、何が起きようとそれがそう起きたのだから、そう起きるようにきまっていたのだ、と言っているのである。カントは現象界の時間形式の下にある現象については事実そう考えていたのである。これは宿命論に他ならず、ここでは「ケセラセラの決定論」と呼んでおこう（前出拙著では「空虚な決定論」と呼んだ）。ケセラセラの決定論にあっては、何事であれすべてのことは起こるべくして起きたのである。再びカントはいう、「さて過去はもはや私の支配の中にないから、私が実行する一切の行為は、わが力の中に《インマイナーゲバルト》ない規定根拠によって必然的でなければならない。いいかえれば、私は私が行為する時点において決して自由ではない。……自由をば、時間においてその存在を規定されている或る存在者に帰せんとするならば……彼の行為の自然必然性を支配する法則から彼を解放することはできない」（一三七頁）。かくて、「因果関係における必然性と自由とはいかなるしかたによっても結合《フェアアイニゲン》されない。両者は互いに矛盾する《コントラディクトーリッシュ》ものとして対立する《エントゲーゲンゲエゼット》」（同）。しかしこの無差別的、盲目的な必然性はまさにその無差別性と盲目性とによって全く空虚な必然性なのである。何がおきようと、それは起こるべくして起こる、これはケセラセラの歌を歌うだけのことである。それは「ああもこうもできる」動作の自由を少しも妨げない。ああしてもよし、こうしてもよし、なるようになるだろう、というのだから。それは自由に矛盾したり対立したりするだけの空気抵抗をもたないのである。それはむしろ自由を自在にさせる真空場なのである。そしてケセラセラを歌うも歌わぬもまた私には自由である。だが落下中のスピノザの石にはその自由がない。

＊　倫理的評価は決定論の下でも有意味である、という点では私は柔かい決定論に同意する。しかし異なる

理由によってである。みにくい行為が不可避であったにせよ、それをした（気の毒な）人を非難できる。ただそれをした人間である、というだけの理由で。

＊＊ しかし物理学が如何にあれ、私は、自由の事実によって決定論的物理学は人間に適用できないと考え、主張する義務を負う。

4　自由の立証――ランダム予言破り

前節では動作の自由の意味の可能性が条件付きで確保された。すなわち、量子論という非一意性をもつ理論を前提にし、更に波束の収縮が観測によってではなく客観的に生じるものであること、更にその波束の収縮が現に絶えず生体内で生じていること、これらの条件の下で動作の自由の意味が可能となるのである。

だが意味の可能性は、動作自由の事実性ではなく単にその前提なのである。それが事実であることの立証義務はまだ果たされていない。動作の自由は「生の事実」として誰もが確信しているが、確信は立証ではないのである。「私は自由だ、それでおしまい《ピリヨウド》」というジョンソン博士のせりふは全く正しいが、かくも長期間係争中の事件にあっては法廷では通用しないのである。それは証言にはならない。

しかし「ああもできればこうもできる」という動作の自由をその場で立証することは論理的に不可能なのである。ああすれば、まさにそのことによって「こうすることもできる」ことを示すことが不可能になるからである。そして、こうすれば今度はああすることが不可能になる。この論理的な立証不可能性は個別確率命題の場合と同じ種類のものである。集団内の頻度ではなく一回きりの事件を確率的に予言する場合である。明日は70%の確率で雨であるということは、30%の確率で雨でないということである。だが翌日雨であれば、雨でないこともありえた、ということを示すことが不可能となる。雨が降らねば今度は、雨でありえたということが立証不可能となる。動作自由も個別確率もともに互いに背反する複数の可能性を主張する、ということとそのことによってその立証が論理的に不可能になるのである。

しかし動作の自由の場合には、仮にもし全知に近い超能力をもった決定論者がいたとすれば立証の機会が与えられる。私の未来の動作をその一つでもあらゆる細部にまで具体的に予言できる程に強力な決定論者があればである。いや必ずしも細部はなくともかまわない。例えば、五分後の私の居場所とそこでの私の大まかな姿勢の予言で充分である。私はその予言を破ること（それができることを私は確信している）によって動作自由を立証できるからである。しかし上に述べたように、そのような予言は実際上不可能なのである。決定論は観衆の面前でリングの上に登場することはできないのである。

この決定論のやむをえない事情での（？）欠場のために、私はリングサイドで仮想の戦いを想像するほかはない。ここで不戦勝をえてもさしたる得点にはならないからである。そこで例えば五分後に私は他のことはともかく、少なくとも右手を上にあげることになっている、という予言があったものと想像しよう。そして予言破りができない状況を想像しよう。

私は右手をあげまいとする。だが右手はまるで他人《ひと》の手のようにあがりだす。私はあげまいと力を入れる。だが力が入らないのである。そして逆に手があがる方に力が入るのである。これは私の右手がもはや私の手でない、という状況だというべきであろう。麻痺、あるいは舞踏病というべき状況である。私はたしかに動作の自由を失ったのである。最初に述べたように、動作の自由とは麻痺、舞踏病に対する自由だからである。

だがまさにそのことによって通常の健康な人間は動作の自由を失いっぱなしということはありえないのである。生涯の麻痺、あるいは一生舞踏病であり続けるという不幸な例外を除いては、人は通常はそれらに対比して自由なのである。現に現在只今、私は上に述べたような異常な経験をしていない。今現在、私は麻痺してもいなければ舞踏病でもない。私は今現在は自由なのである。そしてまた幸い今日まではそうであった。

もちろん、そんな個人的事情は何の論拠にもならない、といわれよう。そして私が異常な経験をもたないのは、私がこれまで、隠された予言(hidden prediction)に逆らわなかったことをまさに示しているのだ、と。だから私はスピノザの石であり、釈尊掌上の悟空猿なのだ、と。

この隠された予言、人目に触れることのできない隠し帳簿は一見ケセラセラ決定論と同類のものにみえる。しかしそれがもし科学のこれまで成功してきたあらわな予言を根拠とし、その成功予言の外挿としていわれるときには無視できないものをもっている。だがそのことが同時にまた、ケセラセラの場合とは違ってそれに反駁する方法を与えるのである。それは確率的統計的な反駁方法である。すなわち、私の動作について（自然なあり方の範囲で）ランダムな予言を好むだけ多数回行なう。その予言は大まかなものでいい。手をあげる、しゃべる、横を向く、坐る、といったようなものである。そのときそれらの予言が隠された真の予言と適合するまぐれ当りの（頻度）確率は決して小さくはない、と常識的に考えていいだろう。特にその予言が大まかで包括的なものであればある程、その確率は1/2よりも大きくなりさえすると考えても不自然ではないだろう。このようなランダム予言系列が日常的平常の状況でなされるならば私は容易にそのすべての予言を破るだろう（突如として麻痺舞踏に襲われぬ限り）。そのとき私はかなりの頻度で隠された予言を破ったといえるだろう。だがこのときでさえ、ケセラセラ決定論は、そのランダム予言系列の各予言はすべて隠された予言の反対であるように決定されていたのだ、というだろう。だがそれはもう無害な野次というべきものであり気にとめる必要はあるまい。

このシャドゥボクシングは「ああもこうもできる」という動作の自由の直接の立証ではない。しかし、こうするといえばそれに逆らってああすることができる、という犬が西向きゃ尾は東の形での動作自由の間接的立証であるといえよう。長期的、統計的、という意味で間接的な立証なのである。しかし、リングサイドの下馬評論にあってはこれが望みうる最高の立証なのである。

しかし一方この長期的統計的な立証形式は同時に、決定論の基盤である因果法則自身にもまた不可欠な立証形式なのである。簡単な因果法則を例にとろう。正常な状況では、マッチを擦れば発火する。ここで正常な状況ということには非常な曖昧さがあるがここではそれは問題ではない。問題なのはこの例が示すように因果法則は条件法の形をもっていることである。擦る、という条件があれば、火がつくのである。だからこの法則を立証するには擦ってみればよい。しかしこの法則で通常われわれが理解しているのはそれ以上のことである。たとい現実には擦られていないときでもなお、もし今擦られていれば発火しているであろう、ということをも含んでいるのである。つまり、いわゆる「反事実的条件法（counterfactual conditional）」をこの法則は内含しているのである。もし法則からこの反事実的条件法（仮定法）の内含をとり去るとすると、電源につながれていない銅線は伝導体だということが意味を失うことになる。暗黒の空気は透明だといえず、着地中の飛行機は最高時速をもたず、食事中のピアニストは演奏能力を失うことになる。条件法の前件が実現されていない限りその後件は意味を失うからである。しかしわれわれの因果法則の了解はそうではない。因果法則は反事実的条件法を内含しているものとして了解されている。

だがこの反事実的条件法を立証するにはどうすればいいだろうか。明らかにそれを直接に立証する方法は自由の場合と同様、論理的にありえない。マッチを擦らないという状況でマッチを擦るということは不可能だからである。すなわち、反事実的条件法は、動作の自由や確率命題の場合と全く同様に、直接的立証は論理的に不可能なのである。そして可能なのはこれまた同様に間接的立証以外にはない。すなわち、正常な状況で同種類のマッチをいつかなる時に擦っても着火したという現実的直接立証をもってこのマッチも仮に今擦るならば着火するだろうということの間接的立証とする（これは帰納推論ではない。帰納推論は検証可能だがこの立証は検証不可能である）。この立証方式は前述の動作自由の間接的立証方式とは正確には同じではない。しかし、この因果法則の間接立証方式を許容するならば動作自由の立証方式にランダム予言破りの他に、新たにマッチの場合と平行的な方式が付け加えられることになる。それは次のようになる。私はこれまで手をあげようとすれば（正常な状況では）いついかなる時にでもあげることができた、だから、今現在は手をあげていないがあげるつもりならば手をあげられるだろう。ここでもちろん、手をあげるという同種類の動作が同種類のマッチに対応する。

しかしこの方式にせよ、先のランダム予言破りの方式にせよ、共に間接的立証であることに変わりはない。したがってその立証能力は完全なものではない。それゆえ審判の判定にゆだねられよう。だが因果法則の反事実条件法を認める審判ならばこの自由の立証を認めないわけにはいかないだろう。

5　物理世界と自由の重ね描き

こうして動作の自由、麻痺や舞踏病に対する自由は条件付きながら承認をえたものとする。私は健康である限り、私の動作のすべてにおいてこの自由をもっている。どんなに強い制約や束縛をうけていてでもであり、また私の全身においてである（2節）。この自由は健康な人間の（そしておそらく動物の）動作の本質形容詞なのである。それは生の事実であり生きた動作の事実《ファクトゥム》なのである。

ここで自由なのは動作そのものであって、私が体を「自由に動かす」のではない。動作は私によってなされるもの、私という作動者によって動かされる受動動作なのではない。動作そのものが自由なのであって、そのことがすなわち、私が自由に動いていることなのである。ところが「私が手をあげる」という日常の表現は、「私」という語が入る他の表現と同様に、このことを誤解させるはなはだ危険な表現である。それは最も表面的、最も省略的に使われるときのみ安全な、しかし一歩でも「私」にふみこむと必ずといっていいほどに誤認に導く表現なのである。第一にこの言い方は動作は必ず全身動作であることから注意を外らしてしまう。だが私は五体全身のある姿勢の中でのみ手をあげるのである。そして私はその姿勢の中で肩の筋肉その他を使って手をあげるのではない。肩の筋肉の緊張は手をあげる姿勢そのものの一部なのであってその手段ではないのである。第二に、この表現はその他動詞形で手をあげるのをまるで石を持ちあげるかのように思わせる。しかしそれは本来意味上では、私は坐る、私は歩く、と同様自動詞なのである。そして坐ったり歩いたりするとき、私という命令者がいて私の体を坐らせ歩かせするのではなく、坐ったり歩いたりしているのが私なのである。私、あるいは私の意志、というものが動作の外に、動作の上に、あるのではない。私、あるいは私の意志はその動作の中に溶解し瀰漫しているのである。それは視覚風景の場合に、その風景に加えて「見る私」があるのではなく、ここに視点を持つその風景のあり方そのものが「私に見えている」ことそのことであるのと同様なのである。また、痛みを感じる「私」があるのではなく、痛んでいる私があるだけなのと同様である。私は世界の一項目ではなくいわば世界に拡散しているのである。そしてまた動作の中に拡散しているのである。

だから動作を意志的動作と呼んだのであり、その意志的動作が自由なのである。だがこの自由な意志的動作を物理的に描写すればそれは物体運動である。ではその物体運動もまた自由なのか？

そうではない。といって不自由であるのでもない。自由は行為の言葉であり、行為の基盤である意志的動作の本質形容詞なのである。そして同じく行為の構成要素である知覚風景の言葉、例えば色や匂いの言葉が素粒子や電磁場に適用されないように、自由は物体運動には適用されないのである。電子の運動や電磁場の変化は自由でも不自由でもない。それらは自由と無縁なのである。

知覚の言葉、想起の言葉、感情や気分の言葉、等々、そして動作の言葉、これらはすべて行為の言葉であり、それを「生の言葉」と呼ぶことができよう。それに対して他方に、物理学の言葉、すなわち「事物の言葉」がある。世界はこの二つの言葉によって「重ね描き」されるのである。それが世界の時間空間的描写である場合には、それは時間空間的な重ね描きである。ときにカントは現象界と本体界の重ね描きを拒否したが結局はそれに巻きこまれざるをえなかったのである。その時空的重ね描きが具体的にはどういう風になされるのか、それをこれまで検討してきたのである。それを五章では光学的虚像の場合に、六・七章では時間的虚像の場合に、そしてここでは動作の場合に試みているのである。世界を生の言葉と事物の言葉で重ね描く、それによって物と心、世界と意識、脳を含めての身体と心、それらが重ね描かれることになる。それらは対立する二つの項ではなく、一にして同一なる世界の二つの言葉による描写なのである。そしてそこにまた、日常の生と科学が重ね描かれ、人文、社会、自然科学が重ね描かれ、そしてまた、私と世界とが重ね描かれる。ここにおり、ここに生きている私と世界が重ね描かれるのである。ここに行為している私と世界とがである。この「重ね描き」は心身平行論ではない。別の二つのものの平行ではなくて一つのものの二重の描写なのである。また、知覚風景その他と「脳状態」を同一とするいわゆる「心脳同一説」でもない。二つの「世界描写」の重なりだからである。

しかしでは動作の自由は事物の言葉でどのように重ね描かれるのか？　事物は自由でもなく不自由でもないとしても、自由な意志的動作は物理学の言葉ではどのように描かれるのか？

私の体、したがって私の動作には、私の体を構成する素粒子と電磁場が重ね描かれる（ここで「身体」に限ったのはただ便宜のためで、世界全体をとってもかまわない）。それが一つの状態関数で描写されるものとしよう。そしてAという動作に重ね描かれる状態関数をΨ_Aで表わそう（厳密にいえば、Ψ_Aは知覚や想起や予期をすべて含めたものに対応する）。さて今私は「ああ（A）もこう（B）もできる」という自由をもちつつAをしているとする。もちろん自由の選択肢は連続無限個あるが簡単のためここではAB二つにしておく。するとこの私の動作に重ね描かれる状態関数はΨ_Aである。しかしそれはΨ_Bでもありえた、というのでなくてはならない。そしてそうであるためには、Ψ_AとΨ_Bとは先行状態Ψ_Oから波束の収縮によって移行しうる状態でなくてはならない。そして私は健康で目覚めている限りは常に自由なのだから、このΨに対する条件はその間絶えずなりたっているのでなければならない。だがこれは私の体を構成する粒子の数の莫大なことからすれば不自然ではあるまい。

だがこのときΨ_OからΨ_BではなくΨ_Aに移行したのは私が動作Aをすることによってではないか。もしそうだとしたなら私は私の自由によって波束の収縮に関与したことにならないか。あるいは逆に、Ψ_OがΨ_Aに移行する（それが全くの偶然であろうとも）ことによって私はAを選択したのではないか。もしそうならば今度は物理過程が私の自由な動作を決定したことになる。

しかしそのいずれでもない。上に述べたように、「私」なるものが別にいてあれこれの動作を行なうのではない。だから私が物理過程に干渉することなどはありえない。だが、動作AをすることはすなわちΨ_OからΨ_Aへ移行することである。したがって逆に、Ψ_OからΨ_Aへの移行はすなわち動作Aをすることである。しかしこの「重ね描きのすなわち」はまさに「すなわち」の関係であって何らかの「作用」の関係ではない。動作から物理過程に、物理過程から動作に何らかの作用が及ぶことは全く不可能である。それらは同じものだからである。そして一つのものがそれ自身に「作用する」とは無意味なことだからである。或る物からの光が眼を通って脳に作用を及ぼす、それがすなわち視覚風景（逆透視風景）であったように、動作AはすなわちΨ_Aなのである。それらは作用を及ぼすには余りに緊密、つまり一体なのである。「重ね描き」には相互作用（interactionism）が入りこむ隙間がないのである。

だが例えば今私が五分後に動作Aをしようと予定する（決心する、意志的予期をする）とき、私は五分後に私の体がΨ_Aという状態になることを予知する。そして予定通りに五分後に動作Aを実行する。このとき私はΨ_A状態を意図し、そしてそれを実現せしめたのである。私はだから物理過程を意のままにしたのではないか。その通りである。私は自由に、すなわち意のままに、動作Aをした。そして動作Aをする、ということはすなわちΨ_A状態が出現する、ということなのだからである。私は自由にΨ_Aを出現せしめた。

しかし、それは私が物理過程に何らかの「作用」を及ぼした、ということでは決してない。Ψ_Aの出現過程に私が何かエキストラの「作用」——それが物理的作用であれ、心霊的作用であれ——を与えた、というのでは絶対にない。第一、私は手足に何かの「作用」を及ぼして動作Aをしたのではない。上に述べたように、私は使役者ではない。動作A、それが私そのものなのである。そして状態Ψ_A、それが私そのものなのである。Ψ_Aは私の状態なのである。だから私は自由にΨ_Aになったのである。Ψ_OからΨ_Aへ、という確率過程が私そのものなのである。Ψ_OからΨ_Aになるということ、それがすなわち、私が自由に動作Aをする、ということなのである。したがって、自由に、意図的に、Ψ_Aになるということなのである。

手足や脳や神経の他に私なるものがあり、その私が何かの念力で例えば脳の物理過程を一つの方向に向け、そして神経をへて手足が動く、というのではないのである。こういう思いは、体の他に心的な私がいる、あるいは私とは認識主観であり行為の心的作動者《エージェント》だ、といった事実誤認から生まれてくる。

そうではなく、知覚、想起、期待、意図、等々の世界風景が立ち現われ、五体が様々に動く、脳や神経にパルスが流れ血管に血が流れる、このことが「私がここに居り、生きており、何かをしている」ということなのである。風景に対して、その風景を「見ている私」などはありはしない。その風景が見えている、立ち現われている、そのことがすなわち「私がここにいる」ことなのである。五体やパルスや血流の他に、行為する私、などはありはしない。五体の動き、脳の動き、腸の動き、それがとりもなおさず「私がここで何かしている」ことなのである。自由に何かしていることなのである。

だから私は脳に念力など及ぼすことは不可能なのである。第一、それは意味を持たないことである。脳が私、私の一部だからである。私は意図的に動作Aをする。それがすなわち、私が意図的にΨ_Aになることである。それがすなわち、Ψ_OからΨ_Aへの波束収縮が起ることなのである。そしてこの波束収縮は、意図的でもなく非意図的でもない。事物の言語にはそのような形容詞は全く無意味だからである。しかしこの波束収縮が、私の意図的な動作Aに「重ね描き」されるのである。

自由な行為が物理学の言語と「重ね描き」されるのである。

九章　言い現わし、立ち現われ

旅から帰って数日後、たまたまその話を人にする。車中の出来事、海や山のながめ、町のたたずまい、会った人々、食べた料理、等々。ここでわたしは何をしており、また聞き手には何が起こっているのか。別に大したことではない。ただわたしは旅の経験を「語り」、聞き手はそれを「了解」しているだけである。それにはちがいない。しかし、「語る」ということ、「了解する」ということ、この日常茶飯の何のへんてつもないことの中に、事物と心と言葉のからみあいを見てとることは決して容易なことではない。このからみあいをほぐしにかかった途端、そこに世界、時間、人間、言葉等についての実に様々な先入主や偏見が巣喰っていることに気付くだろう。したがって、そのからみあいをほぐすことはすなわち、これらの先入主や偏見を陽に曝すことなのである。

1　「思い出し」の立ち現われ

わたしは今旅の話をしている。その旅は数日前に終った旅である。わたしが話題にしている荒れた海は今は荒れてはいまい。その荒れた海を乗って渡ったランチは今現在はどこかに停泊しているか別の場所を走っているだろう。私の乗ったランチ、私のいた海はもはや今現在は存在しない。それらは過ぎ去った非在なのである。ではこの今既にない旅をわたしが話すことができるのはどうしてなのか。もちろん、わたしがそれを記憶しているからだ。そしてこの旅の記憶は現在ただ今もわたしが所有しているもの、つまり現在存在しているものだからである。

このように多くの人は言うだろう。しかし、このように言う人の心底には、或る一つの頑固な偏見、「実物－写し《コピイ》」の偏見が巣喰ってはいまいか。すなわち、実物の旅は既にない、だがその旅の写し（旅の思い出）が保存されている、それによって自分は旅の話ができるのだ、という考えが。一部の生理学者はこの写し、つまり記憶像を、大脳の電気回路や化学構造であろうとまで言うのである。いずれにせよ、この偏見にあっては、わたしが今思い出している旅は数日前の実際の旅ではなく、その記憶像、その写しだということになる。「記憶」という言葉自身が、本物の旅とその旅の「記憶」という重箱読みに導くのである。旅の印象や体験が焼きつけられた記憶をわたしが持ち帰ったというわけである。

しかし、では今わたしが旅のことを思い出しているのはこの持ち帰った土産を取り出して眺めていることなのか。そんな馬鹿なことはない。わたしは時と所とをへだて、ここではないあの山や海や町を今思い出しているのである。だがそのためにこそ記憶が必要なのではないか、或る記念写真を見てその会合のことを思い出すように私が今所有している記憶によってあの旅行を思い出しているのではないか、こう言われるだろう。だがそんなことをわたしはしているだろうか。つまり、旅の記憶を眺め、そして旅のことを思い出す、という二段構えのことをしているのだろうか。もちろんそうではない、わたしは端的に旅のことを思い出す、この一つのことをしている。そのことをするために、旅そのものとは別の記憶像などを必要としないのである。そのことをはっきりさせるために、仮にそのためには記憶像が必要なのだとしてみよう。すると、その記憶像によって実際の旅のことを思い出すのならば、その記憶像がその実際の旅の記憶像であることをわたしは承知しておらねばならないはずである。何の記憶像であるかが不明であればその記憶像によってその何を思い出すことはできないだろうからである。だが、何の記憶像であるかを承知しているならば、それはとりも直さずその「何」を承知していることである。今の場合には、数日前の実際の旅を承知していることである。そしてその承知の仕方は、もはや「記憶像によって」の仕方ではありえない。それは「じかに」の承知の仕方である以外にはない。だがもしわたしがあの旅を「じかに」承知しているならば、何もことあらためて「記憶像による」必要は毛頭ない。

つまり、記憶像がそれに課せられた実物想起の役割を果たすためには、その実物想起そのものが必要なのであり、そして、その実物想起が既にあるのならば記憶像の果たすべき役割は既に果たされているのである。結局、記憶像なるものは宙に浮いた遊び駒なのであり、虚空に描かれた幻なのである。人にこの幻を描くように誘うのは、人々の心に深く根をおろしている「現在主義」とも呼べる偏向であろう。現に見、現に聞き、現にさわる、それらこそ何にもまして強い固体的現実性をもっている。それに較べ、過去を思い出し、未来に望みをえがき、空想にふける、といったことは何か気体状の手答えのなさを感じさせる。だが一方、その思い出すという体験、希望の体験、空想の体験そのものは現在の生ま生ましい体験なのである。そのため人はこれらの現実的現在的な体験の中身にもまた現在的な何かを想定したくなるのである。そこで想定されるのが、現在浮んでいる記憶像、未来像、空想像などなのである。

しかし、空想の場合はしばらくおいて、そのような記憶像や未来像などはありもせぬものである。現在浮んでいるのは過去の事件、未来の事件そのものなのである。過去と未来が「じかに」立ち現われているのである（「じかに」意識されている、とは言いたくない。この言い方はまたまた、「事物」または「存在」が「意識」という映写幕に映じているという「実物‐写し」の挿し画に誘うからである）。なるほど過去はたしかに知覚的には過ぎ去った。今わたしはあの立ち騒ぐ波を見ることもできねば、それに揺られて足を踏んばることもできない。その折のビールと干物の味を今この喉と舌とで味わうことはできない。アウグスティヌスに言われるまでもなく、過ぎた悲しみや苦しみを思い出すことは今その悲しみや苦しみにおそわれることではない。だがそれは、過去（そして未来もまた）がただ単に知覚的に手の届かぬところにあることを意味するに過ぎない。知覚的にではなく、「思い出し」的には過去は少しも過ぎ去ってはいないのである。

ここで、いや過去は過ぎ去ったのだ、だからこそただ「思い出す」ことしかできないのだ、過去を「生きる」ことはできないのだ、と言うのは再び先の「現在信仰」の偏向のあらわれである。それは実はただ、過去の物事を現在、知覚的に生きることはできない、だから知覚的にはもうないものだ、こう言っているだけなのだ。「存在《エッセ》とは知覚《ペルキピ》なり」、このバークリィ的短絡、バークリィ的定義を不用意に丸呑みしているのである。もちろん定義はどうしようとそれは自由である。だが定義の結果には責任が生じる。この「現在信仰」の定義をとれば、数も方程式も素粒子も電磁場も「ないもの」としなければならない。それらは見も触れもできない、いや見えたり触れたりできてはならないものだからである。見えるものならば色があるはずである。だが金や鉛の原子は一体何色をしているのか（金色？　鉛色？　それとも無色透明？）。わたしの部屋を満たしている地球磁場の手ざわりは？　そこにあるスイッチやソケット差込み口の電場の色は？　もちろん、そんなものはない。それらは幅のない幾何学の直線と同様、見たり触れたり（つまり色や手ざわりをもつことが）できぬものとして「考え」られているのである。しかし、それらは「見触」できないものとして「在る」。それと同様、過ぎ去った日々のあれこれも「現在ただ今の見触」ができないものとして「在る」のである。そして、それらが現在ただ今立ち現われる様式をわれわれは「思い出す」と呼んでいるのである。一方、眼前の事物は「見触」の様式で立ち現われる。だがここには事物の「立ち現われ方」の二つの異なる様式があるだけであって、「在る、在らぬ」の身分上の区分があるのではない。なるほど、過去は現在では「見触」の様式で立ち現われることはできない。しかしそれと同様、眼前の事物の方も「思い出し」の様式で立ち現われることはできないのである。

さらに、現在の事物であっても、今わたしの眼にとどかず手にとどかぬものは「見触」様式で立ち現われることはできない。今地球の裏側にある太陽、遠い他国の街、いや隣室の家具やわたしの内臓でさえ、それが立ち現われるのは「見触」の様式ではなく、「思う」という様式においてである。このように、事物の立ち現われの様式には様々なものがあるのである。見触、思い出し、期待、思い、想像、空想、思考、等々。そのある様式で立ち現われる事物を「在る」と呼び、別のある様式で立ち現われる事物を「あらぬ」と呼ぶことは、ただ単にそれらがしかじかの様式で立ち現われているということ、それ以上でも以下でもない。過去は「もう既にない」からただ「思い出される」ことしかできない、と言うことは実は、「思い出される」事物をただ、「あらぬ」と呼ぶことにする、と言うだけのことに過ぎない。「今はもう見も触れもできない」、その通り、だが「今思い出すことができる」のである。

2　言い‐現わし

こうして、わたしが誰かに数日前の旅の話をするとき、わたしにはその旅行が「じかに」立ち現われている。今そのわたしの当の話相手が眼前に立ち現われている知覚という様式とは別の様式、すなわち「思い出し」の様式で立ち現われている。その相手にわたしは、そのわたしに立ち現われている旅を物語っている。だが、わたしのしていることはなんだろうか。ほかでもない、口をパクパクさせてある声を出していることである。わたしはそれで何を意図しているのだろうか。ほかでもない、相手にもわたしの旅を立ち現わせようとしているのである。

ここで人は言うだろう。いやそんなことは不可能だ、聞き手はその旅をしたわけではないのだから、それが彼に立ち現われるわけがない、彼はただわたしの「言葉の意味」を理解するだけだ、と。ここにまたもやあの「実物 - 写し」の偏執があらわれている。実物と意味との二重写しの偏執が。

人が新聞を読むとき、ただ文字の「意味」を理解するだけだろうか。もちろんそんなことはあるはずがない。月のことなら月自体のこと、ベトナムのことならベトナム自体のことを了解するのである。では、まず文字の「意味」を理解し、それによって事柄自体を理解するのだろうか。こう考える人は再びあの「実物 - 記憶像」の重箱読みと同じ偏見にはまっているのである。あの場合と同様ここでも二段構えは単に二度手間をやるだけのことになる。かくかくの「意味」がしかじかのことを「意味する」ことの了解には、既にしかじかのことが端的に「じかに」立ち現われておらねばならないからである。「こと」は「言《こと》越し」、「意味越し」、に立ち現われるのではなく、「じかに」立ち現われるのである。

だから、わたしが聞き手に物語るとき、わたしは自分の声であの旅を聞き手に立ち現わせようとしているのである。その旅を彼に「言い現わそう」としているのである。

「ポチ！」と声を出して犬を呼びよせようとする。「開けゴマ！」という声で戸を開けようとする。それに似て、「あの町では……」という声でその町を聞き手に立ち現わせようとするのである。もちろん、その町はポチのようにかけよってくるのでもなく、かくし砦の戸が開くように町の扉が開くわけではない。単に、聞き手はその町を「思い浮べる」のである。だが、彼の「心に」ではない、「じかに」である。町の「写し」や「イメージ」が彼の心に思い浮ぶのではなく、その町そのものが彼に立ち現われるのである。稀にはその町は彼になまなましくあざやかに立ち現われることもあろうが、多くの場合その立ち現われ方はぼんやりしてとりとめのないものであろう。だからといって、それはその町そのものではなく町の心像とかイメージとかであると考えるのは、例の重箱読みの誘惑にのせられたのである。遠くかすんで見える島、霧の朝のにじんだような物影が本物ではなく単にそのイメージだと考える人はあるまい。それと同様、わたしに立ち現われるゴビの砂漠がどんなに不確かな姿であるにせよ、わたしが「思い浮べて」いるのは正真正銘の砂漠、数千キロ彼方のあの砂漠なのである。

こういってよければ、「あの町では……」というわたしの声が聞き手にその町を呼び起こしたのである。さらにいってよければ、わたしの声は彼にその町を呼び起こす呪文だったのである。

声、特に言葉になった声は実に様々な働きをする。命令、約束、懇願、誓い、口説、歌、冗談、沈黙、等々。だがその中で普通、描写とか叙述と呼ばれる部類での声の働きの根幹にはこの呼び起こしの呪文があると思う。声は呪文として、何ごとかを立ち現わすのであり、「言い‐現わす」のである。わたしの「あの町では……」という声が相手にその町を「言い‐現わし」たのである。

しかし、叙述や描写とは何かについて「述べる」こと、「語る」ことであって単にその何かを指示することではない。かりに「あの町では……」という声がその町を立ち現わすとしても、それに続く「……」、例えば「坂が多い」という言葉はその立ち現われた町について、述べ語るのであって、それ自身は何も立ち現わすことはしていないではないか。このように言われよう。だが、こうみることもできるのではあるまいか、すなわち――「あの町には坂が多い」、という声で「坂の多いあの町」が立ち現われるのである、と。

多くの人(カントも含めて)は、言明(または判断)とは主語(概念)を述語(概念)に「結合する」ことであるとみる。それに対して、言明を「規定を一段書き加えた主語の再提示」とみることもできまいか、というのである。そして主語「あの町」がその町を「言い現わし」たのと同じく、言明「あの町には坂が多い」もまたその同じ町を、ただより精しく「言い現わし」たのではないだろうか。丁度、飛行機が空港に近づくにつれ、その空港のある都会、ついでその空港周辺がだんだんこまかく見えてくる(知覚的に立ち現われてくる)のに似て、主語だけの発声よりも述語を加えて完結された言明の発声によって、その町が一段と精しく聞き手に立ち現われてくる、と言えよう。もちろんその立ち現われの様式は知覚のそれではなく、「思い(思い浮べ)」の様式である。したがって、「坂が多い」と言われても、どれ程急な坂道がその町のどこにどれ程あるのか、それらは全くわからない。ただ「坂の多い」その町が「思い」の様式で立ち現われるのである。それは、火事の新聞記事を読んで立ち現われる火事が直接見聞きの知覚のもつ規定性をほとんどもっていないのと同様である。それにもかかわらず、この言明の声は坂の多いその町を「じかに」言い現わし、立ち現わすのである。決して、まず一般概念である「坂が多い」の「意味」を理解しついでその町には坂が多いことの「意味」を理解するのではない。むしろ、その言明の「意味を理解する」とはとりもなおさず、その坂の多い町が立ち現われることそのことであると言ってよい。「君の家が火事だぞ！」という声をわたしが「理解する」とは、火のついた自分の家そのものがわたしにじかに立ち現われることそのことであって、燃えることもできない「家の意味」が熱くもない「火の意味」で焼かれることを理解することではないのである（ここではいわゆる個別命題を例にとったが、一般命題、例えば「人間にはしっぽがない」の場合には事は複雑になり、「意味」の誘惑は強くなる。しかしそれを議論すると長くなるのでここでは控える。だがその場合にも「言い‐現わし」とみることができると信じる）。

　以上のように言うときには、伝統的な意味論上の重要な論点に触れる義務が生じよう。その論点とはフレーゲに始まる「指示」と「意味」との区別である。すなわち、「明けの明星」と「宵の明星」とは一つの同一な金星を「指示」するのにその「意味」は違う、だから言葉には指示とは別に意味というものを考えねばならぬ、ということである（またフッサールの例では、「ワーテルローの敗者」と「イエナの勝者」）。上述の「言い現わし」をここにもちこむと、同じものを言い現わしても「意味」が違う言葉がある、ということになる。なるほど、明けの明星という声でわたしに立ち現われるのは暁天の星であり、宵の明星という声で立ち現われるのはたそがれの空の星である。しかしこれはただ、異なる呪文で同じ金星が異なる時と所での異なる姿で立ち現われただけである。単にそのことを、この二つの呪文は「意味が違う」というのであれば結構である。しかしそこから、「意味が違う」からには二つの違った「意味」なるものがある、そしてわれわれが言語を解するとはその「意味」なるものを了解することである、ということになれば再びあの重箱読みの危険に近づくことになる。その危険について云々することはもう必要あるまい。

3　言葉と立ち現われ

わたしが誰かに旅行の話をしている。わたしは彼にその旅を「言い現わそう」としているのである。だが話し手であるわたしには既にその旅は立ち現われている。わたしの目的は、その既にわたしに立ち現われている旅の様々を聞き手にもまた立ち現わすことなのである。それは山道でわたしの眼にとまった珍しい草花を同行の人にも見てもらおうとしてその人の視線をその花に向けさせようとするのと同類である。だが花の場合ならわたしは言葉とともにその花を指さすだろう。しかし、過去の旅を指さすことはできない。わたしにはただ言葉を声にしてその旅を相手に「言い現わす」ことができるだけである。また、その花は相手に知覚的に立ち現われるが、旅は「思い」的に立ち現われるのである。しかし、その立ち現われ方の様式を異にするとはいえ、同じその花がわたしと同行者の両人に立ち現われるのと全く同様、同じ一つの旅がわたしと聞き手とに（「思い」的に）立ち現われるのである。決して、一つの旅の二つの別々の心像とか表象とかがわたしと聞き手に立ち現われるのではない。なるほど、聞き手に立ち現われる旅はわたしに立ち現われている旅とは随分と様子の違った異なる姿のものであろう。しかし、一つの山の花とてわたしと同行者には随分と違った姿に立ち現われる（見える）はずである（そもそもそれを見る角度と位置からして違っているのだから）。それにもかかわらずわれわれ両人は一つの花を見ているのであってその花の二つの心像や表象を別々に見ているのではない。それと同様、ただ一つの旅がわたしと聞き手に異なる姿で立ち現われるのである。心像や表象という仲介物を通してではなく、じかにである。

　どのような姿でその旅が聞き手に立ち現われるかは、その聞き手によるとともにまたわたしの「言い現わし方」、つまり「表現の仕方」による。上手な言い現わし方ならばその旅はまざまざと聞き手に立ち現われようし、下手な言い現わし方ではおぼつかない立ち現われしかしないだろう。また聞き手の経験、性格、能力、心構えによっては折角の話上手も馬の耳に念仏になろうし、あるいはとつとつとした話振り（声振《こわぶ》り）がかえって生き生きとした立ち現われを呼ぶこともあろう。呪文の効果は話し手と聞き手の呼応によるのである。呪文は一種の祈りなのだから。

だが、では聞き手のいないとき言葉はどんな働きをしているのだろうか。われわれはメモをとり、記録をしるし、日記をつけ、時に詩歌を作ることもあるだろう。それでなくともわれわれはほとんど一日中呟いている。声にはださないがいわゆる「心の中で」しょっちゅうぶつぶつ呟いている（内語）。講演口調ではなく、半欠けの蛹のような言葉で。あるいは煙のようにたなびき動く言葉で。

こういう様々な独りごと（また独り書き）においては言葉の働きもまた様々であり、ひとことで言えるようなものではない。しかし、聞き手に何ごとかを「言い現わす」のとは別のことをしているはずである。多くの場合、その何ごとかはわたしには既に「言うまでもなく」立ち現われているからである。そしてこの既に立ち現われている何ごとかがわたしに何かの言葉を立ち現わすのである。いやむしろ、何ごとかが言葉の立ち現われと連れだって立ち現われている、と言った方がいいだろう。「あそこには坂が多かったな」に近い蛹言葉と連れだってあの坂の多い町がわたしに立ち現われるのである。

だがこの蛹言葉はどこに立ち現われるのか。その町はもちろんその町のある某県のその場所に立ち現われる。しかしそのような所在地がない「言葉」はどこに立ち現われるのか。ここで「心の中」に、あるいは「胸裏」に、と答えたくなる誘惑にはまっては元の振出しに舞い戻ることになる。なぜならば、「心の中」にだけありうるものとはまさに「心像」と呼ばれてしかるべきものであり、それはとりもなおさず「わたしの心像」ということになり、言葉の私物化となるからである。そうなると、言葉と同様に空間的所在を云々できない$\sqrt{3}$とかピタゴラスの定理とかの私物化、心像化をまきこんでしまう。悪くすると、あの町までまきこんで本ものの町とは別にその心像のおかぐら建てがまたまたかつぎだされることになる。そうではなく、あの町と連れだって立ち現われる蛹言葉は、「加減乗除」とか「料理法」とか「値段」とかと同様、どこにもない、つまり空間的位置をもたない「在り方」で在るものなのである。それは誰もが承知の文句のない在り方である。だのに宿なしに宿を与えるやり方でそれに何かの在り場所を与えようとすると、これまたそれ自身がどこにあるとも言えない奇妙な宿、「心の宿」が案出されることになる。しかし、言葉は机や町や鉄道と同様、存在するために何かの宿をいささかも必要としない。だから何も心に宿る必要はないのである。心に宿る必要があるものがあるとすればそれはただ心自身であろう。

　こうして事物と言葉とは連れだって立ち現われる。だがその連れだち方は手に手をとってといった疎遠な連れだち方ではない。事物の立ち現われの中に言葉の立ち現われがいわば籠もっているのである。嬉しさが人の顔にこもっているような仕方でこもっている。たくましさがレスラーの体にこもっているようにこもっている。そしてその嬉しさやたくましさが消えたり減ったりすることはすなわち顔や体の様が変わることとそのことに他ならぬように、事物の立ち現われにこもった言葉が変ることはすなわち事物の立ち現われの姿、その相貌が変わることに他ならない。事物の立ち現われとそれにこもった言葉の立ち現われは、「すなわち」という形で連れだって変わるのである。この変化の様式は生理的心理的な因果変化、原因↓結果の変化の様式ではない。目的↓結果の変化様式でもない。それは、メロディの一部の変化すなわちメロディ全体の変化であるのと同類の「すなわち」の変化、「連れだち」の変化である。この変化様式を「共変（変化）」と呼んでおく。

この共変という様式が「言語表現」といわれるものの基底にあるとわたしには思える。何ものか、何ごとかが立ち現われている（それが眼前に知覚的にであれ、思い出的であれ、想像的であれ、空想的であれ）。われわれはそれを言葉で「表現」しようとする。あれこれの言葉（成虫的であれ、蛹的であれ、卵的であれ）が浮び消えただよう。そのどれもがどこかぴったりしない。われわれは別の言葉を「模索」する、比喩をさがし、挿画をさがす、……。こういうとき、えてしてわれわれは何か仕立屋がお客の体にぴったりする服をあれこれさがしているように思いはすまいか。お客の体が既にそこにあるように、事物の立ち現われは既にそこにあり、それにぴったり合う言葉の衣裳をさがしているのだ、というように。だから、「わかっているんだが言葉でうまくいえない」というわけになる。

しかしそのようなものではないとわたしには思える。言葉は事物の立ち現われの中にこめられて立ち現われているのである。したがって、もしその言葉が変わるならば事物の立ち現われもまた連れだって共変するのである。つまり、事物がその相貌を変えて立ち現われるのである。ぴったりしないのは言葉が事物の立ち現われにうまく合わないというのではなく、その言葉がこもった事物の立ち現われの姿、その相貌に満足しないのである。だから言葉を模索するのは、より満足のゆく姿でその事物を立ち現わそうとすることである。或る港を眺めようとするとき、われわれはその港を「よく見ること」ができる場所をさがして丘に登り見晴し台に上る。それと同じように、或る情景なり事件なりが「よりよく」眺められる姿で立ち現われるように言葉をさがすのである。既に立ち現われている何かを言葉で描写叙述するためではなく、より満足のゆく姿でそれを立ち現わすためにである。その姿はその言葉と連れだって立ち現われるからである。それゆえ、聞き手のいない場合にもまたわたしはその何かを「言い現わす」のである。（言語）表現とは他人にも自分にも「言い現わし」なのである。

或る人の顔にかすかな表情の影がよぎる。わたしは何故となくそれにひっかかる。落着かない。そしていつの間となく言葉をさがしている。或る言葉が突然立ち現われる。それだ、とわたしは思う。その微妙な表情の影が明確な姿で立ち現われたのである。そしてわたしの小さな緊張は解除される。そのかすかな表情を明確な相貌で「言い現わした」からである。もちろんその表情はその言葉が立ち現われる以前に立ち現われていた。しかし、今とは違った姿で立ち現われていたのである。どことなく摑みどころがない、隔靴掻痒の態で立ち現われていたのである。そのとき「よくわかっているんだがうまく言えない」とわたしは言うだろう。それは、明確な姿でその表情を「言い現わす」ことができないことを言っているのである。それができない程度に「わかっている」ということなのである。しかし、他方われわれの関心が或る種の情報にのみ限定されているような場合、その情報以外の点で事物がどのような姿や相貌で立ち現われようとどうでもよい。商取引や多くの科学論文では綿花や電磁石がどのような詩的相貌で立ち現われようとかかわりがない、というよりは邪まなのである。だからそのような姿での立ち現われ方は抑制されねばならない。そしてそれらの事物は商業的あるいは科学的な姿で立ち現われるように「言い現わす」ことが求められるのである。レントゲン写真のように血肉を消去して言い現わさねばならないのである。それにもかかわらずこのような場合にも、事物の立ち現われに言葉が濃密にこもっていることには変わりがない。貿易業者が、「クラスB、トンFOBで何ドルの綿花」という言葉を言いあるいは聞かされるとき、彼にはその言葉がこもった綿花が（「思い」的に）立ち現われるのである。もし彼が売手であって何ドルの値をつけようかと迷っているとすればそれは値決めに迷っているのであって言葉に迷っているのではない。だがいったん彼が売値を何ドルにすると決心した途端、その綿花は彼に「何ドルで売りに出した綿花」として立ち現われるのである。そしてその後その綿花を「俺が何ドルで売りに出した綿花」として人にも自分にも「言い現わす」だろう。そしてそう言い現わされた綿花には「俺が……」の言葉がこもっているのである。

人が覚え書きを作り日記をしるすのも、何かの物事を後に再び「言い現わす」ための手段ではなかろうか。一度言い現わした言い方を文字や符号で長もちのする記録として保存しておき、必要となればそれを唱えてその物事を再度「言い現わす」ためである。それはメロディの再現のための楽譜、或る会合を後に「思い出す」ための記念写真なのである。呪文を忘れないための補強なのである。しかし、言葉の言い現わし能力は急速に古び、また変質する。言葉の呪文能力は楽譜の持つメロディ再現能力のように安定したものではない。言葉はその言葉が声にされ文字にされる状況に根深くはまりこんでいる。だから教科書にのせられた例文の言葉は現場の言葉のするめであり干物であり骸骨にすぎないのである。言葉はそれぞれ個々の状況においてのみなまなましく働くものである。だから、話し手が言い現わそうとしたものとはひどくかけはなれたことが聞き手に言い現わされることにもなるし、昔みずから書き留めた呪文が今のわたしには随分と違ったことを言い現わすことにもなる。

言葉はそれを使う人と同様、絶えず変わり動くものなのである。

4　空事《そらごと》の「言い－現わし」

しかし言葉が、声や文字が、何もの何ごとかを「言い現わす」ものならば、嘘や間違いやお伽話もまた何かを言い現わし、何かが立ち現われることになる。だがこの世に存在しないものやことがどうして立ち現われることができるのか。それができるとすればそれこそ「心の中」に心像や表象としてだけではないか。心の描く「空事《そらごと》」として。こう言いたくなる。だが例えば、夕闇の山道を歩いていて蛇に出会ってはっと足がすくむ。一瞬気をとりなおして見直せばただの朽ち縄であった。蛇は実在しなかったのである。ではその蛇の立ち現われたのはわたしの「心の中」であったのだろうか。そんなことはない。蛇はわたしの足先数歩の所に立ち現われたのである。だからこそ足がすくんだのである。もしその蛇が「心の中」に立ち現われたのなら、朽ち縄はどうして「心の外」に立ち現われたのか。この、心の内外の差別に何かの意味があるとすれば、ただその縄は「実在」したが蛇の方はそうではなかった、ということだけであろう。

しかし、心理学の教科書にある各種の反転図形や錯覚図形のことを考えて戴きたい。例えばネッカーの立方体がある。見方によればこっちのカドがとび出して見え、別の見方をすればそれがひっこんで見える。更に別の見方をすれば十二本の線の平面図に見える。そのどの「見え」が現実でどの「見え」が非現実であるか、このような疑問は誰も起こさない。どの「見え」も実際の「見え」なのである。ではどうして、山道にあったものは一つの「見え」では朽ち縄だが今一つの「見え」では蛇にみえる、そういったネッカー物体だと言えないのだろうか。そのどちらの「見え」もともに、カメレオンの七変化の色の各々と同じく真実のものではないだろうか。なるほど、普通の状況では朽ち縄の「見え」が優勢であること、カメレオンの緑色と同様であろう。だがそのことが岩場のカメレオンの茶を「空事」とするいわれがないように夕闇の蛇の「見え」を非現実とするものではあるまい。蛇は暫時の間、真実わたしの前に（心の中ではなく）立ち現われ、ついで朽ち縄の立ち現われに反転したのである。

嘘や善意の虚報にだまされたときのことを考えてみよう。はじめわたしはその嘘や虚報を信じ、例えば、墜落した飛行機がわたしに立ち現われた。そして後、それが誤りであることを知らされた、とする。そのとき、その墜落機の立ち現われは急遽その立ち現われ場所を某県某所から「心の中」にくらがえするだろうか。また、半信半疑のときその飛行機は一体どこに立ち現われるというのだろうか。いや、某県での飛行機事故はそれが某県での事故である限りそれが嘘であろうとまことであろうとその某県に立ち現われる以外にはあるまい。でなければ「某県での事故」ではなくなるからである。もしそれが嘘ならば、嘘の事故がその某県に立ち現われるのである。その事故は嘘かまことかによって立ち現われの舞台が差別されるのではない。順序は逆であって、まず真偽無記の某県での事故の立ち現われがあり、それを或る場合には真の事故、或る場合には嘘の事故として分類区分けするのである。マクベスに立ち現われた短剣は事実立ち現われたのであり、それが物理的に実在する短剣であるか幻の短剣であるかはその立ち現われが現われたコンテクストによって分類されるのである。つまり、その立ち現われのそれ以前とその後の歴史によって分類されるのである。もし仮に紙質・印刷とも日銀発行の紙幣と全く同じ千円札があるとしても、その千円札の出生の歴史によってはあるいはにせ札と分類される。それと同様、嘘の事故の立ち現われも真の事故の立ち現われといわば紙質印刷に差異はないのである。ただその立ち現われが「現実」と呼ばれるネットワークの歴史に参入できないとき、それが嘘の事故として分類されるのである。

まずはじめに各種各様の様々な立ち現われがあり、それが様々な仕方でグループ分けがされる。その一つの分け方は1・2節で述べた立ち現われの様式による区分けである。知覚的、思い出し的、予期的、空想的、等々の立ち現われ様式によってその立ち現われる物事が区分けされる。また別の分け方は、その立ち現われるものの時空的性格による分け方で、空間的事物の立ち現われと数や方程式や正義といった非空間的なものの立ち現われが分別される。だがそれにとどまらず、通常カテゴリー的分類といわれる分類はすべてそれと同様に、立ち現われる物事の性質性格による区分けなのである。それに対して、先にあげた知覚的等々の立ち現われ様式による分類は様式的分類と呼んでいいだろう。だがこういった種類の分類とは全く独立に、真‐偽、嘘‐まこと、現実‐空想、等の分別がなされる。これは様相(modality)的分類とでも呼ぶことができよう。

この様相的分類は、立ち現われ様式の差異による分別でもなければカテゴリー的分類のように立ち現われる事物のいわば材質による分別でもない。非現実は現実と同様、例えば幻や、見間違い、聞き違いとして、「知覚的」にも立ち現われれば、誤信や記憶違いとして「思い」的にも立ち現われる。現実と非現実は立ち現われ様式の違いではないのである。だがまた、それは立ち現われる事物の材質の違いでもない。蛇の立ち現われは朽ち縄の立ち現われと同じような生ま生ましさをもっている。錯覚と呼ばれるものが真実と呼ばれるものと異なる材質のものであれば、どだい錯覚などは生じえないはずである。妄想や盲信の強固さは現実の強固さにいささかでも劣るものでないことは誰でも知っているだろう。

嘘‐まこと、現実‐非現実、の区分は様式による区分でも材質による区分でもない。それは無数の立ち現われの間の組織上の区分なのである。「現実」と呼ばれる立ち現われは寄り集まって一つの組織、一つの網の目をつくる。そしてこの網の目にもぐりこむことができずに村八分にされた立ち現われが「非現実」と呼ばれるのである。「現実組織」の拒否反応によって排斥される立ち現われが「非現実」なのである。ではこの現実と呼ばれる組織網は何によって構築されるのだろうか。それはわれわれ人間の生き方、文字通り生命を保って生きてゆく生き方に適合するように構築されるのである。

われわれが生きるためには物に触覚的に触れねばならない。食物に触れ、武器に触れ、大地に触れ、床に触れ、衣服に触れ、異性に触れねばならない。物を口にし、手にし、口に入れ、手に入れなければならない。そして危険なものには手を触れてはならず毒物を口に入れてはならない。そのように「触れることのできるもの」、つまり触覚的に立ち現われるものがこの現実組織のヘソなのである。このヘソを中心にして視覚聴覚等、他の五感の知覚的立ち現われのクモの巣がはられる。知覚的立ち現われは触覚的立ち現われを中にして強固な網をはるのである。なぜなら、そこに見えるもの、そこに匂うもの、そこで音をたてているもの、それらは稀な例外を除けば手をのばせば手に触れられ手中にできるものだからである。触覚現金に現金化できる小切手だからである。触覚的現金化のできぬ不渡り小切手、例えば幽霊とかマクベスの剣はここでこのクモの巣からはらい落される。夕闇の暫時の蛇も触覚的危険、触覚的気味悪さに引きつがれないからこそ、「見間違い」に組入れられる。

この知覚的立ち現われの中にはられたクモの巣の糸が予期や思い出し等の他の立ち現われ様式の中に伸びてゆく。昨日のこと、去年のこと、昔のこと、それらの「思い」的立ち現われはこのクモの巣に糸がつながるとき「現実」と呼ばれるのである。目撃できない場所、隣室の様子、他県のこと、他国のこと、地下のこと、他の星のこと、これらの「思い」的立ち現われもまたこのクモの巣の糸が伸び、それに結び合わされるとき「現実」となる。ただその糸の距離が伸び、時と所がヘソからのへだたりを増すにつれ、さすがのクモの巣もその強度を弱め不安定になるだろう。そしてその辺境の周辺では弱々しい心もとないものとなるだろう。また未来の予期的立ち現われに対してはただ糸を伸ばす身構えがあるだけでいつも態度保留にとどまるであろう。しかし、遠景はかすんでいるにせよ、この巣のヘソの近傍部はわれわれの命綱としての強靭さをもっている。この現実というクモの巣組織が「現実世界」の組織なのである。

この現実世界の組織はまた集団生活者としての人間に共有される「共通世界」である。わたしに触れられるものは原則としてまた他の人にも触れられる。これは事実そうなのであって、そうでなければならない理由があるわけではない。たまたまわたしの今生きている世界では事実としてそうなのである。そしてわたしに見えるものは原則として他の人にも見ることができる。これまた事実としてである。この事実がわれわれ共有の「現実世界」の中に組みこまれている。だから、わたしにだけ見え触れられるが他の人には見えも触れられもしない立ち現われは「非現実」としてこの「現実世界」からはずされるのである。「非現実」として分類されるのである。しかしそれはあくまで組織的分類上のことであって、その立ち現われが「わたしだけのもの」として私物化され「わたしの心」の中に宿ると考えるのは繰返し述べたように基本的な誤りである。非現実の立ち現われも現実の立ち現われと、立ち現われとしての材質上の差別はない。マクベスの短剣も彼の心の中に立ち現われたのではなく、彼の眼の前何尺かに立ち現われたのである。なるほどその短剣はマクベス以外の人間には立ち現われなかっただろう。しかし異常に夜目のきく人、異常に鼻のきく人にだけ立ち現われる物影や香りもある。また、独房の人に立ち現われている様々の物、その時点における様々の物は、他の人に知覚的に立ち現われることはできない。また、一つのオーケストラは聴衆の数だけ異なる視覚的聴覚的相貌で聴衆に立ち現われているだろう。そして、マクベス以外の人間には虚空として立ち現われたものがマクベスには短剣としてそのとき立ち現われたのである。大胆な人々にはただの朽ち縄として立ち現われるものが、小心なわたしにはしばらくの間とはいえ蛇として立ち現われたようにである。かくし絵の中のライオンが勘のいい人にだけ立ち現われるように、ネッカーの立方体が或る人々にはまず平面図として立ち現われるようにである。

このとき、短剣や蛇が幻とか見間違いだといわれるのはただ、それらが「現実世界」の中に分類されないだけのことなのである。「立ち現われ」としては何の文句もない立派な立ち現われであるがただ「現実世界」の巣に寄りそう他の立ち現われ群とはそりがあわないからなのである。実在はしないがただ（誰かの心にのみ）立ち現われる、というのではなく、その立ち現われを「実在せぬものの立ち現われ」と呼ぶのである。

嘘つき、ペテン師、妄想患者、作家、詩人、これらの人々はこの「現実世界」の外に立ち現われを創造する。まさにそれを「言い現わし」、「思い現わす」のである。それらの立ち現われはこの動物的な、余りにも動物的な「現実世界」からはしめ出しをくうだろうが、彼らはまた一つの（余りにも？）人間的な「現実世界」を作り出しているとも言えはしないか。

十章　心

人間には心というものがある、などとわざわざ言うのはおかしいでしょう。余りに当り前のことだからです。しかしそれでもって、人間には心臓がある、というような意味で心があるといっているのではないことは確かです。「心」という何かの臓器がどこかにあるわけではないはずだからです。だからいくら当り前のことにしても、一体「心がある」とはどういうことなのかをわざわざ尋ねることも許されるでしょう。

もちろん答えは簡単だ、わかりきったことだ、と言われるでしょう。机や石や水、そういった「心なき物」は喜びも悲しみもしない、考え事もしない、話もしない、しかし人間はそういったことをするのだ、それが「心がある」ということなのだ、と。その通りです。しかしここで一言付け加える必要があります。人間は喜び悲しみ考え事をし話をする、しかしその人間は机や石や水と同じように空間の一領域を占め、重さや温度をもつ物体でもあります。つまり、私たちの体はまぎれもない物体であり物理や化学の法則に従うものです。すると、喜び悲しみ考え話す、その当のものはこの体でしょうか。いやそうじゃない、それは心だ、という答えをするとすればそれは甚だ心もとない答えです。なぜならば、先に言ったように何か臓器めいた「心」などがあるとは誰も思ってはいないからです。しかしだといって、それは体だ、と言うのも変でしょう。机や石や水と同じように物体である体が考え事をする、というのはどこかおかしいからです。すると再び何とか「心」を持ちだしたくなるでしょう。

臓器めいた「心」などはないことははっきりしている。だから臓器めかない、全く物質とは縁遠い「心」なるものがあってそれが「体に宿る」のだ、こう言いたくなります。この宿泊モデルが古今東西に行き渡っているのは、このモデルには何か自然であり当然なところがあるからだと思います。健全な精神の身体への宿泊、体への乗り移り、体からの脱出、体との不和（霊肉の葛藤）、体への励まし（もっとしっかりしろ）、体からの誘惑、こうした一連の比喩の中にこの宿泊モデルが生き生きと働いています。

しかし注意すべきは、この宿泊モデルが生き生きしているのは、「心」なるものが宿泊者として確然としている限りである、ということです。「心」なるものの姿が曖昧になり把え難くなればなるほど、このモデルもまた曖昧になり把え難くなります。ところが、「心」なるものが明確な宿泊者の姿をとろうとすればする程、それは「人間」の姿をとってこざるをえないのです。つまり、この宿泊モデルが生き生きとするには、宿泊する「心」が「人間」の姿をとってこなければならないのです。ところがこの「心」を泊めている「体」、「心」が入っている「体」こそ「人間」なのですから、この「人間」は何かもう一人の小さな人間の入った人間、二重底の人間のようになります。それはおかしい、ということになると今度は「心人間」こそ真の人間であり、体は単にそれが運転する乗用車に過ぎない、ということになります（あるいは一時的な牢獄に過ぎない、と）。

このように宿泊モデルは変質してゆきます。ここでこの変質の跡を追うつもりはありません。ここで言いたいのは、人間には心がある、といったわかりきったことが実はわかりきってはいない、ということです。それによってこれから長々とこの問題に立入ることを正当化したかったのです。

一　心に浮ぶもの

心の働き、あるいは心の動き、と思われまたそう呼ばれている経験を観察するために、上で「人間の心」といっていたものを狭めて「私の心」に限りたいと思います。私以外の人々の心について私が云々できるかどうか、これは哲学で長らく「他我の問題」として論ぜられてきたものです。それには私なりの意見がありますが（拙著『物と心』9・10章、『流れとよどみ』9・17章）、ここではそれには触れないでひとまず私自身の経験の観察にとどめます。

さてその観察をどこから始めてもよいのですが、私たちが「心の働き」と呼びたい典型的な場合から始めるのが順当と思います。それは「考え事」の場合です。考え事をする、というのは誰がみても「心の働き」でしょうから。しかし考え事、といっても実に様々な考え事があります。明日の予定とか支払いの工面とか、昨日のしくじり、去年の旅から始まって国際情勢とか数学の問題といったものまであります。ここではまずその中で過去の出来事や事物の「思いだし」の場面をとりあげたいと思います。そうするのはこの「想起」の場面の中にその他の場面のほとんどすべてに通じる状況があるからです。その状況をあらかじめ一言で言うならば、考え事では様々な事物や事件がそのまま「じかに」立ち現われてくるのであって、そのイメージとかその「思い出」(面影)といった「写し」が登場するのではない、ということです。だとすると、考え事が「心の働き」であるにせよ、そこに登場するのは多くの場合「物」そのものである、ということです。心に浮ぶのは「物」なのです。するとその「心の働き」というものが控え目に言って、「物」にぐっと接近したものになるはずです。「心」は「物」に対するそのコントラストを弱め、「物」と「心」はその境界が定かでなくなるはずです。そのことを観察するためにまず「想起」の場面をとりあげたいのです。

1　過去がじかに立ち現われる

今朝の新聞に九州の福岡の水道の話がのっていました。それを読んだとき急に私は数年前に福岡に行ったときのことを思い出しました。しばらく新聞を手にもったまままそのときの様々な場所や人々のことが次から次へと思い出されてきたのです。普通のいい方をするならば「心に浮んで」きたのです。もちろんこの言い方をするとき、ではその「心」は一体どこにあるのか、などとは誰も気にしはしません。その「心」はこの辺だ、あの辺だ、と指させるようなあり方はしていないのです。ただ漠然と、今私が坐っている事物の世界ではない、という感じを「心に浮ぶ」と言っているのです。だからその「心」はどこにあるか、などという問いは野暮な質問であるばかりでなく的外れの質問なのです。

しかしではその「感じ」はどこからくるのでしょうか。私には次のように思われます。第一に、その数年前の私の福岡滞在はもう「すんでしまったこと」で現在只今はどこにもありません。だからそのときの福岡市が浮ぶのは事物世界、電車が走りテレビがなっているこの事物世界の中であることはできません。だからそれが浮びでるのは、どこか他の場所でなければなりません。その場所を「心」とよぶのです。第二に、その思い出が浮ぶのは私にだけです。つまり、それが浮ぶ場所は他の人々と共通な公共の事物世界ではありません。だからそれは「私の心」に浮ぶのです。

「心に浮ぶ」という言い方はこのようにして自然に私達の心に浮んできたのでしょう。そしてこの言い方の中にはまた次のことが自然に含まれています。すなわち、そのような「心に浮ぶ」ものは電車やテレビのような「事物」ではありえない、ということです。そういったゴツゴツした図体のあるものが「浮ぶ」ことは不可能ではないにせよ、われわれの「感じ」の中にはありません。私の思い出が「心」に登場するとき、その思い出は何か淡く、生ま生ましい現実性が干しあげられて懐しく枯れたように感じられます。映画のスクリーンの映像よりもっと静穏で枯淡の趣きをもっています。いずれにせよそれらは「事物」ではない、と感じられます。しかしそれにもかかわらず、それは事物と非常に密接な関係を持っていなければなりません。例えば、私に今思い浮べられた博多駅は、事物であるところの博多駅と強いつながりがあります。博多駅が思い浮んでいるのですからそれは当然です。すると、事物である博多駅と強力密接な関係をもちながら、しかしそれ自身は事物ではないもの、そういうものが思い出され思い浮べられるものなのです。そういうものをわれわれは、「イメージ」だとか「思い出」だとか「面影」だとか呼んでいます。哲学者や心理学者はそれを難しく言い直して「観念」、「表象」、「記憶像」等々と呼びます。しかしその呼び名のすべてが示していることは、それが原物の「写し《コピイ》」である、ということです。事物である、いや数年前の事物であった博多駅の、事物ならざる「写し」、それが今私の「心に浮ぶ」といわれるのです。

多くの人にとって今述べてきたことに近いものが実感であろうと思います。実際この「写し」のモデルは多くの事実にピタリと合うようにみえるのです。われわれが過去を忘却するのは古い写真のようにこの「写し」の色が褪せ姿がぼけるからである。憶い出そうと努力して中々憶い出せなかったことがあるときひょいと思い浮ぶ、それはアルバムの妙な所にはさまっていた写真が何かの拍子でぱらりと落ちるようなものである。こんな調子で「写し」のモデルはまことに自然であり当然であるように思えるのです。そして何よりも、既に過ぎさり消えさった過去の事物が今何かの形で登場するには「写し」の形でしかありえない、こう感じられるのです。しかしそれは人間が犯す最も大きな錯誤、あるいは錯覚の一つであると私には思われます。それは次のような理由からです。

今ここで考えている記憶像であれ、あるいは何かの「イメージ」や「観念」や「表象」であれ、または写真や肖像画や模型のようなものであっても、「写し」と呼ばれるものには一つの根本的特性があります。その特性が失われればそれはもう「写し」ではなくなる、そういった特性です。それは他でもない、「写し」は何かの写しである、ということです。本物があってこそ「写し」は「写し」であるのです。こんなわかりきったことをものものしくいうのは、まさにこの単純なことが忘れられることから上の錯誤が生まれてきたと思われるからです。さて今ここに私の知人の写真があるとします。私は一眼みてそれがAの古い写真だとわかります。このとき私はAを「思い浮べた」はずです。それは十年以上も前の写真で、そのAはまだ黒々とした髪の毛をしています。つまり、若き日のAが今「思い浮んだ」のです。ここで上の錯誤にしたがうと、それは既に亡き若きA（年とったAはまだ生きていますが）の「写し」であるはずです。かりにそうだとしてみましょう。そうだとするとその若きAの「写し」は先程の「写真」と同じ立場にあります。ただ写真の方は今眼の前にありますが、その「写し」の方はいわば私の心に浮んでいる、ということだけが違います。しかしその両方とも何ものかの「写し」だという点では違いはありません。したがって、その私の心に浮んでいる若きAの「写し」にもまた本物がなければなりません。そしてそれはもちろん「若きA」その人です。ところがこの「若きA」その人もまた今私の心に「思い浮んで」いなければなりません。もしそうでなければ、同じく「思い浮んでいる」ところの「写し」の方が一体誰の写しであるのか私にはわからないはずだからです。ただ一人の見知らぬ青年の姿が「思い浮んでいる」、ただそれだけでは一体それが誰の姿であるか、私にはわからないはずです。ところが今私にはそれが若きAその人の姿であるとわかっているのです。ということはすなわち、その「若きA」がまた「思い浮んでいる」ということです。ところがこの「若きA」は先の「写し」に対する本物です。そしてそれがまたまた何かの「写し」だということはありえません。なぜならもしそうだとすれば、無限にきりなく「写し」の列が続くからです。(もちろん、理屈の上だけなら第 n 回目に初めて本物が登場してそれで打ち止め、ということも可能です。しかし今このような人工的情況を考慮する必要はありません。また、たとい考慮しても結論は同じで変わりありません)。そこでこの「若きA」は十数年前のA自身であって何かの「写し」ではありません。それは本物自身なのです。

上のことを簡単にいうと次のようになります。何かの「写し」が何の「写し」であるかがわかっている、ということはとりもなおさず、その「何か」自身が「思い浮んでいる」ということである。つまり、「思い浮ぶ」という経験の中では、同定された「写し」はその本物とペアになっている。そしてこのこと自身は経験的な事実だとか法則だとかではなくて、意味の上からして(つまり論理的必然的に)そうなのです。「写し」である限り何かの「写し」だという意味でなければならず、その「何か」が了解されているということは、その「何か」が「思い浮んでいる」という意味に他ならないからです。

さてこうして今私に「若きA」その人自身が「思い浮んでいる」。もしそうだとすればそれの「写し」の方は一体何の役をするのでしょうか。この「写し」の役割は本物が登場できないためにそれに代る代役でした。ところが代役が登場するには必ず本物とペアだということになったのだからそれは「代役」の機能を果たすことはできないのです。つまりここでは「代役」が無意味になるのです。しかし「代役」ではないが本物と連れだってその「写し」が登場してはいけないという法律はあるまい、こういう人がいるでしょう。しかし素直に自分の経験を反省するときこのようなアベックをみることはないはずです。本物か代役か、それは別としてとにかく登場するのは一つのもので二つのものではないでしょう。

この点、つまり登場するのは一つのものであって二つのものではないということを認めるならば、そしてもし「写し」が登場するなら必ず本物も連れて登場するということを認めるならば、答えは一つです。登場するのは本物であって「写し」ではない。先に述べた錯誤はこうして自己破壊するのです。

2　真実の百面相

しかし上の錯誤はこうして自己免疫的に崩壊するとしてもその錯誤に誘った事情の方は元の通りです。すなわち、過去の事物はもはや存在しないのだからそれが現在登場できるわけがない、という事情であり、また、過去が何かの形で登場するのは人それぞれ個人的にである、という事情です。この事情があるからこそ、過去の事物それ自身ではなくその各人の「写し」が登場するのだ、と思われてきたのです。ところが上で述べてきたように、その「写し」は「本物」とペアでなくては登場できず、したがって「写し」の機能を果たしえないのです。登場するのは実は「写し」ではなく「本物」なのです。しかしこの的を外した「写し」の考えを呼び起こした事情の方は説明されないままに残っている、ということです。

ではその事情をどう考えればいいのでしょうか。ここでも答えはただ一つだと私には思われます。過去は既に存在しないのだからそれが現在登場できるわけがない、というのが誤りだということです。すなわち、過去はまだ存在している、ということです。何と馬鹿な、と思われるでしょう。去年死んだ犬は存在せず、昨日食べた料理も存在しない、過去は文字通り「過ぎ去った」のであって存在する道理がない。こう言われるでしょう。「存在」ということを普通の意味にとる限りは全くその通りです。その普通の意味とは、現在只今肉眼で見たり手で触れたりできるか、またはその可能性がある、という意味です（可能性、と言ったのは私の今居る場所から離れていたり、近くであっても例えば壁の内部とか私の心臓のように通常は見たり触れたりできない事物の存在を考えてのことです）。その意味では死者は存在せず昨日の食事は存在せず、いや過去の一切が存在しません。一切が刹那に滅します。しかし、それらはだから「思い浮べられる」こともできない、ということにはなりません。つまり、それらは全くの「無」ではないのです。そして誰でもがそれらを「思い浮べる」のです。このことを素直に（努力して素直に、素直たらんと努力して）みるならば、過去は「思い浮ぶ」形で存在している、と言うべきではありませんか。去年死んだ犬を現在私は肉眼で見ることも手で撫でることもできないことは当り前です。しかし、その犬はその「生前の姿」でまざまざと「思い浮ぶ」のです。ここで、肉眼で見たり手で触れたりすることを「知覚」と呼び、一方「思い浮ぶ」ことをそれに対して「想起」と呼ぶならば、その生前の犬は「知覚的」にはもはや存在しませんが「想起的」には今なお存在しているのです。

これは決して言葉のまやかしや無理強いの言いくるめではありません。過去はどんな意味ででも存在しない、と言う方がそれこそ暴力的です。たといそれが意図的でない無邪気な暴力であるにしてもです。それは眼で見え手でさわれるという全く実利的な（といっても悪い意味ででではありません）存在だけを存在だとしてしまっているからです。もちろんそれはそういうように「存在」という言葉を使うのだ、という点からいうならば「誤り」ではありません。ただそこから一歩でて、そのような意味での存在物でなければ「思い浮ぶ」ことも不可能だ、と考えることは「誤り」であり錯誤であるのです。それは、想起とは現在体験であり、それゆえ想起されたものも現在的な何ものかでしかありえない、という明白な「誤り」だからです。この誤りから、過去そのもの（それは存在しない）ではなくてその「写し」が思い浮ぶのだ、ということにされるのです。そして、ここでの「写し」とは肉眼で見たり手で触れたりはできませんがそれでも現在只今「心に浮んでいる」ものとして準知覚的なのです。「写し」は現在只今、何かの形で存在しているもの、その意味で知覚に準ずるもの、なのです。それは幻覚や白昼夢の中の事物と似た現存の資格をもっているのです。机や椅子といった「物体」としては存在していませんが、いわばそれらの物体の「影」として現在存在している、だからともかく存在しているものとして考えられてきたのです。

しかし上で述べてきたようにこれは根本的な錯誤です。過去の事物は「知覚的」に存在しはしないが「想起的」に立ち現われて登場する、その意味で「想起的」に存在するのです。その登場にはですから何の代役も必要ありません。「写し」（記憶像、面影、イマージュ、表象、観念、等々）の必要がないのです。過去の事物そのもの（例えばあの生前の犬）がじかに登場するのです。このようにして、上に指摘した事実、すなわち、「写し」の登場は本物とアベックでしかありえずしたがってその登場場面はない、という事実の再確認がなされました。

しかし「写し」の誘惑をうながした事情の今一つのものが残っています。それは「思い浮べ」は個人の経験であり、人毎に違うという事情です。ですから或る旅行団が一つの街を帰国後に「思い浮べる」とき、その参加者の数だけの異なった「イメージ」が登場するであろう、だからそれは「本物」ではなくて各人各様、十人十色の「イメージ」であり各人様々の「写し」でしかありえない、と。

しかしこちらは比較的単純な誤解です。一にして同一なものが、人と時とを異にする度に異なった姿で登場する、これは全くの事実です。しかしそのことから、だからそこで登場するのは本物ではなくてその十人十色十時十彩の「写し」である、ということには全然なりません。「想起」ではなく「知覚」の場面を考えてみましょう。或る夕食会のテーブルの真中に花が生けてあります。その会の出席者にはそれぞれの席からそれは「十人十色」に見えているでしょう。だからといって、出席者が見ているのは生け花自身ではなくその「写し」であると思う人がいるでしょうか。一つの花が様々に見える、あるいは、様々な角度から見えているのは一つの花である（そして安倍仲麻呂の月も）、このことに何の不思議もありません。それは「同じ」とか「一つ」とか「同一」だとかという言葉の全く標準的用法です。しかし一部の哲学者はここでも「写し」に誘われたことは事実です。そして現代の大脳生理学者はやはりここで生理学的な「写し」を考えています。しかしこの「知覚」の場面においてすら「写し」を考えるとすると、われわれは「写し」の中に閉じこめられていることになります。物理学や生理学の実験もまた「写し」であり、私の考える円周率もまた円周率の「写し」、ということになります。こうして一切合切が「写し」であるとすると、「本物」ということの意味が空虚になってしまうことはみてとり易いでしょう。すべてが「にせ物」であれば「本物」の意味がなくなってしまうのと同じです。本物あってのニセ物であり、写しあっての本物なのですから。こうして「本物」の意味がなくなれば当然また「ニセ物」の意味も「写し」の意味もなくなります。こうして「知覚」の場面で何から何まで「写し」だということは誤りではなく無意味になってしまうのです。ところが、十人十色だから誰でも「写し」の知覚しか持てない、という考えはまさに何から何まで「写し」だということに他なりません。したがってこの考えは無意味となります（この論点は四章によって補完されねばなりません）。

こうして「知覚」の場面で、十人十色ということから十人十色の「写し」を考える、というのは無意味であることがわかりました。それと同様、「想起」の場面でも十人十色、あるいは同じ人でも時が変われば違う、ということから「写し」の考えに入るのは無意味です。また、「写し」の考えが自己破壊を起こすことは既にみてきたことです。想起にあっても登場するのは本物がじかにであってその二番煎じの「写し」ではありません。関東大震災はそれを思い出す人が違う毎にその姿は違うでしょう。特にわれわれの大部分はそれを実際に経験せず、人の話や写真によって想像するだけです。しかしそれにもかかわらず、登場するのは一にして同一の関東大震災です。大震災は一つしかないからです。ただその一つの大震災が様々な姿で登場するのです。その様々な姿の中で唯一つだけが真の姿であるとか、それらの姿を通じて共通なものこそ真の大震災だとか、それらはすべて単に「姿」に過ぎずその一段奥に御本尊の震災がある、こうした考えは再び錯覚です。それらはありもせずまた必要でもないもの（真の姿、真の大震災）を想定しているか、あるいはまた、先刻の「写し」の考えに逆戻りするか、あるいはその両方です。「知覚」の場面で例にとった卓上の花と全く同様、関東大震災は様々な人々に様々に「思い浮ぶ」、ただそれだけです。カメレオンの本当の色は何か、というのが見当違いなのと同様に、どれが本当の震災かという問いは見当違いなのです。すべては百面相なのであり、そしてそのいずれもが仮面ではないのです。

3 真偽、虚実の事後区分

だがこの言い方は無茶だ無理だ、と感じられる方も多いと思います。一体それならば真実と虚偽との区別はどうなるのか、という疑問が湧いてくるでしょう。そして次のような質問がでてくるでしょう。

先程の食卓の花の例で、会食者の一人ないし数人が眼病とか不注意だとかでその花を「見誤る」ときはどうなのか。例えばバラの花なのにユリの花だと見誤ったとき、それはこの世界に存在しない物（卓上のユリ）を見たのだ。つまり幻を見たのだ。その幻をも君は「一にして同一なる卓上のバラの花」だと言うのか。同様に記憶違いはしょっちゅうあることで、その間違った記憶をも「同一の震災」が「思い浮んだ」ものだというのは恥知らずの強弁ではないか。そしてこのような「見誤り」や「思い違い」の場合は少なくとも本物の登場はない、したがって本物とはタチの違う何ものか（例えば幻覚像のようなもの）が登場していると認めねばなるまい。

これは当然の質問です。しかしこの質問の中に一つの偏見が表明されていると思います。それは上に述べてきた、存在についての錯誤と抱き合せになっている偏見です。すなわち、もともと存在しないものが登場するとすればそれは存在するものとは全くタチの違ったものであり、その登場する舞台も全く別な舞台である、という考えです。簡単にいうならば、それは幻であり、幻は公共の場所ではなくひそかに例えば私の「心」という舞台に登場する、というのです。そして見誤りや記憶違いはすべて幻の登場だというのです。

しかし、まず幻は公共世界に登場できないというのは間違いであると思います。例えば幽霊はどこに登場するでしょうか。多くの場合墓地とかさびしい橋のたもととかでしょう。しかし墓地や橋のたもとはさびしいだけであって立派に公共の場所ではありませんか。なるほどそれは特定の人にしか見えないでしょう。しかし特定の人にしか見えないものは珍しくありません。だからそれだけの理由から幽霊は墓地に現われたのではなく例えば私の「心」に現われたのだ、というのは間違いです。実際のところ幽霊は誰かの鼻先何メートルかに現われたのであって「心」とかという測定不可能な場所に現われたのではないことは確かではありませんか。しかしそこに現われた幽霊は通常の事物といわば材質がかなり違うことは確かです。写真にうつりませんし、触れもできません。しかしそのような材質のものは日常生活の中に珍しくありません。空気は写真にうつりませんし、第一光自身が写真にとれませんし、また摑めません。後光だって光ではなく、ちりとかあるいはもっと高貴な微粒子発光体でしょう。それなのに誰も空気や光は幻だとは思いませんし、「心」の中だけに登場するとも言いません。一方幽霊の方はそうだというのですから私はそれを偏見と呼んだのです。それは不当な、ただ歴史的慣習にのみ根拠をもつ人種偏見であり身分差別なのです（ここで元来は鏡像を例にとったが、五章での結論からそれは不適切となったので撤回して光や空気に例をきりかえた）。

だがしかし、何十万円もした墓石と無料出演の幽霊とを一視同仁に扱うことは、真実と虚偽との間の差別までとり払うことになるのではないか。そうではありません。人種差別をやめることは何も皮膚の色を変えることではありません。皮膚の色は元通りなのです。ただ皮膚の色が違うからといって登場する場所を区別したり、二級市民的扱いをやめることです。われわれが真実とするものと虚偽とするものの間には違いがあることは確かです。さわれないとか、出没が気ままで連続的追跡ができないとか。しかしその区別は決して「何もの」かと「無」との区別ではありません。「何もの」かと、別な「何もの」かとの間の区別なのです。ということは、真と偽との差別は有と無との間の区別ではなく、「何もの」かの間の分類だということです。その分類原理はここで精しく述べませんが（九章4節参照）、われわれが生きるための生活的分類だと思います。われわれの命を脅かすもの、逆にわれわれが食べられるもの、それらは真実であって虚偽ではありません。真実だから食べられるのではなく、食べられるものを真実と呼んできたのです（非常に簡単化した言い方ですが）。つまり、「知覚」や「想起」の場面で様々なものが登場し立ち現われてきます。その、立ち現われるという点と、立ち現われる場所、その二点ではそれらの間に何の差別もありません。ただ、根本的には生活上の欲求からそれらを真なる立ち現われと偽なる立ち現われとに分類するのです。

幽霊のような場合には上に述べたように材質の点から分類されます。しかし記憶違いのような場合は材質からの分類ではありません。それはすべての立ち現われの相互関連の中にうまくはまるか、はまらないで孤立するか、といった点から分類されます。したがって、その分類で偽とされた立ち現われも材質上では真とされた立ち現われと異なるところがありません。例えば私が昔の飼犬を思い出すとします。私にはひたいに白点をもった犬が「思い浮びます。ところが家族のすべての話でも、また残っている多くの写真でも白点はありません。私はそこでいやいやながら私の思い違いだとしてその白点のある犬を「虚偽なる立ち現われ」と分類します（しかし最終的にではありません。どんな分類にも必ずドンデン返しがありましょう）。しかしそのことによってその白点のある犬が材質を変えるはずがありません。いささかでも幽霊的、まぼろし的になるはずはありません。それは白点のない「真なる立ち現われ」の犬と全く同じ材質です。重さもあり体温もあり吠えもします。ただそれは今のところ私には「虚偽の犬」として立ち現われているのです。桃太郎や花咲爺さんの犬と同じようにです。

　ここで大切なのは次のように考えないことです。すなわち、「虚偽の犬」や「空想の犬」なる「犬」は存在するはずがない、だから何かが立ち現われるとすればそれは「犬」ではなくて「犬の影」、「犬のイマージュ」、である。「虚偽の犬」は存在しないがこの「犬の影」は存在する。ただしもちろん「影」として「イマージュ」として存在するのである、と。

　こう考えることは再びあの「写し」の錯誤に向ってUターンすることです。ですからそう考えたい誘惑に抵抗せねばなりません。そこで直進します。

「虚偽の犬」は「影」や「イマージュ」ではなく血肉を具え体重を持つ全き「犬」なのです。桃太郎の犬も花咲き犬もまたそうです。もともと「犬」でない「犬の影」などはありえないのです。一見ありそうに思えますがよく考えてみるとそんなものは煙のように消え失せることがわかりましょう。「犬の影」を考えるとき、それは何か一種の精神的写真のように思われるでしょう（「幻」、「幻像」、「ファンタスマ」といった言葉が示すように）。しかしそれには厚みがあるはずですから写真では駄目です。では立体模型でしょうか。いや模型などではなく生きた犬であるはずです。第一、立体模型まで考えるなら生き身の犬を考えるのも同じことではありませんか。こうして何とかして「影」に仕立てよう仕立てようとしても、どうしても「本物」にもどってしまいます。

さらにまた次のようなしかたでこの点を確かめることもできます。とりあえず三匹の犬のことを「思い浮べて」ください。一匹はあなたが熟知している犬で間違いっこはないものとします。一匹は余りよく知らない犬であなたはその毛並を間違えて思い浮べたとします。今一匹は桃太郎の犬です。このときのこの三匹の間に何かその材質上の違いがありましょうか。一匹はちゃんとした蛋白質や脂肪からできているが他のは何かの非物質からできている、といったような違いです。そんな違いは全然ないでしょう。この三匹は三匹ともちゃんとした犬で犬種の差別はありません。そしてあなたが熟知している犬が思い浮んだとき、それは何らの「写し」ではなくその犬そのものであること、それはこれまで繰返し力説してきたところです。だとすると他の二匹もそれと材質上の違いがないのですから、それらもまた何ら「写し的」なもの「亡霊的」なものではないはずです。それはまぎれもなく動物学上の犬であって犬の案山子《かかし》でもなく犬の蒸気でもなく犬の写しでもありません。

要するに「虚偽の犬」も立派な本物の犬であること「真実の犬」と変わりはありません。

ただ後者が「真実の犬」と分類されて立ち現われるのに対し、前者の立ち現われは「虚偽」として分類されるのです。ここで、「虚偽」なるものは「無」でありどんな形にでも立ち現われることはありえない、と考えるのが上に述べた偏見です。そして、その偏見から、だから立ち現われているのは「真実なる」犬影でしかありえない（「影」としてはそれは真実である、と考えられます）、と考えるのが上に述べた錯誤なのです。しかし事実はそうでないことはこれまで述べてきたとおりです。また虚心に自分の経験を反省してみれば簡単にわかることです。様々な幻、様々な見間違いや聞き違い、様々な思い違い、それらは日夜、真実なるものと入り乱れ交錯して立ち現われています。われわれはそれを実践的な観点から真なるものと虚偽なるもの、そして真偽を保留したもの、等々に分類するのです。ですからこの分類では「虚偽」（絵空事）とされたものが時によっては「真なるもの」より遙かに強くわれわれを感動させあるいは脅かすこともあるのは当然のことです。更に「虚偽」なるものにより高い価値をおく（「真実」は下男の仕事、と）ことも十分に可能なのです。要するに、虚偽といい真実というものは、様々な立ち現われ（知覚的、想起的、想像的、等々の立ち現われ）の中での事後的分類である、ということです。（ここで私がそういう真偽の分類自身の真偽性はどうなるのだ、あるいは、今私がこうして述べてきたことの真偽はどのようにして分類されるのだ、つまり私の叙述は嘘つきパラドックス――「私の今言っていることは嘘である」――の一変種ではないか。こうした批判はさして貫通力がないのでここでは立ち入りません。簡単に言えば、立ち現われの例外のない「事実真理性」の上に「相互関連的真偽」の分類が行なわれるのです。）

以上のことからの結論として次のようにいえるでしょう。われわれが様々なことを「思い浮べる」とき、その思い浮べられたものは決して何か二番煎じ的な「写し」ではない。したがって、それらが登場する場所は、過去現在未来のこの世界、市販の地図に描かれている世界、であって、それとは別な世界、例えば「心の世界」などではない。

二　心の働き（認識）

私は「心の働き」を観察することから始めました。その始めには、心の働きが働くのは私の身体や家具がある世界の中でありながらしかしそこには所属しないような場所のように思われました。マンガの中の人間が何か考えごとをするとき、口や頭からでた泡のようなかこみの中に書かれます。その泡はその人の口や頭から実際に出ているのではありませんが、その場に何となしにあるのです。そういったあり方に近いもの、それを「心」と呼んだのです。しかし実際の「心の働き」を観察してゆくとそうではないことがわかりました。物質世界とは違う世界に登場するのにふさわしく思われた「記憶像」や「イメージ」は実は錯覚であったのです。登場するのはそのようなエーテル状の代理役ではなく、正真正銘の物質的事物です。したがってその登場する場所も「心」と暫定的に呼んだ一種の浮遊世界ではなく、無味乾燥、質実剛健な物質世界です。例えば過去の思い出は過去の物質世界に立ち現われるのです。このことはこれまで繰返し述べてきたことです。

このことを承認したとすると、始めに考えた「心の働き」はまさに物質世界の中で行なわれている、ということになります。それは全く当然のことです。先月のパーティのことを今思い浮べるとき、その思い浮べられたパーティは全く物質世界の中の出来事だからです。そしていったん、その出来事の非物質的な「写し」なるものは錯覚であることに気付いたならば、思い浮べられたのは物質世界の中の出来事であるパーティそれ自身であることは理の当然でしょう。そして、事物ではないもの、例えば二次方程式や円周率、正義とか悪とかいったもの、は別ですが、通常の「考え事」の大部分はこうして物質世界の中の出来事です(数学的なものや抽象的な対象は少し長い説明が必要になるのでここでは扱いませんがこれからの観察の大筋には影響しません)。だとすると「心の働き」は一体どうなるのでしょう。「心」をいかなる意味であれ一つの別な世界だと考えている間は「心の働き」に疑念は起こりません。とにかくその「心」で起こっていることのすべて、それが「心の働き」です。物質ではない「写し」ばかりが登場する舞台が「心」とされやすい理由の一つもそこにあると思います。そこで起こることのすべて、それが私の「心の働き」であり、私はそこに自己を確認して安心できるように感じるのです。ところがそれは錯覚だということになったのです。でてくるものでてくるもの、そして起こる様々な出来事、その大部分は物質であり物質の出来事です。一体心はどう「働く」のでしょうか。

4　見る作用

行為での「心の働き」（意志、決心、等々）は後に考えるとして、ここでは見たり考えたり思ったりする場合でのことをまず考えます。すると「心の働き」といえるものがあるとすればそれは、「見ること」、「考えること」、「思い浮べること」、等々でしかないように思えます。たとえば見えている風景に対して「見る」という作用《アクト》、それが心の働きではないかと。なぜなら登場人物も大道具小道具もそして舞台もすべて物質である芝居を前にして「心の働き」はどこにあるのだろうといえばただ「見ていること」だと言う以外にはありますまい。事実、心なき木石と私がその場合違うのはただ、私はその芝居を「見ている」が一方私の腰かけている椅子は到底その芝居を見ているとはいえない、という点でしょう。やや古い言葉でいえば、この場合の「心の働き」とはその芝居を「意識していること」だ、ということになります。では一体「見ている」とか「意識している」とはどのようなことなのでしょうか。

ここで再び別舞台としての「心」に舞い戻らないことが肝要です。というのは、芝居を見ているときのことを考えると、芝居を見ながら様々な感想や心の動きが浮き沈みしますが、それを再び「心」の舞台だと思ってしまう危険があるからです。あの二枚目はきざな奴だ、あの主役は老けたなあ、あと少しで煙草がのめる、こんな思いがよぎるのは「心の中」であると思い勝ちなのです。しかしこうした傍白的な「心」、どこかに浮遊している何かベビーサークルに囲まれたような「心」へ、は錯覚であることはこれまで強調してきました。

あの主役は老けたなあ、こう思わずつぶやいたとすればその声はもちろんこの物質世界の出来事で「心」の中ではありません。しかしその「思い」は別ではないか、と言われるでしょう。しかしこの場合その「思い」はその舞台上にいる役者についての「思い」です。前方の舞台の上に少し老けた役者が見えているでしょう。しかしその役者から「老けたなあ」という「思い」を引き剝がしてあなたの「心」の中に収納できるでしょうか。その役者から引き剝がされた「老けた」という思いは何かの形を保てましょうか。美しい絵からその「美しさ」を引き剝がせないように、老けた人間からその「老け」を引き剝がすことはできないでしょう。その「老け」はその人と分離不能なのです。したがってもし、「老けた思い」がありうるとすればそれは「老けた人間の思い」でしかありえません。そしてそれはその役者の「イメージ」を考えることに他なりません。舞台での役者を見ながら、私はその「イメージ」を「心に抱き」、そしてその「イメージ」が「老けた役者のイメージ」である、ということになります。これはまたまた「写し」と、「写し」の世界としての「心」に舞い戻ることです。

実際は遙かに単純素朴です。舞台の上に少し老けた主役が見え、私はそれに印象をうけた、というそれだけのことです。ここでまたまた「印象」は私の「心」に、と考えないことです。「印象」とは、その役者の老け方が印象的であること、そしてその特徴が他に較べて強く目立つことです。特に印象が強いときには私の肉体に変化を与えます。呼吸が速く血圧が上り手を握りしめ足に力が入り凝視する、といったふうに。しかしこれらはすべてこの物質世界の中の出来事であって私の「心」の出来事でないことは明らかです。

「心」の考えに強く誘われる一つの理由は、こうした感情的、情念的な特性は物質の特性ではなくそれを「感じる心」の特性である、という誤解があるからだと思います。しかしそうではなく、すべての物質には長さや幅があり、色や重さがあるように、美醜があり好悪があります。要するに物質的特性があるのと同様、美的感情的情念的な特性があるのです。自然科学はその本性上の理由から一部の特性のみを対象にしましたが、それは他の一部の特性に「言及しない」だけです。そこをとり違えて、例えば美的特性は事物それ自身の性質ではなくそれを見る人間の「心」の反応であると考えるのが間違いなのです。一つの事物が一人には美しく他の一人には醜く見えてもそれは、夜道の物影が人様々に見えるのと同じで、各人各様の「イメージ」によるものではないことはこれまた以上（前節2項）で述べてきたとおりです。

前節では考え事が「思い浮ぶ」のは「心」の中などではなく世界の中であることを述べてきました。それと平行して、美的な、倫理的な、批評的な、また性的な様々な情念や感動や欲望がおきるのも「心」の中ではないのです。「心を打たれる」のではなく感動的な何ものかが眼前数メートルまたは数百メートル向うに立ち現われるのです。ハッとしたり思わず足が止まり息をのむのも全く肉体の中で起ることで「心」の中などではありません。そのとき「心に浮ぶ」ように思われるいろいろな傍白的な感想や思い（「ウーンすばらしい」とか「だから来てよかった」とか）は文字通りの肉体運動（声帯のピクツキ的内語）であるか、あるいはその状況全体がある情動的状況から立ち現われていることに他ならず、何か別段のことが「心」の中に起きているのではないのです。何かが起こって私が悲しくなるのではなく、悲しい世界（親しいものが欠けた世界、のような）が立ち現われて私は胸ふたがり肩が落ち呼吸が深くゆるやかになり眼に涙がにじむのです。

こうして、「心の働き」とは「見ること」や「意識すること」である、ということの意味が追いつめられてきたものと思います。それは決して「心の思い」というものに立ちもどらない、そして、徹頭徹尾「思い」は世界の中の立ち現われである、ということを貫き通した上での「見ること」なのです。

ここでぎりぎりのところ「見ること」とは「見られるものごと」に対してそれらを「見る作用」である、と言いたくなるでしょう。しかしこれはまことにいい加減な言い方であると私には思われます。薬が作用する、力が作用する、それはよくわかります。しかし、心が作用してあれこれのものが見える、これは何のことか皆目わかりません。わからないなんてことはない、君は今何かを見ているだろう、その見ていることを「作用」というのだ、と叱れましょう。なるほど、瞼をあげればものが見え、閉じれば見えなくなります。しかし瞼を開閉したり目かくしを脱着したりすることが「見る作用」であるなどとは誰も言いたくないでしょう。実際、瞼を閉じたって何かが見えています。瞼の裏が見えています。それはカーテンを閉じると窓の外が見えなくなりますが今度はカーテンのこちら側が見えるのと何ら変わりはありません。瞼はポータブルで自動操縦できる肉質カーテンなのです。ですからカーテンの開け閉めが「見る作用」であり「心の作用」である、などとは誰も考えはしません。しかし、見られるものがある以上それを見るものがある、そして見るものがその見られるものを「見る」ということがあるじゃないか、と言われます。しかしそうではありません。歌や踊りには、歌われる歌、踊られる踊り、それに対して歌い手や踊り手がいます。しかし、歌と区別された「歌い」、踊りと区別された「踊る」、なんてものがありましょうか。私が今下手な歌、何でもいいですが例えば黒田節を歌います。そこに歌われた黒田節と、それを歌う「歌うこと」とを分けることができましょうか。できません。私が歌っている、それが「歌うこと」でありまた同時に黒田節の「歌」なのです。それと同じように、ランプが見えているとき、その情況が「見ている」ことでありまた「見えているランプ」なのであって、「見る作用」などをそこから引き剝すことはできません。一方、瞼の開閉とか、どこそこの方を向くとか、何かに焦点を合わすとか、何かを見つめる、こういうことはそれぞれ立派な「動作」として何の疑念もありません。しかしそれは明らかに「見る作用」ではないでしょう。それは何かに「眼を向ける」動作ですが「見る作用」ではありません（精しくは拙著『言語・知覚・世界』十章）。

5　生理作用と「見る作用」

しかしそれにもかかわらず、「見る作用」と言いたくさせる何ものかがあることも明らかです。事実多くの言語で「見る」は明瞭な動詞です。そしてこの動詞は人間と動物を主語にします。つまり、ここには何か「私が見る」ということを暗示するものがあります。そしてこれまで私が時々使ってきた「立ち現われる」という言い方にも「私に立ち現われる」という含みがあります。結局、「見ること」とか、「見る作用」、と言いたくさせる事情はまさに「私が見る」、「私に見えている」、と思わせる状況があることだと思います。そして「心の働き」とはまさにこの私の「心の働き」に他なりません。

ところがこの「私」こそ私にとって一番の難物です。まことに奇妙といえましょう。自分が一番よく承知しているもの、いや承知しているどころかそのもの自身であるもの、それが一番表現を拒むのです。多くの哲学者はそれは当然のことだと言います。「私」は何かを見、何かを知り、何かを表現する当のものなのだから、それ自身が見られ知られ表現されることはありえない、と。見られ知られ表現されたものは既に、見、知り、表現している（現在形）「私」ではありえない、と。この言い方で気付くことは「私」がまさに「作用」そのもののように考えられていることです。これは「作用」（心の働き）と「私」が密着していることの一つの証左といえましょう。

しかし前項で述べたように「作用」というのはいかがわしい言い方です。私にはこの「作用」という言い方も何か錯覚に近いものからきているように思われるのです。人は次のように感じているでしょう。すなわち、見られるもの例えばランプが向う側にある、そしてこちら側のここに私がいる、向う側から流れてきたものを私が「受けとめる」、その結果その向う側のランプが見えることになる、と。そしてここで「受けとめる」ことが私の「(受動的)作用」であり「感覚する」あるいは「知覚する」と呼ばれます。つまり、光が眼に「入り」、音が耳に「入り」ます、もし私がデクノボーだとそれらは素通りしますが人間である私はそれを「受けとめる」のです。そしてそれが「見ること」であり「聞くこと」である、と思われるのです。

この見方はまさに自然科学の見方と一致しています。物理的刺戟が眼や耳の感覚器官(受け入れ器官《レセプター》)を通して脳に達します。この科学的事実と合致しているのです。いやそれ以前に日常的経験と合致しています。眼や耳を蔽えば見えるもの聞えるものに変化が起きますし、熱がでたり頭痛がしたりしても変化が起きるからです。しかしです、この見方が一見いかに自然に見えようとも、肝心かなめの所でエンストを起こします。脳が何かの刺戟を受ける、それはもちろん脳のある場所で起こる事件です。ところが私に見えるものは目の前、または遙かかなたに、つまり頭蓋骨の外に見え、また聞えるのです。ですから、脳が何かを受け取るとどうして頭の外部にものが見えるのか、それを誰も答えることができないのです。そしてそれは現在の生理学が未熟だからそうなのではありません。どんなに生理学が発展しようとそれに答えることはできないのです。それはそれが生理学、ひいては自然科学の問題ではないからです。それは自然科学がなりたっている枠組みそれ自身の問題でその内部の問題ではないからです。

いやそんなことはない、答えるのは簡単だ、こう考える生理学者もいます。それは何でもない、外部からの刺戟を脳が受け取りそれを処理する、すると外部が見えるのだ、ざっとこのように考えるのです。しかしこれは「処理する」という二義的な言葉（機械のデータ処理――これは純然たる物理現象です――と人間の知覚や了解をふた股にかけて）でカモフラージュしているのか、あるいは例の「写し」の考えそのものです。事実、生理学者の大多数は何らかの形で「写し」の考えに誘引されていると思われます。外部から何か「受けとる」とすればその何かはまず「写し」としか考えられないからです。普通それは光の束や音波だと考えられています。ここで面白いことにその「写し」自身は見えたり聞えたりしないし、またしては困る、という点があります。光の場合で言えば、第一に、光がもし見えるとすると視野は光で一杯になって肝心の事物が見えなくなるでしょう。第二に、光がもし見えるとするとその光が見えるためには今度は光自身の「写し」（光から発する光！）が必要となるはずです。そしてまた外部の風景を眺めるのである限りわれわれは脳を見ていません。すると、われわれに普通何かが見える場合、上の考えに従うと、それはわれわれに見えてはならないプロセスによって見える、ということになります。一切が秘密裡に行なわれ、その結果として何かがあからさまに見える、ということです。何か、表（見える風景）と裏（光から脳）といったものがここにあります。

いずれにせよこの考えは「写し」の考えの一変種であるという理由で私は拒否せざるをえません。しかしそれにせよ、この考え方の中に見られる「表と裏」は示唆的です。というのは、このことが示すことは、脳がどうこうしたから何かが見える、といった「原因結果」の関係ではなく、表からみればこう、それを裏からみればこう、といった「即ち」の関係をここに見てとるべきではないか、ということです（それが、「重ね描き」の二つの描写の関係です）。今私にあれこれのものが見えています。そのとき私には見えてはならないあれこれが同時に起っているのです。光だとか脳とかです。それは物理学者や生理学者がいろいろな器具や理論を使って確かめたのです。つまり、「見える表」は即ち「見えない裏」でもあるのです。しかし、「見えない舞台裏」でいろいろの事が行なわれその結果「見える舞台」が生じた、というのではないのです。ここには舞台裏はありません。一つの舞台の上に「見えるもの」と、例えば空気や光のような「見えないもの」とがあるのです。「見える」を表、「見えない」を裏と呼べば上のように表と裏の比喩になりますが、実は表裏一体なのです。表裏一体なのですからその一方が何かで変化をうければ、それはとりもなおさず他方の変化でもあるのです。それで、「原因結果の関係」ではなくて「即ちの関係」だといったのです。

　この表裏一体の舞台の上のそれぞれの出来事の大部分のタイプのものは「原因結果の関係」として理解できます。花火の端に火をつけるとだんだん燃えていって花火が始まる、といった具合にです。ただこのときも、燃焼過程を化学変化の過程まで、あるいは量子力学的過程にまで立ち入って述べるとすればそれは先程の「裏」の話になり、そして素人の「表」

の花火の話と表裏一体となります。つまり「表」の因果話と「裏」の因果話とがこんどは「表裏一体」となるのです（自然科学の中にもこの表裏一体は珍しくありません。幾何光学と波動光学、あるいは一般にマクロ記述とミクロ記述はその大筋において因果的関係ではなくて表裏一体の関係にあります）。こうして表と裏それぞれの中では因果関係がありますが、表と裏との間には因果関係はなくて表裏一体の関係があるのです。例えば麻酔薬をうつと痛みが消えます。これは「表」の話です。「裏」の話は、神経のつなぎ目（シナプス）での興奮伝達物質の酵素分解とかといったものでしょう。要するに末梢、脊髄、中枢、のどこかで痛覚神経パルスの伝達が阻止されて大脳皮質までとどかない、というものでしょう。ここで、その結果痛みが消えるのではないのです。痛覚神経が興奮しなければどうして痛まないのか、これには科学的解答はありえないからです。その結果痛みが消えるのではなく、痛覚神経が興奮しないこと、それが即ち痛みがないことなのです（より明確には、六章で述べた、因果系列の逆方向への「透痛覚」です）。ここで、だがもしそうならば結局のところ麻酔薬をうったことの「結果」として痛みが消えたのではないか、と言われればその通りです。ただ、麻酔薬の注入から大脳皮質神経細胞の抑制というところまでは連続的な因果的プロセスがありますが、そこから痛みの消失には何のプロセスも考ええない、ということです。視覚の場合に話を戻しますと、脳の視覚領野の物理化学的状態から今見えている風景には何の因果的プロセスをも考ええない、ということです。それは、考える必要がない、と言うことができるでしょう。なぜなら、或る風景が見えている、それは即ち、脳がかくかくになっていることなのですから。ただ、ではなぜかくかくの風景が見えるのは即ち脳がかくかくであることなのか、という問いには答えはありません。事実そうだからそうだ、と言う以外にはです。なぜ或る波長の光が刺戟すれば、赤色が見えるのか、それに対してはただそれは事実そうだから、と答える以外にないのと同じです。

以上のことから、外部からの刺戟を脳が「処理する」ことが私の「心の働き」である、などとは到底いえないことがはっきりしたと思います。また、何かが眼に「入り」、耳に「入り」、それを私が「受けとめる」ことが私の「心の作用」である、などとも言えません。しかし一方、理屈はどうであってもとにかく私が「見る」、「聞く」という働きまたは作用と言いたいものがあることは疑えない、と感じます。そしてもちろん、とにかくこの「私」がいて見聞きしているのだ、と。

6　項目的「私」の否定、状況としての「私」

この「感じ」から出発したいと思います。今私にいろいろなものが見えていますが、そのこちら側に、「ここ」に、私が居てそちらを向いています。すべてはこの「私」から遠近法的に配置されています。「私」は視野のほぼ中心に居てこの風景の「視点」となっています。この状況を描写するのに、まず私がここに居り、事物はあちらにあり、そしてその事物を私が「見る」のだ、と言いたくなります。しかしこの描写はたといかりに誤りでないにしても不正確で多くの錯誤を招き易い描写であることはこれまで述べてきました。ではどう描写すべきでしょうか。ここで、「見る」というその意味付けが困難な作用的な動詞を捨ててしまう、しかし「見ているのは私だ」という「感じ」に忠実な描写をさがす、それが目的です。

　私はここに居る、確かにそうです、しかし「ここのどのあたりに居るのか」という問いは馬鹿げて聞えます。私の眼のあたりの疲れ、尻の痛さ、手の動き、若干の想念、そして眼前の風景、その真中あたりに私は居るのですが「どのあたり」ということは言えません。そうです、「どこそこに居る」といえるような「私」は実は居ないのです。眼のあたりの疲れ、尻の痛さ、……そして眼前の風景、そうしたものの他に「私なるもの」は居はしないのです。そういう「何ものか」はありはしないのです。しかし今しがた君は、私はここに居る、確かにそうだ、などと言ったばかりではないか、と難じられましょう。いやそれが表現の問題なのです。眼のあたりの疲れ、尻の痛さ、……そして眼前の風景、その全部、それが「私はここに居る」ということなのです。その全部の他に「私が居る」のではなく、その全部のあり方（身体のあり方、遠近のあり方、等々）、そのあり方（構造、と言いたくなります）が「私はここに居る」ということなのです。そしてまたそれらの風景が「私に見えている」ということなのです。そしてまた何かの過去が「私に立ち現われている」ということなのです。ですから、「私」とは何か把えようとすれば指の間からすべり落ちるようなもの（P・ヴァレリー）、常にかくれているもの、ではありません。また、対象化できない働きそのもの、といったものでもありません。すべては（原理的には）あらわに表にでているのであって、白日の下にさらされているのです。眼のあたりの疲れ、尻の痛さ、……そして眼前の風景、その全部があらわな表であり、その全部の「あり方」が「私はここに居る」ということなのです。

しかし、この「私はここに居る」から主語としての「私」を独立にとりだすことは意味をなしません。そのような「私なるもの」はどこにもないのです。いや君の言い方では、眼や尻や風景の全部、要するに世界の全部が君の「私なるもの」ではないか、と言われるかもしれません。しかしもちろんそうではありません。そうした全部の「あり方」が「私はここに居る」ということだ、と言っているのであって「私はあそこにも居る」、「あなたも私の一部分だ」なんてことは言っておりませんし、ましてや私は世界の全部だ、などとは荒唐無稽です。

行為においても同じく「私」なる独立項目はありません。例えば、私が街を歩いているとき、私の身体が動き、街の風景が展開し、あれこれのことが「思い浮び」ます。ここでもそれらの全部の他に「私なるもの」があるのではありません。ましてやそういうものがあって私の五体を操縦しているのではありません。一方このとき街の風景は決して私の歩行に対して無関心な中立的な事物ではありません。その街は「意図的相貌」をもって立ち現われています。私が行こうとしている郵便局、そこに行くには曲がらねばならない煙草屋の角、うるさい音を出すゲーム屋、そうした私の意図する小旅行の相貌をもって立ち現われています。

上に述べた感情的相貌と同じように、この意図的相貌も事物の相貌または状況の相貌であって「私の心」の相貌ではないのです（3節）。このような街の立ち現われ、その中での私の身体の歩行、……これらすべての「あり方」、それが「私がここを歩いている」ということなのです。そのときこの街の舞台、その大道具小道具、そして私の体があります。しかしそれらに加えて「郵便局に行こうと思っている私」なるものはないのです。それらの全部が、それらの全部の「あり方」、あるいは「構え」が、「私は郵便局に行こうとして歩いている」ということなのです。そして今歩いているのはいつも常に「ここ」なのです。

　また、例えば私がカンカンに怒って頭から湯気をたてているとき、それはけしからぬ、気にくわぬ世界が（人なり事件なりが）立ち現われているのです。そして私の頭から水蒸気が立ち上っているでしょう。体は胸苦しく何かこみ上げてきているでしょう。悪口雑言が渦巻いて躍動しているでしょう。それで十分ではないでしょうか。私がカンカンに怒るにはです。これ以外に更に、「カンカンに怒っている私」が必要でしょうか。それは屋上更に屋をたてることになりませんか。私はもう十分怒っているのに、今一度十分怒ることになりませんか。

　だがそれでは一体、職業と家族をもち、病気と死ぬのをこわがっているお前はどこにいるのだ、と聞かれましょう。もちろん今は何丁目何番地の或る部屋にいます。それは単に私の肉体がそこにある、ということではないのです。その肉体の所在を含めての世界のあり方、それが私が今「ここにいる」ということなのです。その世界の視野中心に「私がいる」ことなのです。風景画を考えて下さい。そこに色々なものが描かれていますが、それを描いた画家の「視点」は描かれておりません。それを描くことはできません。それは描くことのできるような種類のものではないからです。それにもかかわらずその画の中にその視点は「ある」ではありませんか。その風景の「あり方」そのものがそれです。「私がここに居る」のもそれに似た「居り方」です。ただ画のように世界のほんの一片ではなく、世界全体の「構え」、それが「私がここに居る」ことなのです。そしてそのことの要《かな》めに私の体がありま す。その私の体が動き生きること、それは「私が動く」、「私が生きる」ことの要めです。しかし例えば腹痛を「感じる私」、便意を「もよおす私」があるのではありません。まず腹部の痛みなるものが生じ、それを私が感じる、なんてことは馬鹿馬鹿しい限りです。端的に、腹が痛い、それだけです。奇妙な言い方を許して戴ければ、腹痛がそこにある、それだけです。しかしそれは、そこにある腹痛を「私が眺めている」ということでは全然ありません。痛くてたまらぬ腹痛がある、ということです。強いて言えば、「私が腹痛を感じる」のではなく「私が腹痛、腹痛が私」なのです（危険な言い方ですのでいつでも撤回します）。こうして、腹痛を含んでの世界の立ち現われの「構え」（あり方）が「私がここに居て腹が痛い」ということなのです。

簡単に言うならば、私は世界の一項目としては存在しないのです。世界の一構成部分として登場しているのではないのです。私は世界の部品ではありません。ただその世界のあり方が「私がここに居る」ことなのです。そして「ここ」以外に私が居ることはありえません。

私は「ここをはずす」ことはできないのです。ただその「ここ」を物指しでセンチメートル単位まで測定することはできません。「私」は空間的事物としても空間的領域としても存在しないのですから。ただ、苦痛と快楽の領域、生と死の領域、動きの自由と重荷の領域、としては私の五体がほぼそれです。それは現代の刑法の定める「私」の領域でもあります。しかしこの領域が「私」なるものだなどとはいえません。体は事物の一つに過ぎません。一片の肉塊、赤色団子だと言っても誤りではないでしょう。ただそれが外部世界の中で生きて動くとき、その外部世界をも含めての構えが「私がここ、その体のあるあたり、に居る」ことなのです。

さて、この話のはじまりは、「心の働き」あるいは「私の作用」といったものの探索でありました。しかしもう結論は明瞭であると思います。第一に、物の世界と別立てにある心の世界などはどこにもない。第二に、この世界の中で、物に対しての「心の働き」なるものもどこにもない。その働きをする「心なるもの」、「私なるもの」が存在しないのですから。ただ「私はここにいる」という構えの世界があるだけです。その構えがまた「私が見ている」、「私が想い出している」ということでもあるのです。それは「心の働き」などではありません。そのようなものは不用で余計なものです。世界が既に「働いて」いるのですから。

三　心の働き（意志）

さて以上のことをふまえた上で意志と行動の領域の検討に入ります。これまでの検討ではどちらかといえば静かな場合、つまり考えたり思い出したり想像したり、といった体を余り動かさない場合が主でした。したがって、そこでの結論、つまり、物的世界と区別されうるような心的世界とか心の働きとかは錯覚であるという結論はただそのような瞑想的状況では曲りなりに成り立つかに見えても、もっと活発な行動的な状況では成り立たないのではないか、こうした疑問が残るでしょう。事実、私たちが何かを決意しそれを実行する、といった意志的状況にあってはいわば「心」が主役であると思われております。知覚したり想起したりの場合は「心」は受動的であって全く目立たない、だから上に述べたような見方がでてくる余地もあろう、しかし意志の状況にあっては「心」はまがう方なき主導者であって、その「働き」は明々白々で論議の要のないものである、こう思われていましょう。更にここではわれわれの体もまたその本来の動きをとりもどします。知覚や想起の状況でのような不精な動きではなく、時によっては渾身の動きをせざるをえません。それによって「物」としての体と「心」とのコントラストがひときわ鮮かになる、と感じられましょう。

しかし果たしてそうでしょうか。私には、ここでも何か取違えがなされているように思えるのです。そのことを検討するため例によってそのような「心と体」のからみ合いを少し精しく観察してみます（意志については八章参照）。

7 始動的意志と持続的意志

意志的状況にあっては、しばしば心は肉体への命令者と考えられています。一方肉体の方は脂肪と蛋白質の塊りとして「心なき物体」である、と。そうであるならばしかし、「命令する」というのは少しおかしいのではありませんか。脂肪や蛋白質の集まりが、服従したり反抗したりするはずがないからです。しかし霊肉の葛藤とか心身の相剋とかがよく語られます。あの有名なジキルとハイドはその一種の象徴的表現であるといえましょう。しかし霊肉葛藤とか心身相剋ということ自身がまず象徴的表現なのです。ままごと遊びでのようにここでは一人二役が演ぜられ、肉体に比喩的人格が与えられているだけです。しかし肉体自身に今一つの人格があり今一つの意志がある、などとは誰も思ってはいません。「心と体」という対比で考える場合、体は物であり物質であり、ある場合にはデカルト式に動物機械といってもいいものです(ですからかつてイギリスのG・ライルがこうした考え方を「機械の中の幽霊」と呼んだのです)。

だとすると、この考え方では実は「心」は「体」に命令を与えるのではなく体を「操縦する」ことになります。自動車や飛行機その他の機械を操縦するようにです。もちろんそうはいっても操縦席があるのでもなくハンドルや操縦桿があるわけでもありません。操縦者もまた影も形もありません。操縦者は「心」なのですから影や形があってはなりません。ではどうやって操縦するのでしょうか。それは簡単です。「……しようと意志する」のです。すると体が動くのです。それが、まず大脳の運動神経細胞に興奮が起こり、それが筋神経末端に伝わる、といった形でか、あるいはまた別の形でか、それは判りません。またなぜ、「……しようと意志する」と脳なり末梢なりの神経が興奮するのか、これは原理的に判りません。それは判るはずのないこと、少なくとも自然科学的に判るはずのないことです。「意志」とは非物質であり非物質的な働きである、という前提があるのですから。例えば、最近実験されている義肢に興味深いものがあります。ひじから先が切断された人がこの義肢をつけて、例えば何かを「摑もうと意図する」とこの義肢の指が摑む形に曲がるのです。なぜそうなるのか、それは自然科学的に了解できます。ひじの切断面の近くの微妙な上膊の筋肉の動きや神経興奮からそうなるように造られているからです。しかし、「摑もうと意図する」とどうしてその上膊筋肉のかすかな緊張や動きが生じるのか、それは自然科学的には判るはずのないことです。脳の運動神経細胞の興奮に話をもっていっても同じことです。デカルトももちろんそれを説明できませんでした。デカルトの場合も、「……しようと意志する」とただ脳の松果腺と呼ばれる器官が揺れて神経管に変動が起こる、と言えただけです。そして現代の生理学者もそれ以上のことを言うことはできませんし、未来の生理学者にもできません。

しかしその点は今しばらく棚上げにして話を進めましょう。そして仮定しましょう。その仕掛けは不明であるが事実としてともかく「……しようと意志する」とそれに応じた肉体運動が起きるのだ、と。たといこう仮定してもこの考えは事実にそぐわないと私には思われるのです。

簡単な例をとってこの「意志－運動」の考え方のディテールを追ってみましょう。今私は右手をあげようと思います。すると右手がスルスルとあがり始めます。だがもっと速く、あるいはもっとのろのろと手があがることも可能なのにどうしてこの速度で手があがってゆくのでしょうか。それは私がそう「意志した」からでしょうか。丁度これ位の速さで手があがるように「意志した」からでしょうか。それより速くもなく遅くもなく、です。そうして手は頭の上にあがりほぼ手が伸びました。まだ少しピンとあげるのか、まあその辺でやめておくのか、それもまた私がそう「意志した」からでしょうか。それらを意志がサボッて未定にした場合には私の手は動きようがないはずです。なぜならこの「意志－運動」の考えでは肉体は単なる運動機械です。だから生きた人間を操縦するときのように、「まあその位で」とか、「それは君がきめ給え」とか、「大まかでいいよ」などとは絶対にできません。自動車のアクセルを「大まかに」踏むことはありえませんし、ハンドルを「大体左に20度きる」なんてこともありえません。アクセルは踏まれるたびに必ず何センチ何ミリ何ミクロンまできまった踏みこみをされますし、ハンドルも分秒からトコトンの値まできまった角度でまわされるのです。機械には自由裁量というものはありえないのです。

しかしわれわれはそのような何分何秒、何ミクロンまできまったような「意志」をしていないことは明白ですし、またしようとてできないことも明らかです。するとおそらく次のようになっているのでしょう。われわれは「大まかに」意志します。それによって肉体は或る幅のある状態にセットされます。そしてその幅の中のどの状態をとるか、それは周囲の状況とか肉体の内部状態（脳神経の結合状態とか筋肉の疲労状態等々）とかによって定まるのです。われわれはいわばストライクゾーンを「大まかに」狙って意志すると、ボールはその時の状況によって特定のコースを走る、といった具合にです。そのとき、それがどの特定のコースをとるか、われわれには意志できませんし、あらかじめ知ることもできません。だから度々「失投」や「あれだま」があるのです。

この投球の比喩（あるいはサンプル）は意志の今一つの重要な性格に延長できます。それは意志が「標的狙い的」だということです。投球には全身の筋肉や関節の動きが必要です。しかし投手はそのような動きを全部にわたって意志するのではありません。第一、投手はそのような解剖学的知識をわれわれ同様持っておりません。投手はただ球がストライクゾーンに行くような指と手と腕の動き、そしておそらく足の動きと姿勢、そういったものを「大まかに」意志するだけです。背筋をどうするとか、足の小指にどのような力を入れるとか、そんなことを意志しませんし、また意志したら球はとんだ所に行くでしょう。われわれもまた――ヴィトゲンシュタインが指摘したように――ストローでジュースを飲むとき、口で吸うことを意志するのであって、そのために必要な喉の筋肉の動きなどを意志してはいませんし、またできません。われわれはただ「大まかに」ある目標を意志します。するとそれに必要な動きを肉体がするのです。その機構に損傷なり障害が生じると、酔っぱらい、バセドー氏病、舞踏病、といった現象が起こります。

さてこのように、意志はただ「大まかに」そして「標的狙い的に」意志すれば肉体はうまくそれに応じて動く、と仮定しましょう。この仮定は、意志はただ大所高所から大筋の決定を下せば肉体はその枠内で自動的に動くが如くに思わせます。例えば、私は右手のドアから部屋の外にでようと意志します。しかし歩幅はどれ位、そのときの首の位置は、手の振り方はどのように、といったようなことを事細かに意志はしません。ただ「あのドアから外に出よう」と意志すれば体がうまく動いてくれます。通いなれた道を歩くとき、意志はただ「あそこに行こう」とだけ意志すればいいように思われます。いわば意志はただ行く先のボタンを押すだけであとは自働操縦装置が働いて体が動いてゆく、といった風です。実際、われわれが「意志」という言葉で考えるのは主として行動の始動、発端としての意志です。決断を下す、決意を固める、決断を実行に移す、これらはどちらかといえばスターターのスイッチを入れる感じです。スイッチが入ればあとはエンジンが動きだします。意志はその機能を果たしたので一休みし、その間に車は順調に目的地に走ってゆくのです。だからこそ、意志は命令者で肉体はその命令の実行者であるような前述の誤解も生れるのです。もちろん先に述べたように、肉体は機械であって命令に従うとか従わないとかは無意味であることが忘れられてこの誤解がでてくるのです。

それが誤解であるのは明白ですが、他方、運動の始動として意志を見るのもまた誤解であると私には思われます。「意志－運動」のモデル自身によって、意志の働きというものが仮にあるとすればそれは散発的始動的であってはならず常勤で持続的でなければならないのです。「意志－運動」のモデルでは意志が健全な限り肉体の運動を支配しています。少なくとも肉体の運動がどう行なわれているかを常に承知しているはずです。盲目飛行や計器飛行のようなものであってはならないはずです。ですから仮に自働操縦に切り替えるようなことがあるにしても、その自働操縦によって体がどう動いているかを意志は承知しているはずです。ということは、自働操縦である場合もそれは意志によって自働操縦であるのです。自働操縦が続行されているのは、意志がそれを続行させているのです。意志はいつでもその自働操縦をやめさせ意志の手動操縦に切り替えることができるのですから、そうしないということはまさに意志がそうしないということです。それゆえ意志には覚めている限り休息はありません。目覚めている限り意志は常に意志しているのです。（古代の運動論で運動には絶えず力が必要であったのと似ています。意志には現代力学の慣性運動が論理的にありえないのです）。

飯にしよう、と意志して食べ始めます。だが食べている間中、食べ続けよう、と意志しているはずです。その間全く他のことに気をとられていてもです。朝寝床で眠いなかを会社に行くためあと五分したら起きよう、と決心します。それ以後五分間その決心は続いているでしょう。だがそれを裏からいえば、その五分の間は寝床に入ったままでいようと意志しているのです。五分たったら起きようという意志はとりもなおさず、五分たつまでは起きないぞという意志ですから。そして起きて大いそぎで駅に行き電車に乗ります。電車の中では新聞に没頭します。だがそれでもその間中会社に出勤しようと意志しているのです。それどころかこの人は寝床の中から既に会社に行こうと意志しているのです。食事の間も新聞を読んでいる間もそうです。更にです。その人はその間中今の会社に勤め続けようと意志しているのではありませんか。そうでなければ会社に行こうと意志しないでしょうし、そうすると今度は眠いのに無理して起きようと意志しはしないでしょうから。更にその間、その人は生き続けようと意志しているのではありませんか。こういっても誤解しないでほしいのです。つまり、起きる、会社に行く、会社に勤続する、生きる、といった幾つかの意志を並行して意志している、と考えないで戴きたいのです。複数の意志を重層的に意志している、なんてことはありません。そうではなくこの人の意志を描写するのに複数の仕方がある、ということなのです。長短様々な射程、広狭様々な縮尺で描写しただけです。この人は、寝床を出て会社に行きその日常を繰返して生きる、ということを意志しているのです。

要するに、意志は「大まか」で「標的狙い的」でありますが、それは決して意志が散発的であり断続的であるということではなく、一刻の中断もなしに持続している、ということなのです。そしてこのことは「意志－運動」のモデルの中でいえることなのです。ところがまさにこのことによってこのモデルがたとえ誤りであるとは言えないにせよ、ひどくいびつなものにならざるをえません。意志と運動、という分別そのものがあやしくなるのです。

8　意図的行動の単純不可分性

意志を心の働きとして肉体の運動と分離して考えたくなる強い誘因は、何かを決心することがそれを実行するのに先立つという日常の経験にあります。ある行動を決意することと、それを肉体によって実行することの間に時間があります。だから決心することと、それを実行することとは別のことである（それはその通りでしょう）、だから決心することは肉体の運動ではないことは明らかである、こう思われるのです。しかしここで次の二つのことが忘れられています。第一は上に述べたように、決心の実行に当っても意志は退席しているのではない、ということです。意志は決心だけしておいてあとは肉体にまかせる、というものではないのです。意志はいわば四六時中肉体につきっきりなのです。その実行の時点においても、「あの決心を今実行する」という意志の下でその実行行為がなされているはずです。ですから、意志のする決心と、その決心を実行する肉体作業、といった時間的分業はないのです。ですから、その分業の想定から意志と肉体運動とは別ものだとするのは誤りです。第二に、意志の決心段階にも或る肉体運動がかならず共在している、ということです。どうしようか、と思い悩むとき或る人は腕を組み眉にしわをよせ体を固くします。そしてその時点においては、その人は腕をほどいて眉をのばし体をやわらげるということを意志していないのです。つまり、腕を組み眉をひそめ体を固くしたままでいると意志しているのです。どうしようか、と思い悩んでいるのはなるほど「これから先」の運動に関してです。しかしその思い悩みは肉体から離れた宙吊りの思い悩みではなく、五体と共にある思い悩みなのです。そしてその五体のその時の姿勢を保つ意志と一体になった思い悩みなのです。そしてこの「今ここ」の意志と姿勢は「これから先」の意志と運動とは切れ目なしの地続きなのです。

これを整理していえば次のようになりましょう。時刻t_0に「後刻t_1にA_1をする」という決心D_0をします（添字0と1は時刻の先後を示します）。その時の身体姿勢やその運動をd_0とします。一方、後刻t_1では「今A_1を実行する」という意志D_1の下に身体運動A_1がなされます。このとき、D_1とA_1との一体性は明瞭でしょう。意志-運動分離論者はこのD_1を忘れがちですが、それ程D_1とA_1は一体なのです。ところが一方、t_0でのD_0とd_0もこのD_1とA_1と同じ関係にあります。ですからD_1とA_1との一体性と同様に、D_0とd_0とは一体なのです。それなのに、意志-運動論者はこんどは逆に、身体運動d_0の方を見落して、意志D_0にばかり目がひかれるのです。そしてただD_0とA_1にだけに着目して、意志-実行のパターンにはまりこむのです。

以上の二点に注意すれば、意志と肉体とは分ち難い一体である（私は結局そういいたいのですが）とまでは言えなくとも、常に至近距離ではりついているものだ、とまでは言えましょう。意志は肉体に対していわば休憩することはできませんし、よそ見することもできません。意志と肉体とは最小限度、オペラ歌手の歌と所作、役者の台辞とト書きに似た、背中合せの二つの平行な流れ（心身の平行流！）である、とまでは言えましょう。しかし私にはこれではまだ事実に忠実な言い方ではないと思われるのです。私にはそのような二つの流れがあるようには思えません。流れ、と言うのなら二つではなくて唯一つの流れしかないように思えるのです。それを示すために日常の具体的な場面を観察してみます。具体的な泥くさい情景の中では「意志-運動」という知的に（余りにも）明快なモデルの心身縞模様は泥の中で見えなくなってしまうのです。

　或る人に電話するのにとつおいつ迷ったあげくに決心してダイヤルする、といったような場合を考えます。とつおいつ迷っているとき、相手の顔や声、その応対、その気持ちをそこねる不安、こういったあれこれが立ち現われます。この情景は一節2項で述べてきた「考え事」の場合とその性格が非常に似ています。あれこれの事物や人物、或る状態や気分での人間、それらが想像的に立ち現われる、という点でです。その点に重点をおくならばこの「とつおいつ」はこれまでの「考え事」と同様に「心的世界」ではありません。物的事物の立ち現われです。しかしこの「とつおいつ」は単なる傍観的想像ではありません。ああしようか、こうしようか、つまり何かをするしないの想像、つまり意志的行動の想像です。静観的な受動的想像ではなく意志的で能動的な行為の想像です。この意志の能動性、それこそ「心の働き」ではないか、それこそ物や肉体を動かす「心の働き」ではないか、という疑問がでてきます。

　しかし例えば「受話器をとりあげる」という行為を想像するとしてみましょう。それは受話器がひとりでに浮び上って手に入る、といったいわば受動的状況とは全く違った状況です。しかしこの想像でも受話器や自分の腕や手という「物」が（想像的に）立ち現われます。もちろん「受話器をとりあげる」という能動的様態においてです。しかしここでその能動的様態――それこそ「心の働き」の唯一の候補者です――をこの「物」の立ち現われから分離して考えることができましょうか。つまり、受話器や腕の動きと分離して、「心の働き」として、その能動的様態を分離することができますか、というのです。できないでしょう。その受話器や腕の動きそのものがその様態なのですから。それは或る顔からその様態である悲しみを分離するのと同じことで、また、4項での役者から「老い」を分離するのと同じことで、できない相談です。もともと、意志的行動とは「自働的行動＋意志の働き」といった合成運動ではないのです。生命体が「屍体＋生命」ではないようにです。夢遊病的な腕が受話器をもちあげるとき、その行動は自働的であり、私がそうしようと思ってとりあげるときその行動が意志的なのです。「意志の働き」が加わるから意志的なのではなく、私が意図的にとりあげるから意志的なのです。この場合、「意志」という名詞があるのではなく「意志的」という形容詞または副詞があるのです（それがまた、自由な動作ということです—八章）。こうして「とつおいつ」の中で想像的に立ち現われる「受話器をとりあげる」行動にも、物的事物から分離した「心の働き」をみとめることはできません。

今「とつおいつ」にはけりをつけて私は電話をかけることに「決心」しました。このときこの「決心」は物的世界とは別な「心的状態」である、といいたい誘惑があります。しかし実情は今上にのべた「とつおいつ」の場合と全く同様だと思います。この「決心」において私は未来世界に身構えます。ダイヤルをまわし、言いにくいことを相手に言う、という身構えです。相手の不機嫌な口振りがもう想像的に立ち現われています。こうした相手の顔や声という物的事物、さらにこれからまわすつもりのダイヤル、そして、まだダイヤルにかけることを控えている私の腕、そしてその腕を支えている私の胴や足の姿勢、こうした「物」から分離された、それとは別な「決心」なるものはありえないということ、それはもう明らかだと思います。なるほどこの「決心」はただ決心しただけでまだ物的世界に実現されてはおりません。ダイヤルをまわす決心はしましたがまだダイヤルはまわされていません。しかし、「ダイヤルをまわす決心」の中の「ダイヤル」は私の眼前の金属製の円盤です。まわされるのはその「未来」の円盤です。その決心にはその未来の円盤が立ち現われています。また立ち現われないではその決心は決心しようがありません。そしてその未来の円盤は未来の円盤そのものであって、その「想像の中のコピイ」ではありません（コピイの不条理は繰返し述べてきたところです）。そしてこの「未来の物（ダイヤル）」をまわす決心をこの物から引き剥して考えることは不可能です。またそれをまわす（未来の）腕から引き剥して考えることは不可能です。つまり、私が決心し意志したダイヤルや腕の動きから、その動きを起こさせる「決心」や「意志」を引き剥すことはできないのです。その「決心」においては、「私がまわす」という様態でダイヤルと腕が（もちろんその他の五体も）立ち現われるのです。この「決心」は私が心中秘かにする傍白ではありません。その決心をすると世界はその様態と相貌を変えるのです。私の肉体のあり方が変わることはもちろん言うまでもありません。私の指や足や口が、いや私の全身がもう身構えています。そのような世界の変貌（暗殺者には目標の人物は半ば死んで立ち現われるでしょう）のない「決心」はないのです。そのような変貌は少なくともその「決心」を構成する一部です。このような「決心」をこの物的世界から引き剥して、それとは別に流れる「心の世界」に所属させるということは考えることができません。ここでも「意志－運動」の合板モデルは破綻するのです。

このモデルの破綻はその「決心」の実行においては一層明瞭になります。意志と事物との不可分の一体性が一段とあからさまになるからです。私はダイヤルで例えばまず3をまわします。3の穴に指を入れてストッパーにさえぎられるまでまわします。その間中私はそうすることを意志しています。このときここに二つの流れ、指の運動とそれを意志している意志の二つの流れをみとめることができましょうか。意志なるものがまずあり、それが目に見えない仕方で指を操縦しているのだ、と思えましょうか。確かにわれわれは「指を動かす」と使役の動詞を使います。口を動かす、足を使う、とも言います（しかし大きな全体的動作では通常使役形を使いません。体を歩かせる、口に飯を食わせる、手に殴らせる、などとは言いません）。しかしそれはもちろんホウキやミシンを動かすのとは全然違った意味でいわれています。しかし、指を動かすときもミシンをかけるときもその動きにそって意志なるものの伴奏があるとは思えません。いや伴奏ではなく意志の演奏として指が動いている、という人もいましょう。しかし私にはどうしてもそのような二つの所作、意志、そして指が動く、という二段の所作があるとは思えません。私が動かしている、という様態で指が動いている、という一段の所作しかないと思います。このことは電話が通じて相手と話す場合も同様です。私があれこれの言葉をしゃべるとき、まず意志がありその意志の操縦で喉や舌や唇が動く、というのではありますまい。端的に「しゃべる」という様態で喉や口が動いている、それだけではありませんか。その様態は、ひとりでに口がパクパク動くという自働的様態に対比される様態です。しかしここで、この二つの様態の一方は「単なる運動」、他方は「単なる運動＋意志」の合成だと考えるのがいけないのです。この二つの様態は、運動の二つの様態として同じレベルにあるものなのです。親切な、あるいは無愛想な振舞いとは何か中立的な（親切でも無愛想でもない）振舞いに親切さや無愛想が付加されたり加味されたものではありません。ある振舞いが親切あるいは無愛想の様態をもつのです。それと同じように、ある体の動きが時に意志的であり時に自働的なのであるのであって、時に意志が付加され時にはずされるというのではないのです。こうして「意志－運動」のモデルはこの日常生活のひと齣でも維持できないように思われます。

9　結び

しかし以上の叙述を通して実はただ一つのことが強調されているのに過ぎないことに気付かれたものと思います。すなわち、どの段階でも「事物」とその事物にかかわる「意志」の一体性、その不可分離性が繰返し述べられているだけです。その結果、例えば電話の受話器とか自分の腕だとかが「事物」としての身分を越えて「心的な何ものか」になってしまっている、と思われるでしょう。そういう「事物」に「心的」なものを読み込んだからこそ、それとは別な「心的な働き」が不必要になったのだ、と言われるでしょう。つまり、「心的なもの」を裏口から「事物」の中に密輸入しておいて表口で「間にあっています」と断っているだけである、と。そしてこのことは意志の問題に限ったことではなく、感情や想起や想像の場合にも同じ手が使われている、と。

まさにその通りなのです。私が誤りだと思うのは、一方に正真正銘の「物」そして他方に純粋24カラットの「心」、という分別なのです。表口裏口をとわず、そんな分別はありはしないしまたありえないと言いたいのです。もちろんだからあるのは10カラットや5カラットの「心」だとか混合比七対三の「物心化合物」だ、といっているのではありません。分離不可能な二つのものではなく、分離ということが無意味な一つのものなのです。あるのは、「受話器をとろうとしている腕」であり「なつかしく想いだされた（想起的に立ち現われた）山々」だとか「味もそっけもないビル」だとかなのです。「事物」という言葉を使うならば、意志的であり感情的であり美的であり、要するに心的な「事物」があるのです。原子や電磁場だって少なくとも「無味乾燥」であり「非人間的」であるのです。白黒灰色、そして透明をも含めて、われわれの視野には「色のない」部分は一つもありません。それと同じように、いわば心的色彩のない事物はどこにもないのです。一方、それら「心的事物」と分別された、エーテル的な「心の働き」、ましてや「心」などはどこにもありません。「心」と「物」とのお定まりの分別こそ近代の月並であり紋切り型であり俗信なのです。この分別は世界と人間を暴力的に塗り分けてしまうのです（それに較べればクイズの、動物、植物、鉱物、の分別の方がずっと自然です）。特にわれわれが自分自身を心と物とのアマルガムとして眺める習慣から脱けでる必要があります。ここで「考え」とか「思想」と言わず「習慣」

といったのはそれが単なる学説や知見などより遙かに強力であるからです。物心二元論をデカルトの堕罪であり原罪であると指摘し非難することは今や一つのファッションになっています。しかし自分自身の生活の中で、肉体と心という分別を抜けて暮すことは易しいことではありません。それには鍛練とか修業とか思索だとかがいるから難しいのではありません。それには別種の「習慣」を作りあげることが必要だから難しいのです。少なくとも時間がかかるのです。習慣とはとにかく一朝一夕にはでき上らぬ何かですから。

自分の手を眺めます。つくづく見れば見るほどそれは物らしい「物」に見えます。それは生理学が教えるように、筋肉や皮下脂肪や骨からできている「物」に見えます。それらを更にばらしてしまえば陽子や中性子や電子になる「物」です。その点ではペンや机や紙と変わりません（ここで机や紙は動植物の死骸または死骸から造られたものです）。切れば赤い血がでますが、その血だって（どちらかといえば簡単な）「物」です。しかし、切れば飛び上るように痛いのです。この痛さは全く「物」にふさわしくなく、「物」になじみません。そこで「物」ならざる何ものか、例えば「心」とか「私」がそれを「感じる」のだ、と。これが物心二元の古い習慣です。また私はこの手を自由に動かせます。しかしその動かし方は一般の「物」にはない異例のものです。そこでそれは何かが「心的に」（意志的に）動かすのだ、と。これが古い習慣です。この古い習慣の基本的な特性は、できるだけ物々しく洗いあげた「物」を考え、それになじまぬものを「心」に算入する、ということです。

しかしもっと自然に眺めることができるのではないでしょうか。私の手は自由に動かすこともできれば、切れば痛む、そういう「もの」なのです。そしてそれをバラせば電子や陽子になるそういう「もの」なのです。それは机や紙とはひどく違う「もの」なのです。しかし肩から切り落とすとその途端に机や紙と似たものになる、そういう「もの」なのです。しかしそれが胴体と連なっている限り「私である」、そういう「もの」です。ここで「私である」とは、「私」なるものがあり、腕や胴はその「私」に等しいとか、その一部である、というのではありません。先にも述べたように、世界の在庫目録の中の一項目としての「私」などはないのです。ですから胴につながった腕が「私である」とは、胴から離れた腕や机や紙とは違って、その腕は「私的《わたくし》」だということです。この「私的」とはどういうことか、それは誰でも知っていることです。ただここでいいたいのは「私的」が形容詞だということです。切れば痛く、自由に動かせる、そうしたことを大よそにいう形容詞です。それは大ざっぱな言葉で、爪の先はどうかとか、マヒしたらどうかなどという詮議はコンマ以下のこととして無視できる言葉です。

「痛む」や「自由に動く」や「私的《わたくし》」という言葉は、「美しい」「悲しい」「見える」「感じる」といった言葉と同様、物理学の辞書にはなく、また物理学の言葉では定義不可能です。しかしそれは物理学の目的からしてそうなったのであって、物理学の対象である「物」がこれらの言葉を述語としてもつことを物理学は拒否することもできませんし、また拒否してはいません。或る炭素の結晶はキラキラ美しく輝き、或る蛋白質や脂肪の集合体が自由に跳ね、夜の星空の反射光が悲しい（しかも別の人間には悲しくない）、こういう言い方は比喩でも詩語でもなく物理学の命題と同じく実直で馬鹿正直な命題なのです。そしてそれらの述語に対して、物理学の「物」とは全く異質無縁の何ものか、例えば「心」を要求する必要は全くないのです。それを要求したくなるのは全く習慣によるのです。そしてその習慣は「悪い」習慣なのです。それは不自然なお伽話を作りあげ、もともと尋ねる必要のない難問を提出し（手を切ればどうして痛いのか）、答えにならない答えを案出させるからです（大脳細胞の興奮が痛みを発生させるのだ）。

しかしこの習慣からぬけるには人の全生涯、または歴史の数十年が必要なのかもしれません。

解説　二元論の解体と超克

野家　啓一

はじめに

本書『新視覚新論』は、数ある大森荘蔵の著作群、いわば大森連峰のなかでも最高峰に屹立する作品である。それゆえ、他の著作と比べ、通読にはいささか手強い「難物」でもある。とはいえ、大森が最も脂の乗り切った時期に、渾身の力を込めて懸案の主題と取り組んだ作品であり、まさに鏤骨の労作の名に値する。

本書の原型は『理想』一九七六年一月号から四月号まで連載され、中断をはさんで一九八一年八月号から十一月号まで書き継がれたのち、一九八二年三月に東京大学出版会から単行本として上梓された。連載が中断されたのは、大森が一九七六年三月に東京大学教養学部長に選出され、管理職の用務に忙殺されたためである。雑誌連載開始当初の大森は五〇代半ば、まさに哲学者として思索の頂点を極めつつあった時期と言ってよい。

それゆえ、本書の登攀に挑むには、途中で遭難しないためにも、多少の準備運動が必要となる。峨々たる高峰に海水パンツ一丁で登るわけにもいかないからである。といっても、別に難しいことではない。本書でいえば、「はじめに」でルート図の概略を摑んだならば、連載とは独立に執筆された第九章と第十章の二篇をまず読んでみることである。これは大森ワードおよびワールドに慣れ親しむための、格好の高度順応の訓練となるはずである。そのあとは登山口に戻るが、哲学史に興味のある方を除けば、第一章はスキップしてかまわない。ここで躓くと、骨折はしないまでも、せっかくの意気込みが削がれてしまうからである。第二章「見えている」から第四章「『表象』の空転」までは、比較的ゆるやかなプロムナードを通って尾根道まで取り付くことができる。次の第五章から第七章までは、本書最大の難関、胸突き八丁の急坂である。大学初年級程度の物理学の知識（特殊相対論を含む）があれば、さほどの困難は感じないはずだが、そうでなければ大森が繰り出すさまざまな思考実験は迂回するかパスしてかまわない。ただし、大森哲学の到達点である第八章「自由と『重ね描き』」はじっくりと味読していただきたい。そこには思いもかけない眺望が開けているはずだからである。あとは読者諸兄姉の無事の下山を祈って前置きとしたい。

1. 存在するとは立ち現われること

本書の主題を一言でいえば「二元論の解体と超克」ということに尽きる。二元論とは「外なる世界と内なる心、という分別」（3頁、以下本書からの引用は数字のみを示す）のことである。この分別は「世界－私」のみならず「実体－現象」「本物－写し」「実物－像」「物－心」「主観－客観」「作用－対象」などさまざまなヴァリエーションを擁しながら、われわれの思考習慣を無意識のうちに律している。大森が解体に挑戦するのは、ほとんど常識と化している、この根深い二元論的な認識図式なのである。

そのさい大森が手掛かりとするのが、バークリィの有名なテーゼ「存在とは知覚なり」にほかならない。本書のタイトルがバークリィの『視覚新論』を下敷きにしているゆえんである。ただし、バークリィの所説をそのまま踏襲しようというわけではない。視覚空間について、バークリィは「距離、外部、奥行き、したがって空間や物体の観念をもっていない」と言う。それに対して大森は「明らかにバークリィは度を過した圧力で視覚空間をしぼりかすにしてしまったのである。われわれはその不当な圧力を減圧して正常にもどさねばならない」（40）と主張する。

そのためには視覚空間が「見えている」というごく当たり前の事態から出発するほかはない。しかも「私」が「世界」を能動的に見ているわけではない。「見えている」というのは、能動でも受動でもない中立的な「状態」なのである。昨今流行の哲学用語を使えば「中動態」ということになろうか。そこから大森は「『存在する』ということと『見えている』ということとは、或る状況では同じことと」だと敷衍し、そう言えるためには「バークリィの『存在』の意味を訂正、拡張せねばならない」（56）と付け加える。その帰結は「存在とは立ち現われなのである」(62)という大森哲学の中核テーゼである。

本書ならびに『物と心』(一九七六年)によって確立された大森哲学の基本的立脚点は「立ち現われ一元論」と称される。立ち現われるのは森羅万象、過去・現在・未来の出来事すべてである。伝統的哲学の用語を使えば「表象」や「現象」にもっとも近い。しかし、「表象」や「現象」が、その背後にある実物の写しというニュアンスが伴うのに対し、「立ち現われ」は写しではなく実物がじかに現れるのである。その領域は五感を通じた知覚的立ち現われ(見聞臭味触)のみならず思い的立ち現われ(想起、想像、思考)をも包括する。存在と外延を同じくするゆえんである。この存在は空間的のみならず、時間的にも無限に広がっている。

こうして現在の視覚風景には、「直接見えている」ものの向こう側(つまり背後や内部)、そしてまた以前と以後が(思い、という様式で)立ち現われ、現前しているのである。それらの立ち現われなしには現在の視覚風景なるものがありえない、というよりももっと強く、それらの立ち現われがなくしては現在の視覚風景がこの特定の「かくかく」であることが不可能なのである。そしてこの空間的な向こう側にも、時間的な以前以後にも涯てがない。(83)

それゆえ、視覚風景として立ち現われているのは、認識主観たる「私」の居場所などどこにもない「四次元の全宇宙世界の風景」(84) なのである。

2. 過去が見える

大森が立ち現われ一元論を確立したあとでも、実物‐像の固定観念を基盤とした二元論の幻影は、その足元を掬おうと執拗に襲いかかってくる。それら悪霊たちとの「悪戦苦闘のドキュメント」(西田幾多郎) が本書第五章から第七章までの内容を形作る。ここでは紙数の関係から「過去透視」の一例を挙げるにとどめざるをえない。

取り上げるのは「8分半前の太陽」という周知のパラドックスである。太陽から発した光は、地球上に達するまで8分半かかることはよく知られている。すると「今現在空に輝いて見える太陽は8分半以前の太陽なのである。そして今現在の太陽はその約2度の西方にある。そしてそれはまだ見えていない」(174) ことになる。知覚可能なものは「現在時点」に限られる。過去は想起、未来は想像するほかはない。だとすれば、過去の太陽が現在見えているはずはない。それゆえ「8分半前の太陽」が今現在見えているとすれば、それは実物ではなく、過去の太陽の「像」であるほかはない。つまり、ここでは「実物‐像」の二元論が、大手を振って復活してくるのである。

だが「像解釈」を取る限り、眼前1メートル先にある窓もまた「像」だと言わざるを得ない。すると「日月星辰のすべてはもとより、空中、地上の見える限りの風物すべてが『像』

となる。光速度の有限性によって、見えるものすべてに時間のズレがあるからである。かくて視覚風景の全体が『像』となる」(175)ほかはない。森羅万象一切が「像」であれば、すべてが「実物」と言っても同じことであろう。像は「何か」の像であってこそ意味をもちうるからである。そこで大森は「像解釈」を退け、「実物解釈」を対置する。つまり、天空には「8分半前の太陽」の実物が見えている、というのである。

これは「過去の事件《イベント》が今現在見えている」(175)という明白な語義矛盾ではないのか。だが大森によれば、「『現在見えているものはすべて現在の何ものかである』という思い込み」(175)の方こそが棄却されねばならないのである。過去が想起という様式でのみ体験されるとは限らない。「過去の事件が今現在、視覚という様式で体験される、ということに何らの矛盾もない」(176)のである。私の眼前1メートルには何ナノ秒前の窓が見えており、そのガラス窓を通して天空には1秒少し前の昼の月および8分半前の太陽が並んで見えている。これが「実物解釈」であり、そこには何の矛盾も見当たらない。ただ少しばかり、われわれの現在と過去に関する固定観念を修正する必要があるだけである。このように視覚風景は空間的「見透し(see through)」であると共に時間的「見透し」でもあり、その意味でわれわれの眼差しを「歴史透視線」(182)と呼ぶこともできる。

3. 自由と決定論の「重ね描き」

自由と決定論という古くて新しい難問については、カントが第三アンチノミー（二律背反）として定式化し、シュリックが「哲学最大のスキャンダル」と呼び、現代でもデイヴィドソンが「非法則論的一元論」を提唱するなど、喧しい論議が重ねられてきた。大森もまた論文「決定論の論理と、自由」（一九六〇年）を大学紀要に発表して以来、機会をとらえてはこの問題に論及してきた。本書でも第八章がその考察に当てられている。いわば懸案の宿題に最終的な答案を提出したといった趣である。

問題はこうである。宇宙を構成している物質が自然法則、とくに決定論的な物理法則に従って動いていることは疑いを容れない。ところで、人間もまた宇宙の一部として原子・分子から構成されており、その点で決定論的法則に従わざるをえない。だが他方で、いま私が右手を挙げようが挙げまいが、それは私の自由意志に属するという実感もまた拭うことができない。果して宇宙を支配する決定論的法則と人間の自由意志とは両立するのか否か、というのが問題の出発点である。

大森はまず「自由」という多義的で曖昧な概念を、「動作の自由」であり「麻痺（舞踏病）に対する意味での自由」（256）と理解するところから出発する。次に「意志の自由」を心的意志が身体的行為を命令するという構図で考えることを拒否する。これこそ典型的な二元論の図柄だからである。意志なるものが心の中にあって、その働きが身体を操作しているわけではない。

その点で「私が手をあげる」という日常表現は、手を上げることがあたかも石を持ち上げるような他動詞表現であるという誤解を与える。しかし「それは本来意味上では、私は坐る、私は歩く、と同様自動詞」(270)なのである。大森の言葉で言い換えれば「私、あるいは私の意志、というものが動作の外に、動作の上に、あるのではない。私、あるいは私の意志はその動作の中に溶解し瀰漫している」(270)と表現せねばならない。

つまり、意志が自由なのではなく、意志的動作が自由なのである。その意志的動作は物理的に描写すれば物体運動にすぎない。そして物体運動自身は自由でも不自由でもない。大森の言うところを聞いておこう。

自由は行為の言葉であり、行為の基盤である意志的動作の本質形容詞なのである。そして同じく行為の構成要素である知覚風景の言葉、例えば色や匂いの言葉が素粒子や電磁場に適用されないように、自由は物体運動には適用されないのである。電子の運動や電磁場の変化は自由でも不自由でもない。それらは自由と無縁なのである。(271)

ここには「決定論と自由」のアポリアに対する大森哲学の最終答案が示されている。つまり、行為の自由と物質世界の因果的決定性を同じ土俵の上で対決させるのは、ライルの言葉を借りるならば「カテゴリー・ミステイク」にほかならない。たとえれば、波動方程式が赤いか青いか、万有引力が甘いか辛いかを論ずるようなものである。この大森の断案は、現今の「心の哲学」を領導している無定見な唯物論、すなわち自然主義や物理主義に対する頂門の一針とでも言うべきものであろう。

とはいえ、喜怒哀楽や見聞臭味触に彩られた行為や知覚の世界と無色無音無味無臭の物理的世界とを、はなから無関係と突き放すわけにもいかない。われわれ人間はこの両世界を自在に往還しながら生きているのだからである。そこで大森は「重ね描き」という、とっておきの裏技をひねり出す。われわれが世界を描写するには二種類の言葉がある。一方には知覚や想起、感情や気分を表す行為の言葉、言い換えれば「生《せい》の言葉」がある。他方には物理学による世界描写、すなわち「事物の言葉」がある。大森によれば、「世界はこの二つの言葉によって『重ね描き』される」（271）のである。それは次のように総括される。

> 世界を生の言葉と事物の言葉で重ね描く、それによって物と心、世界と意識、脳を含めての身体と心、それらが重ね描かれることになる。それらは対立する二つの項ではなく、一にして同一なる世界の二つの言葉による描写なのである。そしてそこにまた、日常の生と科学が重ね描かれ、人文、社会、自然科学が重ね描かれ、そしてまた、私と世界とが重ね描かれる。（272）

ただし、この主張は心身問題に即していえば、「心身並行論」でも「心脳同一説」でもない。つまり、物的世界と心的世界が別個にあって、それらが関係しあうわけではない。同じ一つの世界が、相互に還元不可能な二つの言語によって描かれるのである。付け加えておけば、「重ね描き」される二つの描写は、原因-結果の関係にあるわけではない。大脳のC繊維の興奮が原因で「歯が痛い」という結果が生じるわけではない。大脳のC繊維の興奮が「即ち」歯が痛いことなのである。両者は表裏一体であり、紙の裏表のように切り離すことができない。大森の言葉を借りれば、それは「『原因結果の関係』ではなくて『即ちの関係』」(331)なのである。この言い換えは、因果的決定論に対する「蟻の一穴」ともなりうる指摘であり、真摯な検討に値する提案である。

おわりに

大森の盟友であった哲学者山本信は、酒席ではあったが大森哲学を「天動説を維持しようとして次々に新たな周転円を加えて収拾がつかなくなっている体系」と評したことがある。周転円とは、大森が次々と繰り出す「立ち現われ」「声振り」「虚想」「脳透視」「無脳論」といった新奇な概念を指して揶揄したものである。だが、現時点で振り返ってみれば、大森が繰り出した新たな概念は、二元論という牙城へ向かって次々と放たれた渾身の一矢であったことがわかる。その意味では、二元論こそが天動説であり、大森は「立ち現われ一元論」を手にコペルニクス的転回を目論んでいたのである。だが、二元論はわれわれが骨がらみになっている強固な「習慣」であり、一朝一夕に抜け出せるものではない。それゆえ大森は「しかしこの習慣からぬけるには人の全生涯、または歴史の数十年が必要なのかもしれません」

(357)と述べている。そのためには、地を這うような地道な哲学的議論を積み重ねる以外にはないのである。

本書の「はじめに」において、大森はバークリィの「散文精神」を称揚しつつ、それを「哲学は語るものであって歌うものではない」(3)と敷衍していた。また大森は常々われわれ後進に対して「哲学とは額に汗して考え抜く営み」であることを強調していたことが思い起される。かつてメルロ＝ポンティは現象学について「現象学はバルザックの作品、プルーストの作品、ヴァレリーの作品、あるいはセザンヌの作品とおなじように、不断の辛苦である」(『知覚の現象学』序文)と述べたことがある。その言葉を引き取るならば、本書でその頂点を極める大森哲学こそは、絶えざる「不断の辛苦」の結晶なのである。

(哲学者／東北大学名誉教授)

本書の原本は東京大学出版会から一九八二年に刊行されました。本文中、今日では使用されない表現がありますが、著者が故人であることから、そのままにしています。

大森荘蔵（おおもり　しょうぞう）

1921－1997。岡山県生まれ。東京大学理学部物理学科卒業，海軍に入る。戦後に同大学文学部哲学科に再入学，卒業。アメリカ留学を経て，東京大学教養学部教授，放送大学教授を歴任。独自の哲学をうちたて，多くの後進に影響を与えた。

講談社学術文庫

定価はカバーに表示してあります。

新《しん》視《し》覚《かく》新《しん》論《ろん》

大森《おおもり》荘蔵《しょうぞう》

2021年9月7日　第1刷発行

発行者　鈴木章一

発行所　株式会社講談社

東京都文京区音羽 2-12-21 〒112-8001

電話　編集（03）5395-3512

販売（03）5395-4415

業務（03）5395-3615

装　幀　蟹江征治

印　刷　株式会社廣済堂

製　本　株式会社国宝社

本文データ制作　講談社デジタル製作

ISBN978-4-06-524944-4

「講談社学術文庫」の刊行に当たって

これは、学術をポケットに入れることをモットーとして生まれた文庫である。学術は少年の心を養い、成年の心を満たす。その学術がポケットにはいる形で、万人のものになることは、生涯教育をうたう現代の理想である。

こうした考え方は、学術を巨大な城のように見る世間の常識に反するかもしれない。また、一部の人たちからは、学術の権威をおとすものと非難されるかもしれない。しかし、それはいずれも学術の新しい在り方を解しないものといわざるをえない。

学術は、まず魔術への挑戦から始まった。やがて、いわゆる常識をつぎつぎに改めていった。学術の権威は、幾百年、幾千年にわたる、苦しい戦いの成果である。こうしてきずきあげられた城が、一見して近づきがたいものにうつるのは、そのためである。しかし、学術の権威を、その形の上だけで判断してはならない。その生成のあとをかえりみれば、その根は常に人々の生活の中にあった。学術が大きな力たりうるのはそのためであって、生活をはなれた学術は、どこにもない。

開かれた社会といわれる現代にとって、これはまったく自明である。生活と学術との間に、もし距離があるとすれば、何をおいてもこれを埋めねばならない。もしこの距離が形の上の迷信からきているとすれば、その迷信をうち破らねばならぬ。

学術文庫は、内外の迷信を打破し、学術のために新しい天地をひらく意図をもって生まれた。文庫という小さい形と、学術という壮大な城とが、完全に両立するためには、なおいくらかの時を必要とするであろう。しかし、学術をポケットにした社会が、人間の生活にとってより豊かな社会であることは、たしかである。そうした社会の実現のために、文庫の世界に新しいジャンルを加えることができれば幸いである。

一九七六年六月

野間省一

高橋哲哉著
デリダ 脱構築と正義
ロゴス中心主義によって排除・隠蔽された他者を根源的に「肯定」し、現前せぬ「正義」の到来を志向する「脱構築」の思想。散種、差延をはじめとする独創的な概念を子細に読み解き、現代思想の到達点を追究。
2296

野矢茂樹著（解説・野家啓一）
再発見 日本の哲学 **大森荘蔵** 哲学の見本
私に他人の痛みがわかるか？ 自己と他者、物と心、時間などの根本問題を考え続けた「大森哲学」の全貌とは――。独自かつ強靱な思索の道筋を詳細に描き出す力作。哲学ってのはこうやるもんなんだ！
2309

小林敏明著
再発見 日本の哲学 **廣松渉** 近代の超克
物象化とは？ 近代とは？ 漢語を多用する独自の文体で多くの読者を魅了したその思想の本質とはなにか。左翼の理論的支柱となって戦後日本思想をリードした哲学者の精髄を、その高弟が明解に論じ、抉り出す。
2310

宮川敬之著
再発見 日本の哲学 **和辻哲郎** 人格から間柄へ
仏教研究、日本思想史研究から倫理学へ。多様かつ豊饒な思索を展開した和辻は青年の間に絶大な人気を誇った。多彩で稀有な思考は、どのように生成されたのか？ その本質を「人格」「間柄」をカギに解明する。
2311

熊野純彦著
再発見 日本の哲学 **埴谷雄高** 夢みるカント
小説のかたちで表現された、埴谷の哲学とは、どのようなものなのか。『死霊』の思考とカントの思考のかかわりを意識しつつ、この国の近代が生んだ枢要な哲学の問題として読み解いた珠玉の一冊。
2312

菅野覚明著
再発見 日本の哲学 **吉本隆明** 詩人の叡智
初期の詩「固有時との対話」に、吉本の思想の本質がすべて含まれていると著者はいう。初期の論考から主著、そして最晩年の思索にまで通底する思想の姿を一篇の詩から鮮やかに描ききった吉本論の決定版！
2313

哲学・思想・心理

山川偉也著
哲学者ディオゲネス　世界市民の原像
甕《かめ》の中に住まい、ぼろをまとってアテナイの町をうろつき教説を説いた「犬哲学者」の実像とは。そして、アリストテレス的人間観を全否定して唱導・実践した「世界市民」思想とは何か。その現代的意味を問う。

1855

佐々木正人著（解説・計見一雄）
アフォーダンス入門　知性はどこに生まれるか
アフォーダンスとは環境が動物に提供するもの。外界は人間に対してどんな意味を持つのか。また知性とは何なのか。二〇世紀後半に生態心理学者ギブソンが提唱し衝撃を与えた革命的理論をわかりやすく紹介。

1863

野《の》家《え》啓一著
パラダイムとは何か　クーンの科学史革命
著書『科学革命の構造』によってそれまでの科学史の常識に異を唱えたトーマス・クーン。考古学的手法で「知の連続的進歩」という通念を覆し、二〇世紀後半最大の流行語となった「パラダイム」概念を解説。

1879

三浦國雄訳注
「朱子語類」抄
儒教・仏教・道教を統合した朱子学は、万物の原理を求め、縦横無尽に哲学を展開する。理とは？　気とは？　宇宙の一部である人間は、いかに善をなしうるのか？　近世以降の東アジアを支配した思想を読む。

1895

加地伸行全訳注
論語　増補版
人間とは何か。溟濛の時代にあって、人はいかに生くべきか。儒教学の第一人者が『論語』の本質を読み切り、独自の解釈、達意の現代語訳を施す。漢字一字から検索できる「手がかり索引」を増補した決定新版！

1962

中沢新一著
純粋な自然の贈与
古式捕鯨の深層構造を探る「すばらしい日本捕鯨」、モースの思想的可能性を再発見する「新贈与論序説」などを収録。贈与の原理を経済や表現行為の土台に据え直し、近代の思考法と別の世界を切り開く未来の贈与価値論。

1970

《講談社学術文庫　既刊より》

池田知久著
『老子』 その思想を読み尽くす
老子の提唱する「無為」「無知」「無学」は、儒家思想のたんなるアンチテーゼでもニヒリズムでもない。最終目標の「道」とは何か？　哲学・倫理思想・政治思想・自然思想・養生思想の五つの観点から徹底解読。
2416

ジョン・E・マクタガート著／永井　均訳・注解と論評
時間の非実在性
はたして「現在」とは、「私」とは何か。A系列（過去・現在・未来）とB系列（より前とより後）というマクタガートが提起した問題を、永井均が縦横に掘り下げてゆく。時間の哲学の記念碑的古典、ついに邦訳。
2418

竹田青嗣著
ハイデガー入門
『ある』とは何か」という前代未聞の問いを掲げた未完の大著『存在と時間』を豊富な具体例をまじえながら分かりやすく読解。「二十世紀最大の哲学者」の思想に接近するための最良の入門書がついに文庫化！
2424

中島義道著（解説・入不二基義《いりふじもとよし》）
哲学塾の風景 哲学書を読み解く
カントにニーチェ、キルケゴール、そしてサルトル。哲学書は我流で読んでも、実は何もわからない。必要なのは正確な読解。読みながら考え、考えつつ読む、手加減なき師匠の厳しくも愛に満ちた指導を完全再現。
2425

山川偉也著
ゼノン　4つの逆理 アキレスはなぜ亀に追いつけないか
「飛矢は動かない」「アキレスは亀に追いつけない」。紀元前五世紀の哲学者ゼノンが提示した難解パラドクスはその後の人類を大いに悩ませた。その真の意図とそれが思想史に及ぼした深い影響を読み解く。
2436

浅野裕一著
儒教 怨念と復讐の宗教
儒者たちにとって、最も厄介な書物は『論語』であり、最も困った人物は孔子だった！　みじめな人生を送った男のルサンチマンを刻み込み、東アジア世界の精神的紐帯として機能してきた不思議な宗教の正体と歴史。
2442

小学生のための正書法辞典
ルートヴィヒ・ヴィトゲンシュタイン著／丘沢静也・荻原耕平訳

ヴィトゲンシュタインが生前に刊行した著書は、たったの二冊。一冊は『論理哲学論考』、そして教員生活を送っていた一九二六年に書かれた本書である。長らく未訳のままだった幻の書、ついに全訳が完成。

2504

言語と行為 いかにして言葉でものごとを行うか
J・L・オースティン著／飯野勝己訳

言葉は事実を記述するだけではない。言葉を語ることがそのまま行為をすることになる場合がある――「確認的」と「遂行的」の区別を提示し、「言語行為論」の誕生を告げる記念碑的著作、初の文庫版での新訳。

2505

老年について 友情について
キケロー著／大西英文訳

偉大な思想家にして弁論家、そして政治家でもあった古代ローマの巨人キケロー。その最晩年に遺された著作のうち、もっとも人気のある二つの対話篇。生きる知恵を今に伝える珠玉の古典を一冊で読める新訳。

2506

技術とは何だろうか 三つの講演
マルティン・ハイデガー著／森 一郎編訳

第二次大戦後、一九五〇年代に行われたテクノロジーをめぐる講演のうち代表的な三篇「物」、「建てること、住むこと、考えること」、「技術とは何だろうか」を新訳で収録する。技術に翻弄される現代に必須の一冊。

2507

閨房の哲学
マルキ・ド・サド著／秋吉良人訳

数々のスキャンダルによって入獄と脱獄を繰り返し、人生の三分の一以上を監獄で過ごしたサドのエッセンスが本書には盛り込まれている。第一級の研究者がついに手がけた「最初の一冊」に最適の決定版新訳。

2508

物質と記憶
アンリ・ベルクソン著／杉山直樹訳

フランスを代表する哲学者の主著――その新訳を第一級の研究者が満を持して送り出す。簡にして要を得た訳者解説を収録した文字どおりの「決定版」である本書は、ベルクソンを読む人の新たな出発点となる。

2509